Thor Goote
Peter Strasser: Der Führer d

edition militaris

ISBN: 978-3-96389-058-1
Druck: edition militaris, 2018
Die edition militaris ist ein Imprint der Diplomica Verlag GmbH.

© edition militaris, 2018
http://www.diplomica-verlag.de
Printed in Germany

Thor Goote

Peter Strasser.
Der Führer der Luftschiffe
Biografie

GELEITWORT

Die Kriegsleiftungen der Marine=Luftschiffer gehören zu den eindrucksvollsten Beispielen aufrechten deutschen Soldatentums. Fregattenkapitän Peter Straffer, der Führer der Luftschiffe, hat es verstanden, seine junge Waffe von Sieg zu Sieg zu führen durch das soldatische Beispiel, das er selbst gegeben hat. Er fiel über dem Feind, wie 378 Offiziere und Mannschaften seiner Waffe.

Von ihm und seinen Männern erzählt Thor Goote in diesem Buch, denn ihr Geist soll lebendig bleiben im deutschen Volk.

Göring.

GENERALFELDMARSCHALL
REICHSMINISTER DER LUFTFAHRT
UND OBERBEFEHLSHABER DER LUFTWAFFE

Dieser Roman ist um Tatsachen gestaltet. Viele Freunde Peter Straßers haben meine Arbeit bereitwilligst unterstützt. Besonders danke ich Frau Luise Becker, geb. Straßer, Herrn Oberst im Reichsluftfahrt-Ministerium Joachim Breithaupt, Herrn Major (E) der Luftwaffe Martin Dietrich, Herrn Fregatten-Kapitän (E) Walter Dose, Herrn Korvetten-Kapitän (E) Richard Frey, Frau verw. Kapitänleutnant Nora Loewe, Herrn Dr. med. Paul Straßer und Herrn Oberstleutnant Peter Wendt.

Peter Strasser, der F. d. L.

DER FÜHRER DER LUFTSCHIFFE

Das preisgekrönte Werk

des von Staatsrat Dr. Krebs, Oberbürgermeister der Stadt Frankfurt a. M., veranstalteten Preisausschreibens zur Erlangung des besten Buches auf dem Gebiete der Luftfahrt.

Verlangt war ein Werk, das den Gedanken des Fliegens schöpferisch gestaltet und seine Bedeutung für das völkische Leben aufzeigt. Nach Anhörung eines beratenden Ausschusses, der aus den Herren Gauschrifttumsleiter und Landesleiter der Reichsschrifttumskammer, Friedrich Bethge, Stadtrat Dr. Keller, Leiter des Kulturamtes der Stadt Frankfurt a. M., Landesdienststellenleiter der Reichsstelle zur Förderung des deutschen Schrifttums Dr. Kirchner, Flugleiter der Deutschen Lufthansa Ritter von Lechner, Oberst im Reichsluftfahrtministerium Loerzer, Reichsluftsportführer Oberst Mahnke, Pressechef im Reichsluftfahrtministerium Oberregierungsrat Dr. Orlovius und Universitätsprofessor Dr. Schmieden bestand, hat Oberbürgermeister Staatsrat Dr. Krebs aus der Reihe der Einsendungen die Arbeit von Thor Goote, „Der F. d. L.", mit dem Preise ausgezeichnet.

Das Luftschiff, von Graf Zeppelin mit Erfindergeist
und zähem Ausharren geschaffen, ist von Fregattenkapitän Peter Strasser als Führer der Luftschiffe in
nie erlahmendem Schneid allen Rückschlägen zum Trotz
zu einer scharfen Angriffswaffe gestaltet. Den Geist, den
er auf vielen Angriffsfahrten in seiner Waffe groß-
gezogen und hochhielt, hat er mit dem Heldentod über
England besiegelt. Wie Graf Zeppelin als Erfinder fort-
leben wird in des dankbaren deutschen Volkes Gedächt-
nis, so bleibt unvergessen Fregattenkapitän Strasser,
der die Luftschiffe zum Siege geführt.

Admiral Scheer.

Der lange Gang hatte zu beiden Seiten viele dunkele
Türen.

Korvettenkapitän Strasser ging mit großen Schritten
sehr aufrecht.

„So feierlich, Piter?"

Er blickte sich um: „Ach, Otto?" Er streckte dem Kameraden die Hand hin.

Der schüttelte nachdenklich den Kopf: „Zu d i e s e r Zeit
so feierlich, — und auf d i e s e m Gang?" Er rümpfte die
Nase.

„Der Alte hat mich bestellt!" verriet Peter Strasser.

„Und weshalb, — wenn ich fragen darf?"

Er zuckte die Achseln: „Keinen Dunst."

Der andere schnalzte: „Dann kann man das ja nahezu
als beängstigend bezeichnen." Und mit leichtem Augenzwin-
kern: „Was ausgefressen?"

Peter Strasser sah ihn ruhig an: „Nicht, daß ich
wüßte!"

Der Kamerad fuhr sich mit dem Handrücken über die
glatte Backe. „Wenn man nicht weiß beim Militär — dann

kommt's allemal faustdick! Und wenn einer sagt, er hätte nichts ausgefressen, dann beweist er damit nur eine erschreckende Vielzahl von Sünden..." Er hieb dem anderen lachend auf die Schulter: „Na, — mehr wie den blauen Brief wird's auch nicht geben!" und war in einem Seitengang verschwunden. —

Der Kapitän zur See war im weißen Bordjackett, denn draußen pregelte die Sonne des Herbstes 1913. Er schüttelte dem sich Meldenden wohlwollend die Hand, — bat ihn, Platz zu nehmen, — rieb dann die Hände einen Augenblick lang und sagte: „Ich möchte vorausschicken, daß wir bisher mit Ihnen zufrieden waren..."

Bisher? fragte sich Peter Strasser.

„Ihre Qualifikationen auf SMS. „Stein", „Moltke", „Mars", „Blücher", „Panther", „Mecklenburg" und „Westfalen" sind gut gewesen..." Er blickte in die vor ihm liegenden Akten. „Als Artillerieoffizier haben Sie 2 Jahre hintereinander für Ihr Schiff den Preis für beste Schußleistung in der Marine errungen. Und vor Venezuela haben Sie das Fort St. Carlos erfolgreich beschossen, nachdem Sie es vorher in Zivil als Spion ausgekundschaftet hatten, — und als Referent für Artillerie hier in unserem Amt haben Sie ebenfalls unsere volle Zufriedenheit errungen..." Er machte eine Pause und betrachtete seine Finger.

Also doch was los! dachte Peter Strasser. Da fuhr der andere fort:

„Sie wissen, daß durch die Katastrophe des L 1 das Marine-Luftschiff-Detachement seinen Kommandeur verloren hat. Schon Korvetten-Kapitän Metzing hätte das Recht gehabt, nicht sehr zufrieden mit seiner Stellung zu sein, denn das Luftschiff ist nach den vielen Unfällen an Land bei uns Marineleuten als eine recht zweifelhafte

10

Sache verschrien." Er musterte den Untergebenen. „Ich schicke diese lange Einleitung voraus, damit Sie das Kommando als neuer Kommandeur des Marine-Luftschiff-Detachements nicht als unverdientes Strafkommando auffassen."

Peter Straffers Gesicht war unbewegt.

Der Vorgesetzte beugte sich etwas vor: „Die Lage ist für mich wirklich nicht rosig, denn L 1 ist vernichtet, — L 2 erst im Bau. — Mit L 1 ist sozusagen das ganze Stammpersonal mit allen seinen mühsam erworbenen Erfahrungen verloren gegangen. Wenn wir heute eine Rundfrage unter den Herren des Reichs-Marine-Amtes und den Seeoffizieren der Flotte machen würden, dann könnten wir sicher feststellen, daß kaum einer dem Luftschiff für Zwecke der Marine etwas zutrauen, geschweige denn, daß er sich zu dieser Waffe, die keine ist, etwa freiwillig melden würde."

Er sah den Untergebenen lächelnd an und fuhr dann ernst fort:

„Nach dieser Sachlage widerstrebt es mir, einen Offizier mit Ihrer Konduite an diese Stelle einfach zu kommandieren. Wir sind uns andererseits aber auch vollkommen klar darüber, daß aus dem Luftschiff nur dann ein wirklich brauchbares Kriegsschiff gemacht werden kann, wenn ein außergewöhnlich energischer, mutiger und organisatorisch befähigter Offizier die Sache in die Hand nimmt."

Der Korvettenkapitän saß unbeweglich. Allerdings hatte er sich seine Laufbahn anders gedacht. War man Seeoffizier geworden, um nach langem Hocken zwischen Aktenregalen statt eines anständigen Kahns ein Detachement in die Hand gedrückt zu bekommen, das jedem rechten Seemann lächerlich vorkam?

Der Kapitän zur See beobachtete ihn und sagte dann lachend: „Ich könnte mir vorstellen, daß ich selbst an Ihrer

11

Stelle ordentlich geschimpft hätte über diese Zumutung! Ich vermag Ihnen auch heute nichts Rosiges zu versprechen, sondern kann nur sagen: Sie finden nichts vor, als den geringen Nachlaß Toter. Sie tappen im Dunkeln über die Ursachen ihres Todes. Der Stand der Technik, auf die Sie zurückgreifen müssen, ist absolut unzureichend. Sie werden an allen Enden auf Ablehnung und Widerstand stoßen. Wer diese Sache angreift, bekommt also für viele Jahre Arbeit und Verantwortung aufgeladen, die den vollen Einsatz eines ganzen Mannes verlangen." Er hielt inne.

Peter Strasser räusperte sich: „Selbstverständlich bin ich gewohnt, Befehle auszuführen, Herr Kapitän!"

Erfreut klang das nun gerade nicht. Wie sollte man auch erfreut sein, bei solchen Aussichten?

Der Vorgesetzte lächelte: „Das habe ich gerade vermeiden wollen, lieber Strasser."

Der beugte sich etwas vor: „Darf ich mir eine Frage erlauben, Herr Kapitän?" Und als dieser nickte: „Was verspricht man sich höheren Orts im Ernstfall von einem Luftschiff, das aus den augenblicklich ihm noch anhaftenden Kinderkrankheiten noch nicht heraus ist?"

„Auf Grund unserer einfachen nautischen Formel: Abstand der Kimm $= 2 \cdot \sqrt{h}$ ist es erwünscht, den Beobachter möglichst hoch über der Wasserfläche unterzubringen. Kann er aus 9 Meter Höhe eine Wasserfläche von 6 Seemeilen überblicken, dann erweitert sich diese in 100 Meter schon auf 20 Seemeilen. 400 Meter Höhe entspricht sogar einem Halbmesser von 40 Seemeilen. Die Wichtigkeit solcher Beobachtung brauche ich Ihnen als altem Artillerie-Spezialisten nicht weiter zu erklären. Sie wiegt doppelt, weil das Luftschiff mühelos eine Geschwindigkeit erreicht, die der unserer Torpedoboote um das Doppelte, wenn nicht mehr, überlegen ist."

12

„Und die Flugzeuge?"

„Werden beibehalten. Nach dem heutigen Stand der Technik scheint der Flugapparat schwerer als die Luft vorerst für kürzere Flüge brauchbarer und handlicher zu sein. Sein Kostenaufwand ist geringer. Von den für Sie in Frage kommenden Luftfahrzeugen leichter als Luft versprechen wir uns aber größeren Fahrtbereich."

„Die Luftschiffe sollen also die Fernaufklärung übernehmen?"

Der Kapitän nickte: „Vielleicht auch noch etwas Bombenwurf. Man muß das mal sehen. Schon allein die Frage der Fernaufklärung ist aber so wichtig, daß es sich für uns lohnt, die erheblichen Entwicklungskosten hineinzustecken."

„Ich dachte, Exzellenz v. Tirpitz stände dem Luftschiff ablehnend gegenüber?"

„Ablehnend ist vielleicht etwas zu viel gesagt. Sie wissen ja, wie um jedes Schiff mit dem Reichstag gefeilscht werden muß. Um die Flotte schlagfertig zu machen, muß sich der Staatssekretär in der Hauptsache auf die Schiffe stützen, die schon einen gewissen Hochstand in ihrer Entwicklung bewiesen haben. Es wäre nun Ihre Aufgabe, zu zeigen, was im Luftschiff steckt. Sie können dann der vollen Unterstützung des Reichs-Marine-Amtes gewiß sein, — denn: Zeigt sich das Luftschiff als Waffe, dann fördern wir es auch mit allen Mitteln!"

Peter Straßer machte die Augen schmal. Er sah zum Fenster hin: Waffe? Man will ein Fahrzeug, das durch einen Infanterietreffer vernichtet werden kann, gegen 15-Zentimeter-Geschütze kämpfen lassen, — einen lächerlichen Kahn, der diesem bißchen schlechten Wetter schon erliegt, wie L 1....

Aber dann blickte er auf einmal den Kapitän voll an: „Ich bin bereit, den Auftrag anzunehmen, Herr Kapitän!"

Der schien doch etwas überrascht. „Und wie werden Sie anfangen, Straffer?"

„Bis L 2 fertig ist, laffe ich mich zum Luftschifführer ausbilden. Wenn ich befehlen will, muß ich zuerst einmal etwas von der Sache verstehen. Mit L 2 werden dann systematisch Erfahrungen gesammelt. Wann soll er fertig sein?"

„Anfang nächsten Monats!" Der Kapitän mußte lächeln über diesen Eifer. Der andere merkte es nicht. Er war schon ganz in seiner neuen Aufgabe.

Draußen auf dem langen Gang faßte ihn der Kamerad wieder ab: „Na, und?" — „Kommandeur der Marine-Luftschiff-Detachements!" sagte Peter Straffer stolz, als hätte er sich gerade dieses Kommando seit Jahren gewünscht. Der andere blinzelte ihn besorgt an: „Also doch Strafversetzung! Bei Seegang 1 ist's da schon Essig. Dann noch lieber RMA." Er schüttelte den Kopf. „Und dann tut der Mensch auch noch, als ob er die reinste Weste seit Adam hätte!"

*

Hallend schlug die kleine Eisentür zu. Einen Augenblick lang stand Peter Straffer betroffen. Er wußte natürlich, wie ein Zeppelin aussah, aber nun stand er doch betroffen, denn die große Halle war ausgefüllt durch das Luftschiff und der riesige, helle Körper war ihm zu unvermittelt nahe. Er schob die rechte Hand von oben in die Seitentasche seines kurzen Ueberziehers und kniff etwas die Augen zusammen. An den mächtigen, hellen Flanken des Schiffes sah er jetzt Männer hängen in kleinen Schaukeln.

14

L 2 landet

L 2 abgestürzt in Johannisthal am 17. Oktober 1913

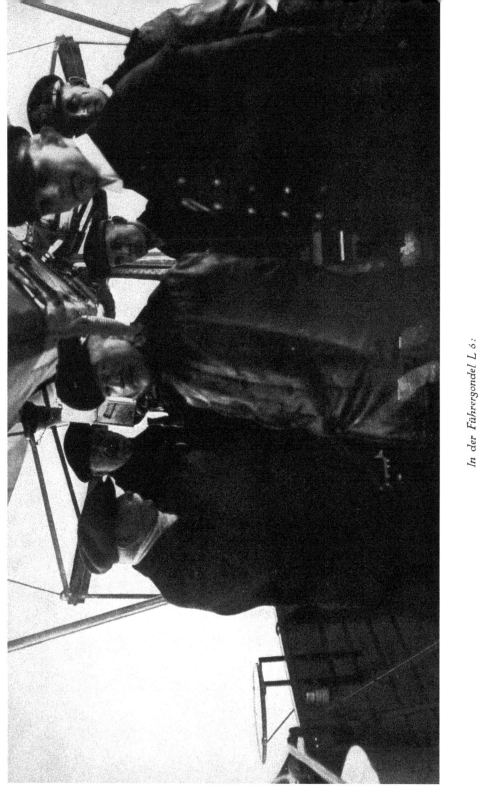

In der Führergondel L 6:

Von links nach rechts: *Graf Zeppelin †, Dr. Eckener, Hauptm. Manger †, Oblt. z. S. Westphal †, Kptlt. Kraushaar †.*

„Die erneuern den Anstrich!" Dipl.-Ing. Lehmann zeigte hinauf. „Die Dichtigkeit des Stoffes wird gleichzeitig geprüft."

Korvettenkapitän Strasser nickte und ging auf die vordere Gondel zu.

„Das ist also unsere „Sachsen": 19 500 Kubikmeter Rauminhalt..." Der kleine Ingenieur fuhr mit der Hand durch die Luft. „141 Meter lang, 14,80 Meter Durchmesser..." Sie traten an die Gondel heran: Ein offenes Boot, kaum größer als ein Rettungsboot, das auf einem einfachen Holzbock ruhte. Eigentlich mußte dieser doch unter der Last des ganzen Riesenschiffes zusammenbrechen...

Der Begleiter war seinem Blick gefolgt. „Das Schiff ist jetzt beinahe ausgewogen, das heißt: nur etwas schwer. Sehen Sie..." Er hob die Gondel, das ganze Schiff, wirklich selbst hoch. „...nur soviel, daß es eben auf diesen Böcken ruht." Er lächelte. „Man vergißt das anfangs noch manchmal, daß diese vielen tausend Kilo, die so ein Luftschiff mit allem Drum und Dran natürlich wiegt, ja getragen wird durch die Gasfüllung da oben."

Sie kletterten die Treppenleiter hoch und sprangen über den Rand in die offene Gondel hinein. Peter Strasser blickte umher und fühlte unwillkürlich mit zwei Fingern die Festigkeit der Gondelwand. Der kleine Lehmann lächelte verstehend: „Ja, — Torpedobootswände sind stärker. Aber auch schwerer." Und jetzt ernsthaft. „Man muß sich als alter Seemann da eben etwas umstellen." Der Korvettenkapitän sah ihn fragend an. Lehmann rückte die blaue Schirmmütze gerade. „Ich komme ja auch von der Seefahrt her, und vom Schiffbau. Habe praktisch gearbeitet auf der Kaiserlichen Werft, danach mein Jahr abgedient auf S. M. S. Stosch, — studierte dann Schiffbau und habe meine Offiziersübungen bei der Flotte gemacht, — war Marine-Bauführer..."

„Und wie find Sie dann hierher geraten?"

„Als alter Seemann in diese Mördergrube?" blinzelte Lehmann und zuckte mit der Nase. „Ich hörte, daß man einen Luftschifführer suchte. Und da hab' ich mich in diesem Frühjahr gemeldet, — bin feste rangenommen worden, — und heute Kommandant der ‚Sachsen'". Er strich mit der Hand leicht über den Bordrand. Wie eine Liebkosung war das, — unbewußt. Der Stolz eines Mannes auf sein Fahrzeug sprach aus dieser Bewegung. Doch sofort redete er weiter, nüchtern, als kenne er solche Anwandlungen überhaupt nicht. „Ich weiß also, wieviel Schwierigkeiten diese innere Umstellung oft macht. Man traut der Sache anfangs nicht so ganz, denn man ist Schiffe gewohnt, die sich auch Sturm und schwerstem Wogenprall entgegenwerfen können, und kann sich nicht vorstellen, daß diese dünnen Strebenprofile hier, und diese Bleche in Besuchskartenstärke einigermaßen halten können." Er klopfte an das helle Blech. „Aber man bekommt doch bald Zutrauen zu der Aluminiumkonstruktion. Man muß nur unmittelbaren Stößen aus dem Wege gehen..."

„Aber das Wetter ändert sich doch auf See sehr schnell? L 1..."

„Natürlich, Herr Kapitän... L 1 ist ja auch dem Wetter zum Opfer gefallen, doch der Luftschiffbau bemüht sich ja auch, seine Schiffe zu verbessern. Wir sind in der Luftschiffahrt wirklich erst am Anfang. Und dann glaube ich als alter Segler, vor allem auch auf Grund vieler eigener Hochseefahrten, daß man nicht immer stur gleich durch jedes Wetter hindurch muß. Man kann vielmehr oft genug mit List und Tücke den Elementen ein Schnippchen schlagen..."

Peter Straffer warf in einer jähen Bewegung den Kopf zurück: „Schnippchen schlagen und Krieg führen..."

„...paßt schlecht zueinander...", gab Lehmann

16

lachend zu. „Aber es geht nicht anders, — und ist tatsächlich nicht so schlimm. Man muß sich nur richtig in die Sache hineindenken." Er reckte sich, ohne es zu wissen. „Muß stolz darauf sein, mit einem „rohen Ei" glatt durch die Gegend zu schippern."

Der Korvettenkapitän biß sich die Unterlippe, doch Lehmann fuhr fort: „Sie sehen, ich spreche ganz offen. Ich beschönige nichts, doch ich bin der Ueberzeugung, daß wir erst am Anfang einer sehr erfolgreichen Entwicklung stehen. Und..." jetzt war wieder dieses Jungenlachen um seine Augenwinkel — „...wenn es nicht immer so ganz programmmäßig geht, dann liegt das nicht stets nur an den Luftschiffen..." Er zeigte auf den frei in der Gondel stehenden Motor. „Die Dinger haben ja auch noch oft ihre Mucken..."

„Aber unsere Schiffsmaschinen in der Marine... Darauf kann man sich doch..."

„Das sind auch Dampfmaschinen, Herr Kapitän, gute stählerne Tiere, die man eigentlich gar nicht umbringen kann! Wenn wir die hätten! Doch dann könnten wir getrost unten bleiben. Denn die sind ja viel zu schwer." Er sah den Kapitän von der Seite an und erklärte dann, ohne etwas Belehrendes in der Stimme: „Wir brauchen geringe Gewichte im Verhältnis zur Leistung in der Luftschiffahrt. Das läßt sich nur erreichen, wenn wir unsere Baustoffe viel höher beanspruchen, als das sonst in der Technik üblich ist."

„Wir benötigen also leichte und doch feste Werkstoffe?"

„Wir werden sie bekommen." Lehmann hielt inne. „Ohne Erfahrungen geht das natürlich nicht. Sehen Sie diesen Maybach-Motor. Er wiegt nur 462 Kilogramm und leistet doch 180 PS. Das sind..." er zog seinen Rechenschieber aus der Tasche — „...2,55 Kilogramm auf 1 PS, — also ein Bruchteil des Gewichtes einer Dampfmaschine. Und wir haben schon allerhand Fortschritte gemacht. Unser

erſter Motor von Daimler leiſtete nur 14,2 PS und wog
doch ganze 385 Kilogramm! Da müſſen wir zunächſt einmal
ganz zufrieden ſein, wenn ſo ein Motor überhaupt das tut,
was er tut …"

Peter Straſſer lachte: „Sie machen keine ſchlechte Pro-
paganda für unzureichende Technik …"

„Meinen Sie?" Der andere ſah ihn voll an. „Und ſoll
das etwa heißen, daß ich ſo'n Koofmich bin, der alles ver-
kauft, Hauptſache, wenn er damit nur Geld verdient?" Er
ſagte das beſtimmt, aber ohne Schärfe.

Der Kapitän ſchüttelte den Kopf: „Sie glauben an die
Zukunft Ihrer Sache, Herr Lehmann!"

In den Augen des kleinen Mannes ihm gegenüber
blitzte ein Leuchten: „Daß unſere Sache eine Zukunft hat,
ſteht für mich außer jedem Zweifel! Und daß ſie nötig iſt, —
bitter nötig im Frieden und erſt recht im Krieg! Da muß
man ſich zuerſt auch mal wohl oder übel mit dieſer, nicht zu
leugnenden Unzulänglichkeit der Technik zufrieden zu geben.
Was hier fehlt, muß ich durch allergrößte Vorſicht auszugleichen ſuchen. Nur ſo komme ich dann zu Erfahrungen,
wie ſie nötig ſind, um die Technik weiterzubringen."

Peter Straſſer muſterte dieſen Mann, der gut einen
Kopf kleiner war, wie er ſelbſt. Ende der Zwanzig mochte er
beſtenfalls ſein, aber er ſchien längſt zu wiſſen, was er
wollte, — ſchien vor allen Dingen ehrlich zu ſein, — und,
was wohl das Wichtigſte war, er ſchien ſich ſelbſt nichts
vorzumachen. Und ſolche Menſchen waren immer beſonders
nach ſeinem Geſchmack geweſen.

Sie traten zu den Steuerrädern, vor denen unverſtänd-
liche Inſtrumente angeordnet waren, und kletterten dann
durch die kleine Luke in den Laufgang, der unter dem
Schiffskörper entlang führte. Auf ſchmalem Steg gingen ſie
hintereinander. Das Licht fiel gedämpft durch die dünne

18

Stoffbespannung. Dann kamen sie in die Kabine mittschiffs. „Wie in einer Straßenbahn ...", meinte Straffer und setzte sich auf einen der Korbsessel. „Aber darauf können wir bei unseren Marineluftschiffen ja verzichten."

„Macht gewichtlich allerhand aus," gab Lehmann zu. „Doch auf den Laufgang als solchen würde ich nicht verzichten, denn auf langen Fahrten muß ich auch mal in der Achtergondel selbst nach dem Rechten sehen können. Und dann vor allem auch im Schiffsinneren." Er zeigte zur Decke. „Das ist ja bei unseren Zeppelinen etwas komplizierter als beim Parseval. Denn wir haben das Gas ja nicht in einem Raum, der noch dazu weich ist, wie bei den unstarren Luftschiffen. Wir haben eigentlich so ungefähr 10 Ballone hintereinander gehangen. Jeder ist ein Traggebilde für sich."

„Wie bei der Eisenbahn, ein Waggon hinter dem anderen," lachte Peter Straffer, verbesserte sich aber gleich: „Das ist natürlich Unsinn."

„Nicht so ganz." Lehmann spielte mit der leeren Pfeife. „Denn unser Graf dachte anfangs wirklich an einen Luftfahrzug, nicht an ein starres Luftschiff. Er hat sich 1890 einen solchen Zug patentieren lassen, bei dem er einen Ballon einfach gelenkig hinter den anderen hängen wollte. Erst später, als Dürr und Kober mit ihrem technischen Wissen hinzukamen, erkannte er, daß es richtiger wäre, wenn man diese Ballone nicht gelenkig miteinander verbände, sondern mit einem starren Gerüst umschlösse. Und dieses Gerüst hat er dann noch einmal mit einer Außenhaut verkleidet."

„Die wiegt aber doch bei diesen Ausmaßen allerhand?"

„Das schon, doch sie vermindert auch stark den Luftwiderstand."

„Nun, bei unseren Seeschiffen sind wir in dieser Hinsicht doch nicht so kleinlich."

„Brauchen wir auch nicht zu sein, denn unsere heutigen Schiffsgeschwindigkeiten sind ja mäßig, während wir mit dem Luftschiff hier glatt das Doppelte erreichen. 76 Kilometer in der Stunde fahre ich mit meiner „Sachsen"!", fügte er nicht ohne Stolz hinzu. „Je schneller ich bin, eine desto größere Rolle spielt der Luftwiderstand." Er beugte sich vor. „Deshalb ist auch der Vorschlag des Reichsmarineamtes ganz berechtigt, den Laufgang unter dem Schiff wegzunehmen und statt dessen in den Schiffskörper hineinzuverlegen. Windschnittig muß der Zeppelin werden. Mit den Flugzeugen versucht man das ja auch." Er ging zur Kabinentür. „Und so sieht das nun im Innern aus!"

Der Kapitän war ihm gefolgt. „Da hängen die Gaszellen. Unten haben sie Ventile, damit sie nicht platzen, wenn sich das Gas ausdehnt. Das austretende Gas wird durch diese Schächte hier nach oben geleitet, denn wir wollen es möglichst schnell los werden."

„Wegen der Brandgefahr des Wasserstoffes?"

„Ja, — und nein! Die größte Gefahr bietet ja nicht unser Wasserstoffgas, sondern seine Mischung mit Luft. Knallgas nennen das die Chemiker, weil der kleinste Funke genügt, es zur Explosion zu bringen. LZ 4, LZ 6 und „Schwaben" sind diesem Knallgas zum Opfer gefallen, doch deshalb braucht man noch lange nicht die ganze Sache abzulehnen. Wir müssen nur lernen, dichte Zellen zu bauen, kein Gas im Schiff vagabundieren zu lassen und jeden Funken dem Schiffskörper fern zu halten. Wieviele Kohlenbrände gibt es an Bord eines Seeschiffes, die an sich glatt den Untergang bedeuten könnten. Aber man hat gelernt, die Bunker so zu bauen, daß man nicht gleich absäuft, — man schiebt die Entstehung der Brände hinaus, — geht den Flammen mit Stickstoff zu Leibe... Wir werden auch im Luftschiffbau noch manches lernen. So haben wir jetzt zum

20

Beispiel für die ganze Besatzung Filzstiefel vorgeschrieben, damit Nagelschuhe keine Funken hervorrufen können. Meißelungen dürfen nur mit Eisenmeißel und Kupferhammer ausgeführt werden, ganz abgesehen von dem selbstverständlichen Rauchverbot."

Peter Strasser nickte nur. Er hielt sich mit jeder Hand an einem der straffgespannten Drähte: „Da soll ein Mensch draus klug werden!" murmelte er.

Der Ingenieur lächelte mit leiser Nachsicht: „Etwas viel Drähte, — und man weiß zuerst nicht, wo sie anfangen und wo sie enden!"

„Man glaubt, einer Spinne ins Netz geraten zu sein," gab Strasser zu.

Lehmann schlug mit der hochgestellten Hand auf einen Draht, daß er klang: „Nur, daß hier jeder Draht unbedingt nötig ist, denn er verhilft den leichten Trägern erst zur erforderlichen Festigkeit." Einen Augenblick schwiegen sie. „Zu Stolzenfels am Rhein...", pfiff in der Halle ein Arbeiter, gedehnt.

Der Kapitän wendete sich jäh dem Ingenieur zu: „Wann wird gefahren?" Ich möchte so schnell als möglich alles lernen..."

„Mit dem Theoretischen können wir sofort anfangen! Mit dem Technischen auch! Das wird Ihnen ja wohl die Hauptsache sein, als Kommandeur des Luftschiff-Detachements. Daß Sie einen gewissen Ueberblick haben über das Gesamtgebiet..."

Der Kapitän blickte an ihm vorbei, und es war, als sähen seine Augen durch alles hindurch: „Theorie und Technik, — natürlich, — aber vor allem will ich selbst fahren. Ich will steuern lernen von Grund auf, — und ich will als Kommandant ausgebildet sein. Das habe ich immer so gehalten: Was ich von meinen Leuten verlange, muß ich selbst vormachen können. Erst dann bin ich mehr als Vorgesetzter, — bin ich Führer..."

Ernst A. Lehmann sah den Kapitän an, ohne sich zu rühren. Kein Sträuben gegen diesen Wunsch war das, sondern das ruhige Abschätzen eines Mannes, der gewohnt ist, den anderen nicht nach Rang oder Namen zu beurteilen, sondern einzig nach seiner Leistung. Wenige Sekunden nur währte dieser prüfende Blick. Dann verbarg Lehmann den kalten Pfeifenkopf in der hohlen Hand. „Jawohl, Herr Kapitän!" sagte er schlicht. Nicht gerade soldatisch straff. So war er nicht. Aber zuverlässig. Das war kein Zweifel. —

*

Der Himmel hatte das seidige Blau frühen Herbstes. Weiße Fäden segelten zerrissen müde über das Feld, dessen graues Grün die Spuren eines heißen Sommers zeigte. Das Luftschiff lag wie eine langgestreckte, helle Wolke vor der Halle. Leise summten die Ueberdruckventile.

„Die Gaszellen blasen ab..." erklärte Lehmann neben Straßer in der vorderen Gondel, „... infolge der Erwärmung durch die Sonnenbestrahlung."

Hinter ihnen bemühten sich schwitzend Monteure um den einen Motor. „Das ist nun mal so mit diesen Dingern," lachte Ernst A. Lehmann mit unbegreiflicher Geduld. „Eine halbe Stunde ist schon gar nichts, wenn so'n Biest nicht will."

Peter Straßer stand in seiner blauen Uniform, etwas breitbeinig, wie der Seemann so zu stehen gewohnt ist auf schwankendem Deck. Beide Hände hatte er in die Taschen feines furzen Ueberziehers geschoben. Er stand ganz ruhig, aber die Kiefer mahlten. Er war von einer Waffe hierher gekommen. Er war Soldat. Und was er hier tat und tun wollte, war Dienst für die Waffe, keine technische Bastelei. So sah er alles mit den Augen des Soldaten, — fühlte in diesen immer neuen Verzögerungen einen Mangel der Waffe.

Der kleine Lehmann hockte sich jetzt neben die Männer in den schmierigen Kitteln, — tippte am Vergaser, faßte nach den Zündkerzen, machte einen Witz, statt ein Donnerwetter loszulassen, und mühte sich jetzt tatsächlich selbst an der Kurbel. Fauchend saugten die Zylinder Gasgemisch ein. Das klang nach verhaltener Kraft. Lehmanns Kopf war rot. Er hatte die Mütze mit dem Arm zurückgeschoben. Da knatterte der Motor los. Das Schwungrad raste. Lehmann richtete sich hoch und wischte sich mit dem Handrücken die Stirn. Die Monteure nickten. Blanke Hebel wippten. Öltriefend ließen sich Federn zusammenpressen, um sich gleich wieder auszudehnen und wieder zusammengedrückt zu werden. Lehmann wendete sich Strasser zu: „Bei so 'nem Sechszylinder gehört ein bißchen Abec dazu!" Er kniff mit geknickten Fingern den Lackschirm und rückte die Mütze wieder nach vorn. Der Mann neben ihm zog umständlich den schmutzigen Aermel über den behaarten Arm. „Na, dann woll'n wir mal!"

Lehmann nickte. Langsam schob der Mann den Gashebel vor, daß der Motor zitternd aufbrauste. Oel spritzte. Die ganze Gondel schüttelte sich. Die Männer nickten sich zu. Das Donnern schwoll wieder ab. Lehmann beugte sich aus der Gondel.

„Hinten sind sie ooch fertig!" rief der Maschinist. Die Männer an den Haltetauen blickten zur Gondel hinauf. Da gab Lehmann laut das Kommando: „Los!", und halb zu

Straffer gewandt, setzte er hinzu: „60 Kilogramm Ballast, damit wir vom Boden wegkommen! So!"

Das Luftschiff stieg senkrecht auf. Die Hände der Männer unten waren noch einen Augenblick erhoben, als wollten sie die Gondel noch einmal fangen. Jetzt wurden die zum Himmel gewendeten Gesichter flach, waren nur noch weiße Kreise, — Punkte, — Stecknadelköpfe.

Korvettenkapitän Straffer preßte unwillkürlich mit beiden Händen die Gondelkante. Lehmann gab irgendein Kommando. Der Kapitän hörte nicht hin, — sah die Menschen zu Ameisen zusammenschrumpfen, — sah sie winken. Da blies mit einem Male der Wind, daß er haftig zur Mütze griff, — und nun wirbelten auch die Luftschrauben hinter den kleinen, dreieckigen Flächen, hoch oben über der Gondel.

Es war doch wie ein Traum... ungewohnt in seiner Unwirklichkeit für einen Mann, der Meere und Länder und Völker gesehen, der dabei unbewegt seinen Dienst getan, und der dieses Kommando, um das sich wahrhaftig keiner drängte, nur angenommen hatte, weil er einem Befehl sich nicht widersetzte, — weil er seine Pflicht tat, wo sie getan werden mußte. Und der im Innersten, — das fühlte er erst jetzt ganz klar, — doch darauf gehofft hatte, daß dieses Kommando nur vorübergehend wäre, Sprungbrett zu einem anständigen Bordkommando.

Doch nun war das mit einem Male wie ein Traum, wie ein Erlebnis, das man nie missen will, nach dem man immer wieder greifen wird...

Das Feld war längst unter der Gondel zurückgerutscht. Wald schob sich heran, wie ein großer, grüngrauer Teppich, in den braunrote Fäden unregelmäßig verwebt waren. Das blaue, gewundene Band irgendeines Flusses, silberne Wellenstreifen darin, hinter einem kleinen Boot. Häuser mit

24

roten Dächern und Gärten vor der Tür, wie winzige Stickereien, — und dann die Stadt mit kupfergrünen Türmen, wie Buntstiftspitzen hoch gereckt, — mit steilen Dächern, — eingeschachtelt, — mit Straßen und Plätzen, auf denen winzige Denkmäler Wache hielten, — bunte Tupfen davor, um die sich schwarze Punkte drängten: Markt.

Der Mensch ist gewohnt, dies alles zu entziffern, — diese verwinzigten Häuser niedlich zu finden. Doch das alles ist es ja nicht! Eigentlich kann man gar nicht sagen, was es ist! Der Kapitän machte die Augen schmal. Die Wolken da drüben, — der anstürmende Fahrtwind, — das kaum merkbare Wiegen des Schiffes unter den Sonnenböen, — das Brausen der Motoren... Nein, — auch das war noch nicht das Entscheidende, — konnte für Peter Straffer nicht und niemals das Entscheidende sein, trotz allen unbegreiflichen Zaubers... Er war mit weitem Herzen durch die Weltmeere gefahren, hatte mit offenen Augen fremde Küsten gesehen, aber er war kein Reisender schlechthin, — kein Mann, der im müßigen Schauen Befriedigung empfand. Er mußte selbst in jedem Erlebnis mitschaffen, — verantwortlich sein.

Das war es! Und dies nicht allein...

Während er hier oben noch auf die Felder und Wege niederblickte, über die sich langsam Wolkenschatten schoben und jetzt auch der schlanke Schattenriß des Luftschiffes selbst, — während dies alles geschah, wurde er sich dessen erstmals genau bewußt: Die Verantwortung allein war es auch nicht. Deutsche Verantwortung mußte es sein. Das heißt: Alles mußte für Deutschland sein! Früher schon hatte er so entschieden, — instinktiv, — damals als ihm der Onkel vorgeschlagen hatte, doch zu ihm nach Amerika zu kommen, „money" zu machen. Einem Mann von seiner Arbeitskraft müßte das doch nicht schwer fallen. Damals schon hatte er, ohne überhaupt zu zögern, nein gesagt. Es war nicht der

„blaue Rock", an dem er zu sehr hing. Es war viel mehr, —
und jetzt hier an Bord der „Sachsen" wurde er sich dessen
voll bewußt: kein Erlebnis konnte ihm genügen, es mußte
denn für Deutschland sein! —

Er straffte sich unwillkürlich und wendete sich dem Luftschiffführer zu. Der hielt den Kopf etwas geneigt, als lausche
er auf den Gang des Motors. Ein Lächeln lag dabei auf
seinen Zügen, wie eine ferne Kinderfreude. Der eine Maschinist fühlte mit flacher Hand den Motor ab und ölte jetzt die
beweglichen Teile. Der andere pumpte Druckluft für den
Benzinbehälter. Der Mann am Höhensteuer drehte ihnen
den Rücken und sah unentwegt zum blauen Band des Hori-
zontes hinüber. Der Seitensteurer stand in der Bugspitze,
den Blick voraus.

Jetzt nickte Lehmann zufrieden, richtete sich auf, — sah
zu dem Kapitän hin, der nun nicht mehr versunken den
Traum dieser Wunderfahrt erlebte, sondern breitbeinig in der
Gondel stand, als hätte er schon immer hier gestanden. Lehmann lächelte in sich hinein, — gar nicht geringschätzig.
„Dann können Sie gleich mal anfangen, Herr Kapitän!" sagte
er jetzt laut, damit das Motordröhnen seine Worte durchließ.

Und nun fühlte Peter Strasser das leichte Steuerrad in
seinen Händen, fühlte zum erstenmal die Zugkraft des
Schiffes in seinen Fingern. Er legte das Steuer nach Backbord, — eben nur soviel, daß er merkte, wie das Schiff aus
dem Kurs wollte. Und dann drehte er das Rad, bis es zur
anderen Seite drängte. Bald hatte er das Luftschiff in der
Hand, peilte über einen Verspannungsdraht offenbar
irgendeinen festen Landpunkt an und konnte so jeden seitlichen Ausschlag der „Sachsen" leicht erkennen. Lehmann
nickte zufrieden: „Da sieht man gleich den alten Marine-
mann! Dem ist das doch in Fleisch und Blut übergegangen.
Den Landoffizieren fällt das viel schwerer!"

„Kein Wunder..." lachte der Kapitän zurück. Dann stand er am Höhensteuer, und schon bockte das Schiff, — schon begann es zu stampfen. Lehmann beobachtete ihn, ohne einzugreifen. Jetzt wollte das Luftschiff wieder mit der Spitze hinab, und der Steuerausschlag kam zu spät. Es war ein stetiger Kampf, den der Kapitän verbissen führte. Er machte manchen Fehler, — doch w i e er jedesmal den Fehler zu verbessern versuchte, das beruhigte. Der Mann wußte, was er wollte. Er beobachtete und machte sich selbst nichts vor!

*

Und dann gingen sie durch die Halle, in der die „Sachsen" wieder auf ihren Böcken ruhte. An den Motoren wurde gearbeitet. Betriebsstoffe und Ballast wurden ergänzt. Lehmann sah Peter Straßer lachend von der Seite an: „Nun, — wie war der Kampf mit dem Drachen?"

„So ganz einig waren wir ja noch nicht!" mußte der Kapitän zugeben.

„Ja, — mit einem Wasserschiff ist das einfacher. Die Höhensteuerung ist Gefühlssache, das geht nicht von heut auf morgen." Lehmann rückte die blaue Schirmmütze gerade. „Und so Ihr Gesamteindruck? Die Welt von oben ist doch ein Erlebnis..."

Die kleine Eisentür klappte hinter ihnen ins Schloß.

„Ich bin schon vor zwei Jahren mal mit Kapitän Engelhardt geflogen. Herbst 1910."

„Mit der Flugmaschine Wright?" nickte Lehmann. „Offen gestanden ist mir so was zu kipplig..." Er sah Straßer offen an. „...nicht weil ich für meinen corpus

delicti fürchtete, sondern weil dieses Fahren mit Aero-
planen doch keine solide Schiffahrt ist."

Sie setzten sich in die Liegestühle. Die Septembersonne
schien warm und freundlich.

Der andere lachte: „Unter uns gesprochen ... schalten
wir einmal ganz aus, daß ich Kommandeur des Marine-
Luftschiff-Detachements bin, — scheint mir diese Luftschiff-
fahrt hier auch noch nicht gerade eine „solide Seefahrt"
zu sein."

Der kleine Lehmann nahm die kurze Pfeife aus dem
Mund und besah sich ihre Füllung. Der Kapitän sagte
schnell: „Ich meine, im Gegensatz zu einem richtigen Kriegsschiff, das doch schließlich bei jedem Wetter brauchbar ist.
Nach e i n e r Fahrt kann ich ja nicht so recht mitsprechen,
aber ich habe beim Luftschiff etwas das Gefühl, als könne
ich mich nicht anlehnen, ohne etwas zu verbiegen. Und wie
soll das erst bei steifem Wind werden oder bei starken
Böen?"

Lehmann nickte: „Verstehe ich vollkommen ... Aber
man darf das Luftschiff auch nicht zu sehr mit Marineaugen
ansehen. Die Führung des Seeschiffes setzt schon besondere
seemännische Veranlagung voraus. Die Luftschiffahrt ist
doppelt so schnell und erfordert daher noch bessere Nerven
und feste Charaktere. Luftschifführung ist keine geruhige
Tätigkeit, vor allem, weil sich die äußeren Umstände ständig
ändern. Der Luftdruck wechselt seiner Größe nach nicht nur
mit der jeweiligen Fahrthöhe, sondern auch mit der Wetterlage. Das gleiche gilt von der Temperatur der Luft und des
Gases, wobei die Temperaturunterschiede zwischen Luft und
Gas besonders von Bedeutung sind. Hinzu kommt noch der
Einfluß der Luftfeuchtigkeit auf die Tragkraft des Schiffes."

„Die Sache ist also viel komplizierter als bei einem
Seeschiff ..."

28

„Jawohl, und nicht zu vergessen noch die zusätzliche Belastung durch Regen oder Schnee..."

Peter Strasser strich sich nachdenklich den kleinen Bart: „Der laufende Brennstoffverbrauch der Maschinen erleichtert doch außerdem das Schiff."

„Jawohl! Und bringt es zum Steigen. Dadurch wird Gas abgeblasen..."

„Also geht Tragkraft verloren..."

Lehmann nickte: „Sie haben das vorhin vielleicht nicht ganz mitbekommen, Herr Kapitän. Wir hatten das Schiff genau abgewogen, das heißt: es war genau im Gleichgewicht..."

„Ich hatte den Eindruck, es schwamm, — aber plötzlich ging mir der Boden unter den Füßen weg. Es kitzelte im Magen."

„Unsere „Sachsen" war nämlich in eine durch Sonnenbestrahlung der unter ihr liegenden Sandfläche besonders stark erwärmte Luftschicht geraten. Die Tragkraft des Schiffes wurde vermindert, das Schiff fiel, so daß ich schnell Ballast geben mußte, um den Fall zu bremsen."

„Beim Seeschiff ist das einfacher, die Tragfähigkeit meines Schiffes ist da immer die gleiche."

„Abgesehen vom Salzgehalt, der in den einzelnen Meeren ja verschieden ist," warf Strasser ein.

„Das macht praktisch jedenfalls nichts aus."

„Solange ich nicht ein Unterseeboot fahre..."

Lehmann nahm die Pfeife aus dem Mund: „Richtig! Daran habe ich noch gar nicht gedacht. Da ist das natürlich ähnlich. Aber so weit fahren die U-Boote ja heute noch nicht, — kleben doch noch an der Kieler Bucht..."

„Wie die Luftschiffe, — aber nur h e u t e noch!"

*

An jedem Tag wurde jetzt gefahren, an dem der Wind das Ausbringen aus der Halle erlaubte. Auch alle Zwischenzeiten waren mit Lernen ausgefüllt. Ernst A. Lehmann strahlte. Konnte es denn Schöneres für ihn geben, als sich einem Manne mitzuteilen, der sich ganz und völlig einer Sache verschrieben hatte? Dem kleinen Luftschifführer nämlich, den die Männer seiner Besatzung „unser Kapitänchen" nannten, war sein Dienst nie Last, sondern stets neu beglückende Freude, weil es ja um sein Luftschiff ging. Und dieser Korvetten-Kapitän Strasser hatte zwar noch vor ein paar Wochen sich nur um Schiffsgeschütze gekümmert und nur mit innerem Widerstreben diesen verlorenen Posten angetreten, — doch nun hatte er die Größe seiner Aufgabe verstanden. Jetzt war er längst mittendrin und konnte sich wohl kaum noch vorstellen, daß er früher einmal ohne diese Aufgabe gewesen war.

Einmal, — sie waren wieder gefahren und ruhten sich jetzt in den bunten Liegestühlen neben der Halle aus, — sprachen sie darüber:

„Es muß möglich sein, aus dem empfindlichen Luftschiff ein wetterfestes Fahrzeug zu machen. Es muß möglich sein, die militärischen Eigenschaften zu verbessern. Das heißt: seine Tragfähigkeit, seine Geschwindigkeit und seine Steighöhe. Ich bin kein Techniker, aber ich meine, es müßte gehen. Wir brauchen die Luftschiffe zur Aufklärung über See und zum Angriff." Und nun entwickelte Strasser seinem Lehrer seine Pläne: „Es genügt natürlich nicht, wenn die Marine ein oder zwei Luftschiffe besitzt. Nord- und Ostsee sind so groß, daß wir mindestens 10 Luftschiffe im Ernstfall nötig haben, um Tag und Nacht sie als Vorposten kreuzen zu lassen. Dazu müssen sie bei jedem Wetter fahren können. Nach allem, was ich jetzt hier sehe, ist diese Forderung gar

30

nicht so überspannt, als daß sie nicht über kurz oder lang eher mit Luftschiffen erfüllt werden könnte, als mit Flugapparaten. Und die größere Reichweite der Luftschiffe ist uns sehr willkommen. Demgegenüber nehmen wir die geringere Geschwindigkeit in Kauf."

„Die Erhöhung der Betriebssicherheit..." warf Lehman ein, „...ist nur eine Frage der Zeit — und...", er lächelte vielsagend, „...der Aufträge. Hat die Werft genügend zu tun, dann kann sie Erfahrungen sammeln, — kann schneller zu Fortschritten kommen, denn einfach nur so auf dem Papier läßt sich eine so komplizierte Maschine, wie sie ein Luftschiff darstellt, nicht entwickeln. In der Praxis sieht nun mal vieles anders aus, Herr Kapitän! Das haben Sie ja vorhin wieder gemerkt." Er nahm die kurze Pfeife aus dem Mund: „Gestern abend haben Sie mir zwar hier ganz richtig gesagt, daß während der Fahrt mit gelegtem Ruder das Luftschiff hauptsächlich drei Kraftwirkungen ausgesetzt ist: 1. dem Schraubenschub, 2. dem Ruderdruck und 3. der Luftwiderstandskraft, — und trotzdem gelang es Ihnen heute nicht, so enge Kreise zu fahren wie mir."

Der Kapitän nickte, — ein wenig schuldbewußt.

„Sie haben nämlich vergessen, daß die Resultierende der Luftwiderstandskraft jetzt nicht mehr in die Längsachse des Schiffes fällt wie bei gerader Fahrt..." Und er zeichnete mit dem Finger das Einlaufen des Luftschiffes in den Drehkreis auf die Eite. „Erfahrung!" lachte er. „Und die kann eben nur in der Praxis erworben werden!"

„Deshalb klettere ich auch in jeder freien Minute im Schiff herum."

„Hab ich schon gesehn!" nickte Lehmann. „Und das ist auch ganz richtig. Man kann eine Sache gar nicht genug kennen! Und deshalb hoffe ich auf die großen Bestellungen der Marine." Er nahm die Pfeife aus dem Mund und

stopfte sorgsam mit dem Daumen nach. „Ich bin ja Luftschiffführer der Delag und nicht Angestellter oder Verkäufer
des Luftschiffbaues. Also könnten mir die Bestellungen der
Marine ziemlich schnuppe sein, aber ich habe auch so meine
kleinen Hintergedanken..." Er zog an der kurzen Pfeife
und blinzelte freundlich dabei den Kapitän von der Seite
an. Den Mundwinkel etwas schiefgezogen, war in diesem
Lächeln Freundschaft, Abwägen und auch ein wenig das
Bewußtsein eigener Leistung.

„Und die wären?"

Ernst A. Lehmann nahm bedächtig die Pfeife aus dem
Mund: „Das mit der Aufklärung ist ja sehr schön und
außerdem sicher wichtig. Aber als Aufgabe...", er blickte
dem Rauch nach, „... ich meine als Lebensaufgabe wünsche
ich mir persönlich etwas anderes." Er nahm die Pfeife wieder aus dem Mund und lächelte vor sich hin, vielleicht ohne
es selbst zu wissen. „Nämlich: mit daran zu arbeiten, daß
das Luftschiff in friedlichem Verkehr der g a n z e n Welt
dient!" Er wandte sich seinem Schüler zu. „Was ich hier
tue, ist für mich nichts, als eine solche Vorarbeit. Lächerlich
vielleicht, — später einmal gesehen. Pinassenarbeit statt
wirklicher Seefahrt. Doch sie ist nun einmal nötig, denn
sprunghaft dürfen wir nicht vorgehen... Dürr sieht schon
heute die Möglichkeit, Luftschiffe zu bauen, die zehnmal so
großen Gasinhalt haben wie unsere „Sachsen" hier. Aber
er geht unbeirrt planmäßig vor."

„Und der Graf selbst?" Der Kapitän tippte die Asche
von seiner Zigarre. „Was sagt Exzellenz dazu, als alter
General?"

„Sie meinen, ihn könnte nur das Militärische reizen?
Gesetzt, daß es tatsächlich einmal losgeht, traue ich ihm ja
ohne weiteres zu, daß er sich auf seine alten Tage noch
kriegsfreiwillig meldet. Aber sein tiefster Traum gilt viel-

32

leicht doch nicht dem Krieg, sondern dem Frieden. Hätte er sonst mit dem Prinzen Heinrich die Spitzbergen-Expedition unternommen, die doch die Grundlagen für einen Luftschiffverkehr über den Nordpol liefern sollte? Ich sprach mit ihm einmal darüber. Er pries die Eignung der klaren Polarluft für den Luftschiffverkehr und meinte, dieser Umweg über die Arktis würde sich vielleicht doch lohnen, wenn wir nicht gegen den Westwind ankämen, der zwischen Amerika und Europa leider so häufig ist."

„Nach Amerika hinüber?" Peter Strasser beugte sich vor. „Ich muß sagen, der Graf hat Mut, wo unser L 1 nicht einmal das bißchen schlechtes Wetter bei Helgoland . ."

„Mut allein tut es nicht, Herr Kapitän! Ein Ziel muß da sein, groß genug, um den vollen Einsatz zu lohnen!"

Peter Strasser nickte ihm zu.

„Und wenn wir einige Tage schneller fahren als die Dampfer, dann haben wir gewonnen."

„Aber bis dahin ist es noch weit."

„Gott sei Dank!" lachte Lehmann. „Gott sei Dank!" und griff zu der neben ihm stehenden Ziehharmonika, sah einen Augenblick in die Weite und spielte dann leise sein: „Auf! Matrosen, zur See . . ." So gar nicht gewollt war das, obwohl es sicher nicht üblich war, auf diese Weise dem Kommandeur der Marine-Luftschiffe Unterricht zu erteilen. Doch Strasser störte das nicht. Er lächelte über dieses junge „Gott sei Dank!" Da ließ Lehmann das Instrument sinken. „Wir kämpfen für Sicherheit. Aber wenn unsere Luftschiffe schon so sicher wären wie die Eisenbahn, dann machte mir, offen gestanden, der ganze Laden keinen Spaß. Wir haben noch ungeheuer viel vor uns!" Und nun klang sein Lied hell und klar.

*

Wie das zusammengestürzte Knochengerippe eines vorsintflutlichen Tieres starrten die zerknickten und geborstenen Träger, Streben und Ringe des Marine-Luftschiffes L 2 in den Himmel. Strahlend glitzerte die Herbstsonne.

„Da sehen wir uns schneller wieder, als wir dachten, lieber Strasser . . ." Der Kapitän zur See reichte ihm die Hand.

Korv.-Kapitän Strasser nickte: „Ein schlimmer Anfang."

Der Vorgesetzte sah ihn von der Seite an: „Anfang? — Eher Ende!"

„Ja, — aber wir werden doch nicht deshalb . . ." Strasser blickte auf das schwarz-verbrannte Gras.

„Wahrscheinlich wohl! Sie können sich ja vorstellen, wie der Staatssekretär in Fahrt gekommen ist. Er wollte von Anfang an ja nicht so recht ran. Und nun die zweite Katastrophe in kurzer Zeit, — dazu in diesem schrecklichen Ausmaße . . ."

„Sie wird sehr wahrscheinlich nicht die einzigste bleiben . . ." sagte Strasser. Die Ruhe seiner Worte stand in geradezu aufreizendem Gegensatz zu den schrecklich zusammengestauchten und verschmolzenen Trümmern, — zu den unzähligen verglühten Stahldrähten und den viele hundert Meter weiten verbrannten Grasflächen, — und zu dem Wissen um den Tod so vieler tüchtiger Männer.

So fuhr der Kapitän auf: „Dann ist es ja nur richtig, einen endgültigen Strich zu ziehen . . ."

Aber Peter Strasser unterbrach ihn: „Gestatten, Herr Kapitän . . . Die Entwicklung der Torpedowaffe hat ebenfalls ihre Opfer gefordert und fordert sie heute noch, — die Unterseeboote . . ."

Der Kapitän winkte ab: „. . . Fragen Sie den Staatssekretär nicht, wie er über diese Spielereien denkt!"

34

Der Korvetten-Kapitän hatte ein kleines Lächeln um die Augen, doch der Vorgesetzte sah ihn glücklicherweise nicht an. Er blickte zu den Pionieren hin, die zusammen mit Arbeitern des Luftschiffbaues eben dabei waren, die Trümmer auseinanderzuschneiden und zu zersägen. Jetzt blieb er stehen und maß den Untergebenen von oben bis unten: „Oder sind S i e etwa schon dahinter gekommen, warum L Zwo explodieren mußte?" In seiner Stimme klang Hohn. „Ich bin zwar nicht darüber orientiert, wie weit Ihre Ausbildung als Luftschiffführer inzwischen fortgeschritten ist..." Das war ein wenig herablassend gesprochen, etwas mitleidig, auch Aerger schien dabei zu sein über diesen Widerspruch des Jüngeren. Vor kaum 3 Wochen hatte dieser Mann sein Kommando als Kommandeur des Luftschiff-Detachements angetreten, und jetzt tat er schon so, als wäre er seit Jahren dabei!

Aber Peter Strasser antwortete nur ruhig: „Meine Ausbildung ist zwar noch nicht ganz beendet, aber als See-offizier findet man sich ja schnell zurecht."

Der Kapitän nickte besänftigt, aber dann klang es doch noch etwas spitz: „Nun — und L Zwo?" Und ehe der andere etwas sagen konnte: „Der Graf schiebt alles auf Pietzker. Dürr auch. Colsmann wäscht seine Hände in Unschuld." Er verzog ärgerlich sein Gesicht. „Dieser Mann scheint überhaupt der Jurist des Luftschiffbaus zu sein..." Er winkte sich selbst ab. „Pietzker und Behnisch sind tot. Gerade auf Pietzker mit seinem hohen technischen Können, seiner Energie und seiner, ich möchte sagen genialen Beschwingtheit hatte ich größte Hoffnungen gesetzt. Er hat ja allerdings tatsächlich die Verkleidung der Gondeln durchgedrückt, der Graf Zeppelin und seine Leute jetzt die meiste Schuld geben..." Er sah den Untergebenen fragend an.

„Nach meiner Kenntnis stammt der Vorschlag der

Windschutzscheiben wirklich von Pietzker. — Ich habe den Absturz des L Zwo nicht selbst mit angesehen, aber ich habe nach allen Zeugenaussagen doch die Ueberzeugung gewonnen, daß mit der Explosion gerade diese Gondelverkleidung in ursächlichem Zusammenhang steht..."

Er blickte über die Trümmer.

„Dann machen Sie Pietzker...," fuhr der Kapitän auf, „gerade Pietzker..."

„Gar keinen Vorwurf!" endete Peter Straffer den Satz. Pietzker war Seemann. Damit war es ihm selbstverständlich, daß dafür gesorgt werden mußte, Kommandant und Besatzung vor den Wetterunbilden zu schützen..."

„Und Sie mißbilligen das? Ich finde das sehr vernünftig!"

„Gestatten, Herr Kapitän, ich auch! Und doch scheint es mir der Hauptgrund zu sein..."

Der Kapitän blieb schnaubend stehen: „Sie machen mich langsam neugierig, Herr..."

Peter Straffer verbeugte sich leicht: „L Zwo hat wegen Motorstörung etwa anderthalb Stunden in der prallen Sonne gelegen, unter deren Einfluß sich die Gasfüllung der Zellen zweifellos ausgedehnt hat. Sehr wahrscheinlich sogar so stark, daß das Schiff Gas abblies. Bei der Abfahrt befand sich um das Schiff somit wahrscheinlich in der freien Luft allerhand Gas. Wasserstoff und Luft vermengt geben aber das hochexplosible Knallgas."

„Und das soll nun durch die Motoren..."

„Jawohl, Herr Kapitän, — entzündet worden sein..."

Der Vorgesetzte lachte geringschätzig auf: „Wobei aber zu berücksichtigen ist, daß L Zwo bereits in voller Fahrt eine Schleife zurückgelegt hatte... Es war auch keineswegs seine erste Fahrt. Also mußte das Knallgas doch längst vom Fahrtstrom weggeblasen sein..."

36

„Bis auf die Stellen, an denen es festgehalten wurde. Die Windschutzscheibe umfaßte nur den Gondelbug. Die Gondel war im übrigen offen..."

„... Also konnte hier bestimmt kein Knallgas sein..."

„... Sondern es m u ß t e sein, Herr Kapitän!" sagte Strasser bestimmt, aber ohne Schärfe. „Hinter der Windschutzscheibe mußte sich ein Sog bilden. Die Klappe vom Laufgang zur Gondel war offen. Warum, wissen wir nicht. Es ist aber von allen Zeugen gesehen worden. Das im Laufgang befindliche Gas konnte also hierdurch in den Sograum gelangen..."

Der Kapitän biß sich die Lippen: „Sie meinen also, L Zwo wäre nicht explodiert, wenn diese Klappe geschlossen gewesen wäre?"

„Wahrscheinlich doch, Herr Kapitän, — denn meiner Ansicht nach stellt der dünne Baumwollstoff für Gas keine Trennwand dar..."

Sie gingen einige Schritte ohne zu sprechen. Drüben von Johannisthal knatterten Motoren herüber. Ein Zweidecker kam jetzt in großer, flacher Kurve heran. Die Druckschraube wirbelte zwischen dem zerbrechlichen Gittergerüst. Das rechteckige Höhensteuer flog vornweg. Die beiden Seeoffiziere blickten hinauf, ohne ein Wort zu sagen. Jetzt kam auch eine „Taube" von Döberitz her und setzte stotternd zur Landung an.

„Sie sind also, um mit Dürr zu sprechen, gegen „das Gelump?" Der Kapitän sah ihn von der Seite an. „Und wie denken Sie sich das nun, viele Stunden lang bei richtigem Nordseewetter, — dazu vielleicht noch im Winter? Wie wollen Sie allein schon navigieren, wenn ich fragen darf? Wo Ihnen doch in der offenen Gondel die ganzen Karten wegfliegen?"

„Natürlich muß die Gondel geschlossen sein! Diese Forderung Pietzkers ist vollkommen richtig. Sie muß sogar dahingehend erweitert werden, daß vollkommen geschlossene Gondeln zu fordern sind. Ich will meine L-Schiffe bei jedem Wetter einsetzen..."

Der Kapitän mußte wieder lächeln: „Meine L-Schiffe! Kein einziges haben Sie mehr, Strasser!"

Der schien das ganz zu überhören: „Grundbedingung hierfür ist völlige Abgeschlossenheit der Gondel, genügender Abstand zwischen Schiffskörper und Maschinengondel und Vermeidung des Liegenlassens der L-Schiffe in der Sonne vor dem Start..."

Das klang sehr bestimmt. Der Kapitän sah den anderen im Gehen von der Seite an. Der etwas kleine Kopf hatte eine eigensinnige Stirn, — nein, nicht unbedingt eigensinnig, aber eine Stirn, die eine Sache nicht so leicht preisgab, die sie einmal als richtig erkannt hatte. Der kleine, dunkle Bart unterstrich noch diesen eigenen Willen. Die braunen Augen flackerten nicht, waren aber auch nicht stumpf. In ihnen war ein stilles Glühen, das große Liebe versprach, zur Sache und zu allen, die ihr dienen wollten. — Man findet befähigte Köpfe, dachte der Kapitän, man findet auch Draufgänger, — Männer mit großem technischen Verständnis, — diese Mischung hier aber ist viel seltener: Dieser Mann wird sich nicht von seinem Temperament hinreißen lassen, obwohl er Temperament besitzt. Aber wird er es auch ehrlich zugeben, wenn sich sein Weg als falsch erwiesen hat?

Der Kapitän blieb stehen: „Selbstredend sind S i e an der ganzen Sache völlig unschuldig, lieber Strasser. Ich würde mich persönlich ganz energisch dafür einsetzen, daß Sie ein anderes Kommando erhalten, das Sie voll befriedigt!"

Peter Strassers Augen blitzten, aber er beherrschte sich: „Wenn ich an andere Stelle befohlen werde, Herr

38

Kapitän, dann werde ich diesen Befehl selbstverständlich ausführen. Aber die Marine-Luftschiffahrt d a r f nicht aufgegeben werden. Ich habe auf meinen bisherigen Fahrten von Leipzig aus schon gesehen, was im Luftschiff steckt." Er hielt inne. „Deutschland d a r f es sich nicht gestatten, eine derartige Waffe unausgenutzt zu lassen. Daß die Waffe s c h a r f wird, dafür werde ich sorgen..."

Der Kapitän unterbrach ihn: „Und wie haben Sie sich die Sache weiter gedacht?" Das klang doch wieder etwas spitz. „... als Kommandeur ohne L-Schiff? Zum mindesten müßten Sie doch Ihre Leute beschäftigen, — und..." Er blinzelte.

„Sämtliche Offiziere und Mannschaften sind bereits nach Dresden beordert. Von der Delag wird das L-Schiff „Hansa" gechartert. Die Ausbildung geht forciert weiter. Bis L 3 fertig wird, sind mehrere gut durchgebildete Besatzungen vorhanden!"

Mit welcher Sicherheit der Mann spricht! Dabei ist ein L 3 überhaupt noch nicht bewilligt, geschweige denn in Auftrag gegeben! Und die Sache mit der „Hansa"... Da kann man ja noch auf allerhand gefaßt sein!

Er blieb vor Strasser stehen: „Na, dann bin ich ja mal neugierig, wie Sie da mit unserem temperamentvollen Staatssekretär klarkommen..." Und lachend: „Exzellenz von Tirpitz ist nämlich so aufgebracht, daß er bei der Beerdigung der Opfer noch vor der Grabkapelle mit Graf Zeppelin einen heftigen Streit angefangen hat..."

Peter Strasser nickte: „Das schien mir auch so..."

Da reichte ihm der Kapitän die Hand: „Dann kann man also nur sagen: „Mönchlein, Mönchlein, du gehst einen schweren Gang..."

*

In hohen Bäumen rauschte warmer Wind.

Peter Straßer ging sehr gerade. Auch in Zivil mit dem grünen Hütchen war er als Offizier unverkennbar.

Nun war es wohl so weit! — Nein, er sagte nicht: „Endlich!", dazu war er zu reif. Er konnte auch nicht sagen, daß alles auf das beste vorbereitet sei. Bei seiner Marine-Luftschiff-Abteilung jedenfalls nicht.

Er hieb ärgerlich mit dem Spazierstock durch die Luft.

Nein, er war wirklich nicht daran schuld, und seine Offiziere auch nicht, — keiner von seinen Leuten! Was waren das schon für Kämpfe gewesen, für die zerstörten L 1 und L 2 überhaupt L 3 zu erhalten! „Die Luftschiffe müssen erst besser werden!" war die weise Antwort immer gewesen, und jetzt war der Erfolg dieser Vorsicht und Sparsamkeit am falschen Ort sichtbar: Keine besseren Luftschiffe, dafür aber nur ein einziges — jetzt, wo es losging!

Peter Straßer blieb stehen und blickte zu den weißen Segeln herüber, die da unter hellen Wolken über das leicht-gekräuselte Wasser strichen. Doch er sah das heute alles nicht. Zwei Jahre hatte er verhandelt und angetrieben, wieder verhandelt, gemahnt, gebeten und Denkschriften verfaßt. Trotzdem war außer L 3 und der Fuhlsbütteler Halle eigentlich nichts vorhanden. Die Drehhalle in Nordholz war gerade erst angefangen, und dabei war eine Bauzeit von 2 Jahren veranschlagt. Noch ein paar Jahre wäre das so weiter gegangen. Er hätte den ganzen Kram wohl längst in die Ecke geschmissen, wenn er nicht außerdem seine Besatzungen gehabt hätte, die mit einem Feuereifer dabei waren!

Nein, — das mußte jetzt aufhören! Er hieb wieder schneidend durch die Luft. Dieses Schneckentempo der Büro-kraten! Wenns jetzt wirklich losging, dann mußte man ihm endlich freie Hand lassen, — mußte ihm Vollmachten geben.

40

Er machte kurz kehrt und ging in fein Schreibzimmer zurück, meldete ein Ferngespräch an, ging dann noch ein-, zweimal durch den Raum, fetzte fich nun und nahm ein Blatt heraus:

„Ich werde mit L 3 für die Hochseeflotte operieren. In kurzer Zeit werde ich 3 bis 4 Schiffe haben. Stationen: Fuhlsbüttel, Nordholz und Kiel. — Wenn England neutral bleibt, fehe ich fehr rofig für uns, bleibt es nicht neutral, dann wird es gegen uns kämpfen. Selbst dann bin ich nicht hoffnungslos. Aber fchwer wird es!" Seine Schrift war steil und fchnell. „Mir fcheint, das deutfche Volk geht als Phönix aus der Afche diefes Krieges hervor, oder es wird total zermalmt!" Sein Gesicht war fehr ernst. Und dann fügte er hinzu: „Selbst hier in Fuhlsbüttel wirds fehr kriegerifch ausfehen. Wir haben fortgefetzt mit verzweifelten Anfchlägen von desparaten Ausländern auf Halle und Schiff fowie mit Angriffen französifcher Flieger zu rechnen."

Da fchrillte der Fernfprecher „Korvettenkapitän Straffer, Marine-Luftfchiff-Abteilung! — Zu Befehl, Herr Kapitän! Ich wollte nur kurz wegen des doch fehr wahrfcheinlichen Ernstfalles ..."

„Wenn Sie jetzt auch noch weglaufen wollen, Straffer," wurde er barfch unterbrochen.

„Will ich nicht, Herr Kapitän!"

Da fagte der andere, — und das klang doch etwas kleinlaut: „Habe mich ja felbst zur Hochseeflotte gemeldet, — und daß Ihr Kommando Ihnen zu wenig bietet ..."

„Nein, Herr Kapitän! Ich will kein anderes Kommando! Ich will die Luftfchiffe zur starken Waffe machen!"

Der am anderen Ende des Drahtes lachte. „Waffe? Its a long way ..."

Peter Straffer warf den Kopf zurück. Er faß fehr gerade: „Machen Sie mich zum Führer der Luftfchiffe ..."

sagte er sicher, „unmittelbar unterstellt dem Befehlshaber der Aufklärungsstreitkräfte."

Ein paarmal knackte es im Draht, dann kam die Antwort, und sie klang gepreßt: „Diese riesengroße Verantwortung wollen Sie tragen?"

„Ich werde sie tragen." Peter Straßers Stimme war fest. Seine Augen hafteten auf dem Land in der Sonne, draußen vor dem Fenster. Jetzt fuhr er mit der linken Hand kurz über den Bart, nicht nervös, aber wie ein Mann, der weiß, wie bedeutsam die Antwort ist, auf die er wartet.

„Einverstanden!" kam es dann durch den Draht. „Also: F. d. L." Und dann, als habe er doch zu viel versprochen: „Ich will sehen, was ich dazu tun kann. Von heute auf morgen ist ja sowas nicht zu machen. Jedenfalls bekommen Sie weitgehend freie Hand. Ich habe Ihnen ja im vorigen Jahre schon die Umwandlung des Detachements in eine Abteilung durchgedrückt."

Peter Straßer legte den Hörer zurück. Einen Augenblick stand er mit verschränkten Armen am Fenster, — dann hielt es ihn nicht länger. Er nahm das grüne Hütchen und ging, militärisch-straff, wie wenn er Uniform anhätte. Er ließ seine Augen über das sommerliche Bild schweifen: Bäume im Wind, Haufenwolken, blaues Wasser mit blendenden Segeln, Möwen in kreischendem Spiel. Seltsam eindringlich fühlte er diesen Sommer. Die Menschen gingen noch ahnungslos und unbeschwert, zum letzten Mal vielleicht ... Peter Straßer aber sah sehr nüchtern Gegenwart und Zukunft. Er machte sich nichts vor. Er wußte, daß ein Führer viele Sorgen allein tragen muß.

Die jungen Kameraden saßen auf hohem Balkon unbekümmert beim Nachmittagstee. Leutnant zur See Peterson erzählte gerade, daß er mit seinem Freund Buttlar am Abend zuvor eine Sperre vor das Bierhaus Deeke gelegt hätte.

42

Der Doktor schüttelte verständnislos den Kopf.

„Das verstehst du natürlich nicht, kleine Medizin!", aber Leutnant zur See v. Buttlar klärte ihn auf: „Ende des Monats ist bei uns kleinen Leuten natürlich Dalles. Und Piter segelt doch meistens so um 7 über den Jungfernstieg . . ."

„Und?"

„Kleine Medizin hat den Anschluß immer noch nicht!" seufzte Peterson.

„. . . da hat uns Piter natürlich eingeladen!"

„Ja, er hat ein goldenes Herz, unser Piter," bestätigte der Kommandant von L 3. „Er ist ein fürsorglicher Vater, — streng sein Regiment, — und glücklicherweise kann er auch sacksiebegrob sein . . ."

„Und . . ., fügte der Doktor bedächtig hinzu, „. . . was nicht ungesagt bleiben darf: Nihil humani ei alineum!"

„Sprich Deutsch, kleine Medizin! Latein hatte ich immer 'nen Fünfer!" Horst v. Buttlar seufzte tief. „Und das: Gott sei Dank!" fügte Peterson hinzu.

„Und deshalb lernen Sie es jetzt privat?"

„Ich? Herr Kapitänleutnant?" Buttlar sah erstaunt umher.

„Ja, — Sie, — sogar während der Fahrt. Und dazu ziehen Sie sich auf die Plattform zurück, daß man Sie gar nicht mehr sieht . . ." Er lächelte listig. „Wir wollten Sie ja holen lassen, aber Piter sagte: „Wenn einer so fleißig arbeitet, soll man ihn nicht stören!" Und da aßen wir dann unsere Kartoffelpuffer ohne Sie . . ."

„Ich war eingenickt (die Nacht bei Kröger durchgetanzt)," gestand der Leutnant nicht ohne Erröten, „und wachte erst auf, als es so still und dunkel um mich war in der Halle. Der Magen knurrte mir . . ."

Sie lachten alle. Da klingelte es, Kapitänleutnant

Wendt ging hin, und gleich darauf trat Peter Straßer in ihren Kreis. Die jungen Offiziere sprangen hoch. Der Kommandeur sah sie an, einen Augenblick lang, und zwirbelte das kurze Schnurrbärtchen: „Kinder, da draußen ist so was wie Krieg! Da müssen wir wohl auch was veranlassen! Wie?"

*

In der hohen Halle klangen die Hämmer.

Auf dem Boden wurden riesige Ringe aus Aluminiumträgern zusammengenietet. Stahldrähte wurden eingezogen.

Peter Straßer blieb einen Augenblick stehen, aber der alte Herr drängte weiter: „Hier die Ringmontage kennen Sie ja!"

Dann standen sie in der Bauhalle.

Eben wurde die Stoffhaut des neuen Luftschiffes aufgebracht.

Der kleine Herr fuhr sich mit zwei Fingern über den schneeweißen, dicken Schnurrbart: „Die dreizehneckigen Ringe sind hier durch Längsträger miteinander verbunden. Jede Zelle in jeder Abteilung von zehn Meter Länge faßt etwa 4000 Kubikmeter Gas. Bei den größeren Schiffen, die wir projektieren, wird jede Abteilung fünfzehn Meter groß. Jede Zelle faßt dann 6300 Kubikmeter Gas."

Der alte Graf kletterte behende in die Gondel. Die Arbeiter rückten vor dem kleinen Herrn im blauen Anzug zur Seite: „Die gewünschte Verkleidung der Gondeln kriegen Sie auch! Ich halte ja nichts von dem Zeug, — und der Dürr auch nicht!" Das klang ein wenig bissig, — aber ehe Straßer erwidern konnte, war die weiße Schirmmütze schon

in der Klappe des Laufganges verschwunden. Die kurzen
Beine folgten nach. Straffer hatte Mühe, mitzukommen.
Und da hatte die Exzellenz tatsächlich schon die Leiter zur
Firstplattform ergriffen.

„Das kenne ich ja schon, Exzellenz!" wagte Straffer
einzuwenden. Der alte Herr stieg hier jedesmal mit ihm
hoch, und das war wirklich keine Kleinigkeit für einen
Sechsundsiebzigjährigen, zwanzig Meter oder mehr senkrecht nach oben.

Doch der Graf sah Straffer nur flüchtig und etwas
geringschätzig an. Er zweifelte wohl an seinem Mut, an seiner Schwindelfreiheit? Sagte kein Wort. Stieg voraus.

Straffer mußte lächeln. Der General bleibt doch immer
der alte Kampfhahn,—und gerade gegen uns Marineleute ..

„Der First besteht aus zwei Längsträgern. Die Leine
von vorn bis hinten . . .", der Graf klopfte die Trosse mit der
hochgestellten Hand, „. . . ist dazu da, daß man sich während
der Fahrt festhalten kann."

Peter Straffer nickte. Er wußte das natürlich längst.
„Sehr ordentlich!" sagte er anerkennend.

Der alte Herr sah ihn mit hellen Augen an, — ein
wenig erstaunt über das Lob, — etwas erfreut, — doch
auch ein bißchen verärgert.

Er zeigte auf die Steuerflächen, sagte aber nichts mehr
und stieg wieder eilig die schwankende Leiter hinunter.

Mal neugierig, was jetzt kommt!, dachte der Kapitän,
— aber zunächst kam einmal gar nichts, — und erst als er
dem alten Herrn im tiefen Sessel gegenübersaß, platzte der
Graf heraus: „Erst hat es Jahre gedauert, bis die Marine
sich überhaupt für meine Schiffe interessierte. Wenn nicht
der Colsmann bei Tirpitz hätte durchblicken lassen, daß die
Engländer sehr gern meine Schiffe gehabt hätten, wäre
L 1 h e u t e noch nicht in Auftrag gegeben."

„Ihre damaligen Schiffe, Exzellenz, schienen dem Staatssekretär eben noch zu unvollkommen!"

„Dem Heer aber nicht!"

Peter Straßer machte eine kleine Verbeugung: „Großadmiral v. Tirpitz hatte nur in der Kaiserlichen Marine etwas zu sagen!"

„Und was ist der Erfolg? Die Armee hat 6 Z-Schiffe."

„Gehabt!" sagte der Kapitän betont.

Doch der Graf ließ ihn nicht zu Wort kommen: „Die Marine aber war vorsichtig und sparsam, mit dem Erfolg, daß sie jetzt nur e i n Schiff besitzt!"

Der Kapitän setzte ruhig hinzu: „Und auch nicht einmal ein besseres!"

Der alte Herr sah den so viel jüngeren Offizier in der blauen Uniform erstaunt an.

Peter Straßer mußte lachen: „Exzellenz, vergessen ganz, welche Kämpfe ich geführt habe, um als Ersatz für L Zwo gleich mehrere Luftschiffe zu bekommen."

Aber der Unmut des Generals war noch nicht verflogen: „Die Marine! Ich möchte wissen, was die Marine in der Luftschiffahrt bisher überhaupt getan hat! Aber nun pressierts auf einmal, daß wir gar nicht nachkommen können."

„Nun, — etwas ist schon geschafft: Einige Besatzungen sind ausgebildet worden. Exzellenz haben uns doch selbst in Hamburg besucht und vor einem Jahr sogar meine Führerprüfung abgenommen. Die Doppeldrehhalle in Nordholz ist auch keine kleine Sache. Nebenbei gesagt, die einzige Drehhalle der Welt! — Und organisatorisch: Ich bin zum Kommandeur der Marine-Luftschiff-Abteilung ernannt, während es sich früher nur um ein Detachement gehandelt hatte." Er runzelte die Stirn, als der Graf eben wieder mit einer eiligen Handbewegung ihn zum Schweigen bringen wollte, und ſetzte ſich ſehr gerade: „Aber geſtatten Exzellenz, — ich meine: auf dieſem Wege kommen wir nicht weiter! Ich bin hier in Friedrichshafen, um mit allen Mitteln darauf zu dringen, daß unſere neuen Schiffe ſchleunigſt fertiggeſtellt werden."

„Ja, — hätte die Marine..."

„Was geweſen iſt, Exzellenz, iſt geweſen!" ſagte Straſſer beſtimmt. „Ich bekenne offen, daß i ch manches anders gemacht hätte, wenn ich ſo hätte handeln können wie ich es heute kann." Er ſchwieg etwas und fügte dann mit Nachdruck hinzu: „Und handeln w e r d e !"

Der alte Herr ſchnappte nach Luft, fuhr ſich erſtaunt durch den weißen Schnurrbart und brach dann los: „Das iſt einfach nicht zum Aushalten..."

Peter Straſſer ſah ihn fragend an.

Da ſagte der alte General plötzlich viel freundlicher, beinahe etwas hilflos: „Mein lieber Kapitän, man könnte meinen, die Leute wären alle übergeſchnappt. Wo ich hinkomme, halten ſie mir den Verluſt von Z 5, Z 6, Z 7 und Z 8 vor! War ja ſchließlich auch ein bißchen viel, gleich im erſten Monat Krieg, — aber man iſt doch ein Narr, wenn man ſo was m i r in die Schuhe ſchiebt!"

„Falſcher Einſatz, Exzellenz! Sie ſind ja mit dem Heer mehr zufrieden, wie mit der Marine..." Straſſer lächelte leicht. „... aber der Generalſtab iſt ſich eben heute noch gar nicht über die Grenzen klar, innerhalb derer ein Luftſchiff nutzbringend im Krieg eingeſetzt werden kann."

Graf Zeppelin überhörte die Spitze: „Das ſag' ich ja auch immer, aber das löſt nur große Beleidigung aus!" Er drehte die ſchwarze Seidenſchnur ſeines Kneifers zwiſchen zwei Fingern. „Die Ablehnung iſt nicht gerade ſchroff, denn ſchließlich iſt der Name „Zeppelin" doch immerhin noch populär. Da wagt man es nicht, ganz brüſk gegen mich

vorzugehen, aber ich habe so das Gefühl...", in seinem
Gesicht war etwas rührend Hilfloses, „...als wenn man
mich nicht mehr ernst nimmt..."

Der Kapitän strich sich durch den kleinen Bart: „Exzellenz, — wir müssen die Sache systematisch anfangen," antwortete er freundlich. „Falsche Bilder im Negativen wie im
Positiven müssen zerstört werden."

Der Graf hatte die linke Faust am Mund.

„Wir müssen für uns zunächst einmal den wirklichen
Wert Ihrer Luftschiffe herausschälen." Er hielt kurz inne.
„Ihr Luftschiff, Exzellenz, ist tatsächlich heute noch nicht
reif..."

Jetzt biß sich der alte Herr auf den Zeigefinger. Er biß
so fest, daß sein Kopf ganz rot wurde, aber dann platzte er
doch heraus, und seine Augen sprühten: „Erlauben Sie
mal!"

Doch Peter Strasser erwiderte ruhig: „Verzeihen Exzellenz, — aber Sie können auf meine Hilfe nur rechnen, wenn
wir uns gegenseitig nichts vormachen." Er wich den hellen
Augen des alten Herrn nicht aus.

Ein paar Herzschläge lang maßen sie sich stumm.

Dann nickte der Graf.

Der Kapitän fuhr fort, ohne den Blick zu lösen: „Also
das Zeppelin-Luftschiff ist noch nicht reif, trotz aller schönen
Leistungen, wegen der die Welt Ew. Exzellenz mit Recht
bewundert."

„Auch das Flugzeug ist noch nicht reif, Herr Kapitän..." Das klang schon wesentlich gemäßigter, wenn auch
die Stimme noch vor Erregung zitterte.

Peter Strasser winkte höflich, aber bestimmt ab: „Wissen wir, Exzellenz. Und doch schon e h e r brauchbar!"

Zeppelin sackte etwas im Sessel zusammen und schwieg.

„Ihr Luftschiff, Exzellenz, muß ebenso wie alle anderen

48

Schulschiff „Victoria Luise" havariert beim Einhallen in Dresden 1915

L 33 (Kptlt. d. R. Böcker) abgeschossen über England

L 13 (Kpt. Mathy) vor dem Aufstieg

L 10 (Kptlt. Sommerfeld) steigt auf

Luftschiffe unbedingt noch technisch weiterentwickelt werden. Sein Vorzug dem Flugzeug gegenüber besteht heute nur darin, daß es länger in der Luft bleiben und größere Nutzlast mitschleppen kann."

Der Graf nickte mit halbem Blick.

„Dem stehen aber sehr schwerwiegende Nachteile gegenüber: Die Handhabung auf dem Erdboden ist schwierig."

Der General richtete sich auf, aber der andere fuhr unbeirrt fort: „Man denke allein an die Hallenfrage: Etwas Querwind, etwas Böen, noch nicht einmal Sturm, und schon ist die Sache aus."

Zeppelin biß vor Erregung wieder seinen Finger.

„Dann die geringe Steighöhe! Dadurch das Riesenziel, das ja eigentlich gar nicht verfehlt werden kann!"

„Ja, wenn man damit rumfährt in Obstbaumhöhe über Belgien . . .," platzte der Graf wieder los.

„Dann muß es schief gehen . . .," vollendete der Kapitän ruhig. „Uebrigens ist Z 5 da irgendwo in Polen draufgegangen, — und unseren Marine-Luftschiffen erging es auch nicht viel besser. Denken, Exzellenz, an Buttlar, der seinen L 6 mit guten 600 Treffern Weihnachten nach Hause gebracht hat." Er fuhr mit der flachen Hand durch die Luft. „So eben noch, durch Abwurf von Benzinfässern!"

„War halt auch zu tief!" sagte der Graf bissig.

„Sicher, Exzellenz! Und daraus ist der Schluß zu ziehen, daß das Luftschiff, und ganz besonders I h r Luftschiff infolge seiner Größe im Krieg nur in größeren Höhen eingesetzt werden kann. Damit scheidet es aus als Beobachtungsfahrzeug über Land. Hier genügt völlig das Flugzeug . . ."

„Das auch noch nicht fertig ist . . .", rief der Graf.

„Wird nicht geleugnet, Exzellenz . . ." und mit leisem Nachdruck, „gehört aber nicht hierher . . ." Er verschränkte die Arme. Wir wollen ja zunächst einmal Wege suchen für das Luftschiff. — Also Einsatz zur Aufklärung grundsätzlich nur über See; denn nur h i e r kann das Flugzeug noch nicht mit."

Straffer blickte auf den Nußknacker, in Gestalt des berühmten Grafen, den irgendein Verehrer geschenkt haben mochte.

„Und auch h i e r ist das Luftschiff nur mit großer Vorsicht zu gebrauchen, denn es ist heute noch alles andere als wetterfest."

„Die Flugmaschine etwa?" Zeppelins Augen blitzten.

„Wir sind jetzt beim Luftschiff, Exzellenz!", stellte Straffer unbeirrt fest. „Das ist nur dann einigermaßen brauchbar, wenn man ständig die Wetterlage beobachtet und jedem Unwetter rechtzeitig aus dem Wege geht."

„Ist das mit L 1 geschehen?" fragte der Graf spitz.

„Nicht ganz, Exzellenz!" Straffer mußte lächeln. Immer zur Attacke bereit, der alte Reitergeneral! „Wir müssen das alles erst lernen und werden wohl noch manchen Fehler machen. Außerdem lag der direkte Befehl des Befehlshabers der Aufklärungsstreitkräfte vor. Die englische Flotte sollte an der dänischen Küste stehen. Was blieb da anderes übrig . . ."

„Man hätte das Luftschiff eben nicht einsetzen sollen, wenn man Kommandeur der Luftschiff-Abteilung ist. . ." Der Graf blies die Luft hörbar durch die Nase.

Der Kapitän blinzelte zu ihm hinüber: „Jawohl, Exzellenz! M e i n Fehler." Er verbeugte sich leicht. „Und dazu ein Fehler, von dem ich nicht einmal versprechen kann, daß er in diesem Krieg nicht noch öfters vorkommt . . ." Jetzt etwas schärfer. „Denn man kneift nicht gern, wenn man an den Feind geschickt wird. Man drängt nach vorn und sieht die Lage dann gern etwas optimistischer, als es recht wäre." Er räusperte sich. „Und dazu gibt es ja manchmal auch

50

militärische Notwendigkeiten, die das Opfer eines Luftschiffes rechtfertigen..."

Graf Zeppelin zuckte wegwerfend die Achseln: „Optimistischer...", sagte er vor sich hin.

Der Gast blinzelte ihn listig an. Sein Gesicht war ernst,
aber um seine Augen spielte ein Lächeln: „Verzeihen,
Exzellenz haben natürlich kein Verständnis für das Drängen
an den Feind..."

Der Graf, die Linke schon wieder am Mund, sah ihn
einen Augenblick sprachlos an und holte dann empört Luft.

„Exzellenz," Straßer verbeugte sich mit einem Lächeln,
„... würden sich doch sicher nicht..."

Da riß der Alte den Finger aus dem Mund: „Herr!"
Er schnaubte. „Das ist doch..."

Gleich wird er aufspringen! Peter Straßer mußte hell
auflachen über diese Empörung: „Na, also! Exzellenz sind
ja auch in Friedrichshafen nötig und setzen d o c h alle Hebel
in Bewegung, um ins Feuer zu kommen! Was sollen denn
wir viel Jüngeren dazu sagen? Und dann müssen Exzellenz
bedenken, daß es wirklich manchmal leichter ist, einen Sack
voll Flöhe zu hüten, als diese ausgelassene Horde junger
Dächse, die Tag und Nacht bohren, daß ich sie an den Feind
lassen möchte."

Jetzt mußte auch der alte Herr lachen. Er streckte dem Jungen die Hand hin: „Lieber Kapitän, — ich meine, wir verstehen
uns, — nein, — nehmen Sie doch wieder Platz! Bitte! —
Sehen Sie doch mal, diese Bürokraten wollen mich einfach
zum alten Eisen werfen! Als wenn in diesem Krieg gegen
die ganze Welt ein Mann in Deutschland zu viel da wäre."
Er lehnt sich zurück. „Etwas versteh' ich doch schließlich auch
von der Luftschifferei, wenn man mir schon absolut keine
Division in die Hand drücken will! Aber überall zeigen sie
mir die kalte Schulter. Nicht mal als Kriegsfreiwilligen

4*

nehmen sie einen. Dabei enter ich schneller die Firstleiter hoch, als die meisten jungen Kerls! — Und die Luftschiffe sollen auch nur für den Frieden gebaut sein, sagen sie. Stellen Sie sich das einmal vor, Strasser, — stellen Sie sich das nur einmal vor: Ich als alter kriegsbewährter Soldat schaffe doch wirklich mühevoll und mit den größten Opfern Deutschland eine Waffe und werde mit kaum verhülltem Hohngelächter abgewiesen. Majestät hat mich damals in Berlin rechts von sich sitzen lassen, aber man läßt mich heute nicht zu ihm. Dabei habe ich mein Luftschiff in allererster Linie als Kriegsschiff gedacht..." Er atmete tief. „Was Sie da alles an Mängeln gesagt haben, stimmt ja. Aber die Vorzüge stimmen doch auch! Und es wäre doch eine Schande, wenn wir nicht jede Waffe einsetzen würden, die irgendwie von Nutzen sein könnte. Sie sprachen doch selbst von der überlegenen Nutzlast der Luftschiffe. Nur das Luftschiff kann heute England angreifen. Und England ist unser Hauptfeind, es muß in allererster Linie niedergekämpft werden, denn es will unsere Frauen und Kinder aushungern. England m ü s s e n wir kleinkriegen!"

„Das können nur U-Boote und Luftschiffe, — heute jedenfalls, Exzellenz! Und es ist das Dringendste von allem, das ist auch meine Ansicht. Glaubte ich das nicht, dann würde ich mich nicht so für die Vervollkommnung der Luftschiffwaffe einsetzen, — dann würde ich lieber um irgendein anderes Kommando in der Flotte bitten."

„Ich weiß, lieber Kapitän! Aber alle meine Berechnungen werden einfach zur Seite geschoben. Meine ausführlichen Denkschriften wandern in den Papierkorb, — und Audienzen werden mir nicht erteilt. Stellen Sie sich das nur einmal vor! Schließlich habe ich doch einen gewissen Namen, — habe den Schwarzen Adler-Orden! Hilft alles nichts! Statt mich überhaupt anzuhören, haben sie mir er-

52

flärt, daß es höheren Ortes sehr ungern gesehen würde, daß
ich mich in Dinge mischen würde, die mich ganz und gar
nichts angingen. Man wünsche an allerhöchster Stelle keine
Englandangriffe!"

„Wie ja auch die Flotte festgehalten wird...", warf
Peter Strasser ein.

„Habe mit Bethmann ein schweres Rencontre gehabt.
Stellen Sie sich vor, Kapitän, was mir dieser Mann zur
Antwort gab, als ich sagte, es wäre eine Schande, wenn
man die Luftschiffe nicht bei jeder Gelegenheit einsetzen
würde, um England auf die Knie zu zwingen." „Auf die
Knie zwingen?" hat er gesagt. „Kommt gar nicht in Frage!
Wir reizen die Engländer höchstens durch so was!" Stellen
Sie sich das nur einmal vor: Eine Regierung im Krieg, die
den Gegner nicht reizen will! Wo soll das hinführen? An-
statt, daß sie den letzten Mann aufbieten, um den Feind
kleinzukriegen." Er atmet schwer. „Bismarck hätte das noch
erleben sollen!" Der Graf starrte einen Augenblick vor sich
hin. „Und dann hat dieser Bethmann das Völkerrecht ins
Gefecht geführt. Er war etwas erstaunt, als ich sagte, die
Haager Erklärung über das Verbot des Werfens von Geschossen und Sprengstoffen sei in seiner früheren Fassung
abgelaufen und in ihrer neuen von Deutschland, Frankreich
und England nicht ratifiziert worden. „Aber die Haager
Landkriegsordnung!" beharrte er. „Gilt nicht für den Luft-
krieg!" mußte ich ihn belehren. Er war scheinbar erstaunt,
daß ein Militär sich über Völkerrecht informiert hatte, —
saß aber sichtlich fest, und fing eiligst wieder damit an, daß
wir England nicht verstimmen dürften, mit dem er sich noch
zu verständigen hoffe! Stellen Sie sich das vor! Dabei
liegen wir jetzt schon bald ein halbes Jahr im Krieg!" Er
starrte einen Augenblick vor sich hin, etwas müde, zusammengesunken.

Peter Straffer musterte ihn aufmerksam. Eigentlich, wenn man ihn so sieht, der richtige alte Herr aus guter Familie, verbindlich, wohlwollend! Der Kapitän machte die Augen schmal. Der alte Herr könnte jetzt eine Truppe führen, so wie es seinem Rang entsprach, ohne eigentliche Besonderheiten, — ein General, dem sich sein Stab mit leichter Nachsicht unterordnet, — ein General, der eher als überlegende Bremse wirkt, für einen tatenlustigen, jungen Chef des Stabes...

Da reckte sich der Graf auf. In seinen Augen war wieder das seltsame Leuchten, — und nun war er nicht mehr der friedliche, harmlose, alte Herr, — jetzt war er der, trotz seiner schneeweißen Haare, selbst entscheidende, elastische Mann, der nicht nachgab, mochten sie alle Schwierigkeiten machen, wie sie wollten... „Ich habe Echterdingen überstanden, obwohl kaum einer im ersten Augenblick noch an mich geglaubt hat. Selbst Colsmann war damals am Ende seines Lateins, — und jetzt werde ich mich mit aller Gewalt gegen die Flauheit stemmen! Und ich werde nicht ruhen, bis meine Schiffe über England stehen!" Er schlug mit der Hand auf die Sessellehne. „Verlassen Sie sich drauf, Straffer! Und ich werde daran festhalten, bis zu meinem letzten Atemzug! Gleichgültig, ob sie alle mal wieder über diesen ollen Narren lachen oder nicht!"

Der Kapitän sah dem Grafen ernst in die Augen: „Exzellenz können sich voll und ganz auf mich verlassen! Ich werde alles tun, um den Luftschiffen zum vollen Einsatz zu verhelfen!" Er sagte das mit einer ruhigen Bestimmtheit, die gar keinen Zweifel ließ. „Dazu ist natürlich vertrauensvolle Zusammenarbeit nötig. Nur so können die Luftschiffe Schritt für Schritt durchentwickelt werden."

„Meine Unterstützung sollen Sie immer voll und ganz haben, mein lieber Kapitän! Wenden Sie sich nur immer

54

an mich, wenn Sie im Luftschiffbau auf irgendwelche Schwierigkeiten stoßen. Dürr macht seine Sache, aber er hat manchmal halt seinen eigenen Kopf."

„Jawohl, Exzellenz! Denn an sich sieht die Industrie es natürlich nicht immer gern, wenn die Front mit neuen Vorschlägen kommt. So etwas kostet meistens Geld und Mühe. Aber alles geschieht wirklich nur, um die Waffe zu vervollkommnen."

Graf Zeppelin stand auf und reichte dem Besucher die Hand: „Wenn sie an allerhöchster Stelle mich auch für zu verkalkt und knickebeinig halten, als daß ich ins Feuer kommen dürfte, so hab' ich noch das alte Soldatenherz und weiß, daß der Soldat eine Waffe braucht, die gar nicht z u gut sein kann." Er schüttelte dem anderen die Hand. „Mein Weg bis hierher war gewiß nicht leicht, lieber Kapitän, aber er hatte das Gute, daß er mich zäh gemacht hat. Nur unbedingtes Vertrauen ist nötig zwischen uns. Dann müssen wir es ja schaffen! Sagen Sie ungeschminkt und oft Ihre Erfahrungen! Nehmen Sie kein Blatt vor den Mund, mir gegenüber wenigstens!" Er hielt inne, als habe er noch etwas auf dem Herzen, — etwas, das so groß war, daß ihm das Sprechen schwer fiel.

Peter Strasser löste nicht seinen Blick aus dem des Grafen. Er sagte nichts, — er k o n n t e nichts sagen in diesem Augenblick. Da preßte der Graf ganz fest seine Hand: „Oder...", sagte er jetzt, „lassen Sie mich selbst Erfahrungen über dem Feind sammeln! Geben Sie mir meinethalben keinen verantwortungsvollen Posten an Bord." Seine blauen Augen leuchteten unter den weißen Brauen. Das Gesicht war rot vor Aufregung. „Ich brauche ja gar nicht Kommandant zu sein, — aber lassen Sie mich wenigstens mitfahren! Ich will das Bewußtsein haben, auch mein Leben in diesem Krieg für Deutschland eingesetzt zu haben.

Ich will denen oben zeigen, daß ich meinen Luftschiffen auch wirklich selbst etwas zutraue..."

Der Kapitän schüttelte den Kopf: „Das ist von oben ja bereits verboten worden, — ausdrücklich verboten, Exzellenz! — Und lassen Sie mich auch das ganz ehrlich sagen: Wirkliche Kriegsfahrten erfordern heute eiserne Gesundheit. Die Nutzlasten unserer Luftschiffe sind so gering, daß wir mit allem sparen müssen, — auch mit jedem einzelnen Mann an Bord. Wir können nur einen Mann über dem Feind verantworten, der aktiv voll und ganz seinen Posten ausfüllt. Vierundzwanzig Stunden lang oder noch länger. Wenn wir erst Luftschiffe haben, die mehr tragen können, dann wollen wir wieder darüber reden, Exzellenz! Jetzt müssen Sie sich bescheiden, denn die Sache geht vor. — Und...", er lächelte, „... wie ich vorhin erst wieder gemerkt habe, wird hier in Friedrichshafen ja auch gekämpft, — und zwar nicht zu knapp!"

Der Graf stand zwischen all' den Luftschiffbildern, den Ehrendiplomen, den Pokalen und anderen Zeichen der Anerkennung, die das Zimmer barg. Aber so wie er dort stand, — ja, so wie er dort stand... Straffer mußte ihn ansehen. Das war nicht ein lachend und leicht Siegender. Das war ein Mann der zähen, gläubigen Arbeit, — ein Mann, zu tiefst durchdrungen vom Glauben an den Wert seines Werkes. Und ihm fiel mit einem Male ein, was sie erzählten vom ersten Aufstieg des L 1. Als der Jubel von allen Seiten den Grafen umbrandete, hatte er nicht wiedergewinkt und nicht gelacht, — nur seine weiße Schirmmütze hatte er abgenommen, und in seinen Augen sollte ein seltsamer Ernst gewesen sein. Seine Lippen aber hatten sich bewegt, — und einer von seinen Männern, der dicht bei ihm gestanden hatte, hat seine Worte dann später erzählt: „Wie wenig habe ich daran getan..."

56

An diese Worte mußte der Kapitän jetzt denken, und er preßte dem Grafen noch einmal fest die Hand.

Zwei Männer hatten sich gefunden.

✳

Der Admiral sah streng vor sich hin: „Sie haben sich wiederholt darum bemüht, daß Ihre Luftschiffe zu Angriffen auf England angesetzt werden!"

Peter Strasser antwortete straff: „Zu Befehl, Exzellenz!"

„Im September hat ja bereits eine Sitzung in dieser Sache im Admiralstab mit dem Reichs-Marine-Amt stattgefunden..." Er blickte flüchtig auf das vor ihm liegende Blatt. „Ihre Vorschläge sind damals abgewiesen worden, denn die wenigen Luftschiffe, die wir hatten, erschienen uns für die Flotte zu wichtig, vor allem für die Aufklärung, als daß wir sie bei Angriffen aufs Spiel setzen wollten." Er stemmte die linke Hand in die Hüfte. Durchdringend ruhte sein Blick auf Strasser. „Sie haben trotzdem immer wieder diese Frage aufgegriffen, obwohl die Leistungsfähigkeit Ihrer Luftschiffe..." Er brach mitten im Satz ab und schob das Blatt ärgerlich zur Seite. Strasser erkannte darauf seine eigene Unterschrift. „Bitte!", sagte der Admiral jetzt.

„Zu Befehl, Exzellenz!" begann der andere ruhig. „Die Leistungsfähigkeit unserer Luftschiffe ist klein, aber in ständiger Verbesserung begriffen. Trotzdem verspreche ich mir schon heute eine erhebliche Propagandawirkung von Englandangriffen. Das englische Volk ist ein Kaufmannsvolk, dem es seit Jahrhunderten nicht schlecht gegangen ist. Es verläßt sich auch heute auf die Unverletzlichkeit des Inselreiches. Selbst bei geringem Schaden unserer Bomben wird ein fühlbarer moralischer Schlag geführt."

„Sie meinen, die Engländer hätten keinen Mut?"

„Der Engländer sieht den Lebenseinsatz mehr sportlich, er nimmt den Krieg nicht so ernst, wie wir, denn ihm gehört doch fast die ganze Welt. Er sieht alles mit den Augen des Kaufmanns an und vergißt dabei den eigenen Vorteil nicht. Demgemäß wird ihm ein, möglichst oft wiederholter Bombenangriff innerlich unangenehmer sein, als vielleicht durch den reinen Sachschaden oder die leider nicht ganz vermeidbaren Menschenverluste gerechtfertigt ist. Wir sollten keine Gelegenheit vorübergehen lassen, den Feind zu zermürben..." Er hielt inne, und als der Admiral nicht antwortete, fügte er hinzu: „Verglichen mit den Treffern neuzeitlicher Artillerie sind unsere Bomben vielleicht Nadelstiche, aber immer wiederholt, sind auch diese unangenehm, zumal, wenn Flotte, U-Boote, Heer, Flieger und was es alles gibt, in gleicher Richtung wirken."

Der Chef des Admiralstabes blickte hoch: „Und Sie glauben, daß dies den Einsatz unserer wenigen Luftschiffe rechtfertigt?"

„Jawohl, Exzellenz! Die Engländer werden erschrecken, jammern und energisch Schutz gegen unsere Angriffe fordern. Die Regierung muß Abwehrverbände heranziehen. Jede Batterie im Land, fehlt an der Front. Verteilen wir unsere Angriffe auf das ganze Land, dann muß das Vielfache an Batterien und an Scheinwerfern der Front entzogen werden. Tausende von Soldaten müssen daheim bleiben. Durch Abblendungsmaßnahmen wird die Industrie gestört. Unsere Angriffe bedeuten glatten Produktionsausfall..."

„Unsere Schiffe bieten ein zu großes Ziel, da die Fahrthöhe bei Bombenbelastung zu gering ist. Auch gewöhnliche Nächte möchte ich nach Möglichkeit vermeiden und lieber in den mondlosen Nächten angreifen. Das sind allerdings nur 10 bis 12 Nächte im Monat und von diesen fallen auch noch

58

gut die Hälfte weg, wegen zu starker Gegenwinde auf der Strecke oder Querwinden zu den Hallen, die das Ausfahren der Luftschiffe nicht gestatten."

„Das ist wirklich nicht viel, — und bei den wenigen Schiffen . . ."

„6 Zeppeline, Exzellenz!"

„Und die 3 Parsevale und das M-Schiff?"

„Kommen nicht in Frage wegen zu geringer Reichweite. Außerdem sind sie besonders gefährdet wegen ihres nicht unterteilten Gasraumes. Bei geringfügigen Treffern verlieren sie schnell ihre g a n z e Tragkraft."

Der Admiral fuhr flüchtig mit zwei Fingern durch den kurzen Spitzbart. Jetzt nickte er: „Auf Grund Ihrer früheren Darlegungen habe ich mich selbst sehr für den Gedanken der Luftschiffangriffe auf England eingesetzt und eine entsprechende Denkschrift höheren Ortes vorgelegt. Gegen diese ist eingewendet worden, daß man zweckmäßig erst mit Englandangriffen begänne, wenn mehr und bessere Luftschiffe zur Verfügung ständen. Wie denken Sie darüber?"

Der Kapitän straffte sich: „Bis wir soweit sind, vergehen einige Jahre, und ich fürchte, wir dürfen uns schon vorher nicht den Luxus einer unbenutzten Waffe leisten. Die Welt steht gegen uns. Die Blockade bedeutet Krieg auch gegen unsere Frauen und Kinder . . ."

Wieder nickte der Admiral: „Das ist auch meine Meinung, der ich Ausdruck gegeben habe. Allerdings entspricht sie nicht der Ansicht allerhöchster Stellen, denn Sie wissen ja, daß von dort der Befehl ausgegeben worden ist, daß sich die Flotte defensiv zu verhalten habe, statt sie zur Entlastung der Westfront heranzuziehen." Er strich sich flüchtig über das Haar, als wollte er etwas wegwischen. „Vor allem aber hat der immer wiederholte Einwand des Reichskanzlers die größten Schwierigkeiten gemacht, der Feind dürfte durch

59

Englandangriffe nicht gereizt werden. Und als er hier fühlte, daß er bei uns Soldaten auf völliges Unverständnis stieß, führte Bethmann-Hollweg ins Feld, daß London völkerrechtlich nicht bombardiert werden dürfe. Dagegen habe ich dann ausführlich begründet, daß London als befestigter Platz im Sinne der Haager Konferenz zu gelten habe. Mit vieler Mühe ist es nun gelungen, diesen Standpunkt durchzudrücken, aber da sind von einer Seite Einsprüche erhoben worden, die wir nicht vermutet hatten." Einen Augenblick sah der Admiral Straßer an und fuhr dann fort, ohne eine Antwort zu erwarten: „Majestät hat sich nämlich gegen jeden Angriff auf Städte ausgesprochen, in denen sich Häupter der feindlichen Staaten aufhalten." Er stockte.

„Und hierunter fällt London?"

Der Admiral nickte mit einem Seufzer.

„Aber, Exzellenz, die Niederringung eines Gegners ist doch so lange unvollständig, solange nicht die führenden Männer niedergebrochen sind! Seelisch und körperlich!"

Der Admiral unterbrach ihn kurz: „Dies ist, wie gesagt, die Allerhöchste Meinung. Sie zu kritisieren steht uns nicht zu."

Peter Straßer biß sich die Lippen. Der Chef des Admiralstabes fuhr fort: „Ich habe nun geltend gemacht, daß sich die königliche Familie nicht ständig in London aufhält. Daraufhin ist die strikte Weisung ergangen, in j e d e m Falle königliches Eigentum unversehrt zu lassen. Darüber hinaus hat Majestät ausdrücklich angeordnet, daß Buckingham Palast, Westminster-Abtei, St. Pauls Kathedrale und die Regierungsgebäude unter keinen Umständen, auch nicht durch Zufall, in Mitleidenschaft gezogen werden dürfen." Er zeigte auf den vor ihm liegenden Plan von London. Straßer trat herzu. „Sie sehen hier die Sperrgebiete!"

„Etwas reichlich!", sagte der Kapitän. „Es ist ja nahezu ausgeschlossen, über der Stadt eine Runde zu fahren, ohne mindestens einen Sperrkreis zu berühren, ganz abgesehen von den Schwierigkeiten genauer Kleinnavigation aus der Luft, etwa bei nicht ganz einwandfreier Sicht, mit der wir bei Neumondnächten und Abblendung rechnen müssen."

Der Vorgesetzte sah ihn von der Seite an: „Welche Ziele scheinen Ihnen lohnend?"

„Die Admiralität, die Bank von England, — hier, — doch an die ist unter diesen Umständen ja kaum heranzukommen." Er zeigte mit dem Finger. „So bleiben im wesentlichen die militärischen Objekte am Rand der Stadt und die Docks."

„Haben Sie denn brauchbare Bomben?"

„Wir verwendeten zuerst Granaten mit Wimpeln, damit sie mit dem Kopf aufschlagen. Jetzt haben wir besonders konstruierte Bomben."

Der Admiral sah ihn durchdringend an. „Unter diesen einschränkenden Bedingungen also hat Seine Majestät, wenn auch widerstrebend, die Zustimmung zu Luftschiffangriffen auf England gegeben. Der Beschießung dürfen nur alle militärisch verwendbaren Einrichtungen in unverteidigten Plätzen unterliegen, ferner natürlich die befestigten Plätze. Ich erwarte also von Ihnen, Herr Kapitän!", er blickte Straffer streng an, „daß Sie Ihre Kommandanten auf das ernsteste auf diese Einschränkungen hinweisen. Ich brauche ja nicht besonders darauf hinzuweisen, was es bedeuten würde, wenn gegen den ausdrücklichen Befehl Seiner Majestät verstoßen wird."

Der Kapitän schlug die Hacken zusammen und sah dem Admiral in die Augen: „Zu Befehl, Ew. Exzellenz!"

✳

„Piter, du machst ja ein Geſicht, als wenn ſie dich ab-
geſägt hätten!"

Straſſer blickte hoch: „Ach, du biſt es, Otto?"

„Der hohe Herr hat wohl eine etwas einſeitige Unter-
haltung mit dir gehabt?" Der Korvettenkapitän ſah den
Jahrgangskameraden mitleidig von der Seite an: „So nach
der bekannten Melodie: Es rauſcht die See und will ihr
Opfer haben . . ." Er klopfte Straſſer die Schulter. „Na, —
komm mal rein, — wenigſtens für fünf Minuten, — in
meine Papiermühle." Er ſchob dem anderen einen Stuhl
hin und bot ihm eine Zigarre an. Doch der lehnte ab. Da
lächelte der Kamerad: „Scheinbar hab' ich dich doch falſch
eingeſchätzt, Piter! Ich dachte, du wärſt ein richtiger Soldat, der nach vorn will . . . und jetzt machſt du ſo'n Geſicht,
wo ihr endlich doch England angreifen dürft?"

„Das weißt du ſchon?"

„Klar doch, Mann! In dieſem Krieg bleiben doch nur
die unwichtigen Sachen geheim. Und wozu ſitzt man hier in
der großen Bude?"

„Dann weißt du ja auch, unter welchen Bedingungen."

„Unter beſchiſſenen, mein Lieber! Sprechen wir ſolda-
tiſch — und undiplomatiſch! Ob das überhaupt ſo geht, ahne
ich nicht, denn die Bombenſchmeißerei dürfte es in ſich
haben: Luftſchiffgeſchwindigkeit, Windabtrift, Vorhalte-
winkel und was weiß ich noch alles, muß doch berückſichtigt
werden. Da ſtelle ich mir die Treffſicherheit etwa ſo vor:
Du wirfſt die Bomben auf Berlin und trifſt Potsdam."

„Ganz ſo ſchlimm iſts nun allerdings nicht. Was mich
niederdrückt, iſt vielmehr die innere Einſtellung der grund-
legenden Befehle."

„Gefeſſelter Prometheus!" Der Kamerad ſtreifte die
Aſche ab. „Tröſte dich, Piter, es geht euch nicht allein ſo!

62

Du glaubst ja nicht, was die Petroleumsoldaten, die U-Bootmänner, uns hier die Bude einrennen. Sie haben doch auch ganz recht mit ihrer Forderung, auch im Handelskrieg gegen England eingesetzt zu werden. Denn wenn der Engländer uns aushungern will, sollten wir ihm auch mit allen Mitteln das Menü versalzen. Feldkirchner hat doch gezeigt, daß das geht, als er mit U 17 den englischen Dampfer „Glitra" versenkte, — aber England darf nicht gereizt werden!" Er schlug mit der flachen Hand auf den Tisch. „Du hast also schon mehr erreicht mit deiner Hartnäckigkeit! Du kannst angreifen, während die Hochseeflotte defensiv bleiben muß. Diese strategische Defensive geht so weit, daß zum Beispiel der Hilfskreuzer „Berlin" zwar vom Stellvertretenden Staatssekretär des Reichsmarine-Amtes und dem Stellvertretenden Chef des Admiralstabes die Zusage bekam, von 4 großen Panzerkreuzern und unter Umständen 2 Linienschiffen bei seinem Durchbruch gedeckt zu werden, aber der Flottenchef lehnte ab mit Hinweis auf das kaiserliche Telegramm. So mußte Pfundheller sich ganz leise allein durchschleichen! Jawoll, mein Lieber! S o geht das hier!"

„Aber das ist doch..."

„...wahr, mein Lieber! Und die Moral von der Geschicht: Es ist nicht damit allein getan, eine Waffe zu haben, man muß auch die Erlaubnis haben, kämpfen zu dürfen! Du bist in der sonderbaren Lage, angreifen zu dürfen, ohne bereits eine Waffe zu haben. Denn, sei mir nicht böse: Was ist schon so ein Luftschiff? Kaum so lufttüchtig wie ein einfaches Rettungsboot seetüchtig! Und hinsichtlich der Waffenwirkung?" Er lachte.

„Von den U-Booten hat man anfangs auch nicht besser gesprochen..."

„Aber Weddigen hat sie glänzend rausgepaukt, lieber

Piter! Du wirst das auch mit den Luftschiffen tun, wie ich dich kenne! Aber zuerst hast du mal die Erlaubnis zum Kämpfen. Um die beneide ich dich — und auch wieder nicht. Es ist so ungefähr, als wenn ich mit ein paar Motorbooten England angreifen sollte." Er blickte den anderen an. „Aber du wirst auch das schon hinkriegen, Piter!" Er sah den Kameraden lachend an: „Zäh bist du ja, das haben wir damals in Ostasien gesehen. Pfui Deiwel, wir haben alle gemeint, du gingst drauf, nachdem du zwei Stunden im kalten Wasser mit dem Halbertrunkenen geschwommen warst." „Was sollte ich machen bei dem schlechten Wetter? Der Kerl war über Bord gekippt und keiner hatte es gesehen außer mir. Ich dachte auch schon, es ginge schief, da habt ihr uns rausgeholt. Den Chinafeldzug hat mir die anschließende Lungenentzündung leider vermasselt..." „Dafür bekamst du aber die redlich verdiente Rettungsmedaille, Piter! Und schließlich waren diese zwei Stunden im kalten Wasser eine gute Uebung in Zähigkeit. Ich hab's so in den Knochen, als wenn du die noch tüchtig nötig hättest bei deiner Luftschiffahrt..." Er reichte dem Kameraden die Hand.

∗

Peter Strasser sah sich im Kreise seiner Kommandanten um: „Nachdem also Seine Majestät auf Grund des Immediatvortrages vom 9. Januar die von uns vorgeschlagenen Luftangriffe gegen England genehmigt hat und ich Ihnen die nicht sehr erfreulichen Bedingungen mitgeteilt habe, die an diese Erlaubnis geknüpft sind, kann ich nicht unterlassen, mit Ihnen noch einmal die Schwierigkeiten dieser Angriffe durchzusprechen. Augenblicklich stehen uns L 3, 4, 5, 6, 7 und 8 zur Verfügung..."

L 19 (Kptlt. Loewe)
treibt in der Nordsee am 1. Februar 1916

L 22 (Kptlt. Martin Dietrich)
geht auf der Nordsee nieder

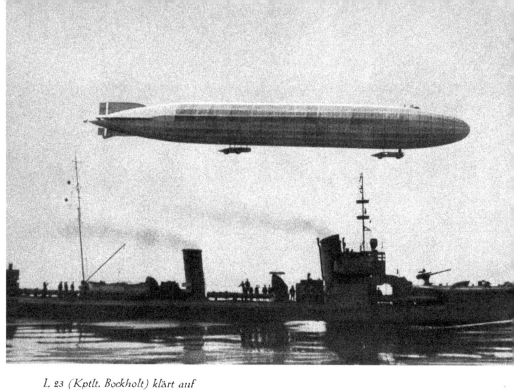

L. 23 (Kptlt. Bockholt) klärt auf

L 15 (Kptlt. Breithaupt) versinkt in der Themsemündung am 1. April 1916

„Und demnächst mein L 9," bemerkte Kapitänleutnant Mathy.

„Leider erst im März, nach der letzten Friedrichshafener Meldung. Das Heer hat dem Luftschiffbau große Aufträge erteilt. Es ist zweckmäßig, daß Sie sich mit Ihrer Besatzung schon jetzt zur Bauinformation nach Friedrichshafen begeben, um an Ort und Stelle darauf zu drücken, daß die Lieferzeit unbedingt eingehalten wird!"

„Zu Befehl, Herr Kapitän!"

Der Kommandeur verschränkte die Arme: „Sämtliche Schiffe haben eine Nutzlast von 9200 Kilogramm bei 0 Grad und 760 Millimeter Druck. Die kürzeste Entfernung von der Deutschen Bucht nach England beträgt 290 Seemeilen, bis London sogar 310. In dieser Hinsicht haben es die Heeresluftschiffer mit ihren Stützpunkten in Belgien erheblich günstiger. Sie haben einen Anmarschweg von nicht einmal 100 Seemeilen. Bis London sind es von Belgien aus keine 150 Seemeilen. Demgemäß neigte man an allerhöchster Stelle zu der Ansicht, daß Englandangriffe in allererster Linie in das Gebiet der Heeresluftschiffer fielen, aber ich glaube, Sie genug zu kennen, meine Herren, wenn ich dem ganz entschieden widersprach." Alle Augen leuchteten ihm entgegen.

„Jawohl, Herr Kapitän!" rief Mathy. Und Kapitänleutnant Hirsch nickte.

„Wir Marineluftschiffer haben zwar etwa die dreifache Strecke zu bewältigen, um überhaupt zum Angriff zu kommen, — und wenn wir den hinter uns haben, müssen wir auch die dreifache Entfernung wieder zurück. Das bedeutet nicht allein größere Gefahr, sondern, was Ihnen, wie ich Sie kenne, wichtiger ist, verringerte Bombenlast. — Haben Sie einmal ausgerechnet . . ."

„Zu Befehl, Herr Kapitän!" Hirsch reckte sich auf. „Bei Beschränkung auf den nötigsten Benzin- und Ballast-

vorrat kann ich im L 5 drei 50-Kilogramm-Bomben mitnehmen und etwa 20 Brandbomben zu 3,2 Kilogramm. Natürlich
muß dann jeder nicht unbedingt nötige Mann zu Hause bleiben."

Der Kommandeur nickte: „Das ist, bei Gott, nicht viel,
und unsere Angriffe haben nur dann einen Sinn, wenn
wir mit mehreren L-Schiffen zugleich angreifen."

Kapitänleutnant Mathy hob die Hand: „Bei meinem
L 9 ist die Bombenlast bereits etwas günstiger. Die Werft
gibt 11 100 Kilogramm Nutzlast an."

„Auch das soll verhältnismäßig bald gesteigert werden,"
nickte Strasser. „Wir werden auch bei den 25 000-Kubik-
meter-Schiffen nicht stehen bleiben. 32 000-Kubikmeter-
Schiffe sind für diesen Sommer noch zugesagt. Wir werden
damit auf 16 200 Kilogramm Nutzlast bei prallem Schiff
kommen. Dabei läßt sich dann zugleich die größte Fahrt-
strecke auf viertausendzwohundert Kilometer steigern."

„Wenn nur die Geschwindigkeit nicht so gering wäre,"
warf Kapitänleutnant Hirsch ein. „21,5 Meter je Sekunde
sind zu wenig. 77 Stundenkilometer mit Vollgas, das sind
mit gedrosselten Maschinen, — und die muß ich rechnen,
sonst brechen mir die Motoren schon auf halbem Wege zusammen, — vielleicht 60 Kilometer bei Windstille. Aber 20
bis 30 Kilometer Gegenwind sind keine Seltenheit. Damit ist
dann meine Marschgeschwindigkeit kaum noch höher als die
eines normalen Kriegsschiffes. Die Steigerung der Geschwindigkeit scheint mir daher sehr wichtig zu sein." Er sah
sich nach den Kameraden um, die zustimmend nickten.

„Ist auch angestrebt, Hirsch," bestätigte der Kommandeur, „die 32 000-Kubikmeter-Schiffe sollen auf gute 25 Meter je Sekunde kommen. Zugleich habe ich mich sehr für eine
Verbesserung der Steighöhe eingesetzt. Der Luftschiffbau hat
3900 Meter statische Gipfelhöhe zugesagt." Die Kommandanten murmelten befriedigt. Doch Strasser runzelte die Stirn.

66

„Einstweilen, meine Herren, ist das allerdings noch Zu-kunftsmusik. Wir müssen mit drei 50-Kilogramm-Bomben und 20 Brandbomben rechnen und unsere Angriffe in 1200, vielleicht auch 2000 Meter Höhe mit 40 Kilometer Geschwindigkeit fahren." Er stockte. „Ich sehe meine Aufgabe nicht im Miesmachen, aber ich halte es für nötig, daß wir uns selbst nichts vormachen. Bei dieser geringen Fahrthöhe bieten unsere Schiffe von 158 Meter Länge und etwa 15 Meter Durchmesser bei dieser lächerlichen Geschwindigkeit Ziele, die selbst ein schlechter Artillerist nur mit Mühe verfehlen kann. Die Erfahrungen der Heeresluftschiffer haben uns gezeigt, daß man da allerhand Häßliches erleben kann. Und Buttlar hätten sie mit Gewehren ja auch beinahe mit seinem L 6 heruntergeholt. Wir müssen also auf Verluste gefaßt sein, die bei der leichten Brennbarkeit unserer Luftschiffe leider wohl meistens Totalverluste sein werden." Sein Gesicht war ernst. „Sie haben meine Eröffnungen mit Zustimmung begrüßt, meine Herren. Trotzdem möchte ich mit Ihnen nicht derartige Angriffe beginnen, ohne daß Sie sich völlig über die Schwierigkeiten klar sind. Wer sich innerlich diesen Schwierigkeiten nicht gewachsen fühlt, kann sich ruhig bei mir nachher melden. Ich werde für ein anderes Kommando sorgen, ohne ihm Vorwürfe zu machen. Denn unter weniger, ich möchte beinahe sagen, hoffnungslosen Voraussetzungen wird er vielleicht an anderer Stelle Gutes leisten." Er blickte langsam im Kreis herum, doch kein Auge wich ihm aus. Er wußte schon jetzt, hatte es vorher schon gewußt, daß nicht einer von seinen Offizieren sich nachher melden würde. Da war es doch wie ein Lächeln um seine Augen, das aber gleich wieder verschwand, — als er sagte: „Und, bitte, prüfen Sie jeden einzelnen Mann Ihrer Besatzungen entsprechend, meine Herren! Es ist bei uns ja nicht so, wie auf anderen Schiffen, wo man

5*

schließlich den einen oder anderen Mittelmäßigen mitschleppen kann. Wir können keinen Reservemann mitnehmen, und unsere Angriffsfahrten werden 20 Stunden bei bester Wetterlage, meistens also sicher noch länger dauern. Diese 20 Stunden hindurch muß jeder einzelne ungeachtet der Kälte und des Feuers ununterbrochen voll und ganz auf seinem Posten sein. Und jede Rolle bei uns an Bord ist lebenswichtig für das ganze Schiff. Bei uns gibt es keine weniger verantwortungsvollen Posten. Das ist schwer, aber wunderschön! Meine Herren, nehmen Sie daher jeden einzelnen Mann genau unter die Lupe. Er muß der Beste seines Faches sein und durch und durch freiwillig! Nur dann können wir unsere schwere Aufgabe einigermaßen lösen." Er ging ein paar Schritte durch den Raum. „Selbstverständlich müssen die Angriffe unter genauester Beobachtung der Wetterlage angesetzt und durchgeführt werden. Ich werde daher Angriffsbefehle nur geben, wenn die Wetterbedingungen einwandfrei sind. Die Beurteilung stößt allerdings bei uns auf größte Schwierigkeiten, denn die Beobachtungen unserer deutschen Wetterwarten allein genügen nicht. Die feindlichen fehlen, da wir den Funkschlüssel nicht kennen. Und die lieben Neutralen haben ja schleunigst einen Beweis ihrer wahren Neutralität gegeben, indem sie uns jede weitere Uebermittlung ihrer Wettermeldungen verweigerten, sie aber zugleich laufend der Entente lieferten. Unsere Rechnung krankt also an zu vielen Unbekannten. Das Ergebnis wird somit manchmal unzureichend sein, aber ich werde mit allem Nachdruck dafür sorgen, daß auch hier jeder restlos seine Pflicht tut." Er stockte kurz. „Ich danke, meine Herren!" Er ging, hielt dann aber inne: „Hat einer der Herren noch eine Frage?"

Kapitänleutnant Mathy trat vor: „Können wir nicht nach Düsseldorf, Köln oder Belgien überführen?"

Der Kommandeur mußte lachen: „Sie Schlauberger! Kommt leider nicht in Frage! Alles mit Heeresluftschiffen belegt! Ich war ja Ende des Jahres in Belgien. Vielleicht gelingt es mir, Düsseldorf zu bekommen. Für Londonangriffe wäre das schon etwas günstiger."

Kapitänleutnant Hirsch trat heran: „Melde gehorsamst, L 5 fahrtbereit!"

„Sie habens ja eilig!" lachte Strasser.

„Ja, — wir müssen uns ranhalten, daß die 85er nicht die Ersten über England sind..."

„Nur mal nicht zu hitzig, meine Herren! Ich habe mir natürlich auch die Wetterlage schon angesehen. Heute und scheinbar in den nächsten Tagen ist an einen Angriff nicht zu denken. Warten wir ab, meine Herren! Wills der Wettermacher Petrus, kommen auch wir bald an die Reihe, eine Flöte im Konzert mitzuspielen!" Er winkte seinem Adjutanten: „Wendt! Bitte! Sofort die Marschbefehle für die Besatzung Mathy..."

Die Tür schlug hinter beiden zu.

„Na, — laßt die beiden Peter mal so weiter machen! Peter Strasser und Peter Wendt! Das mit den Angriffen haben sie fein gefingert! Und an uns solls nicht liegen!" Mathy hieb seinem Kameraden Hirsch auf die Schulter: „Ganz gewiß nicht!"

*

„Ein Kapitänleutnant der Reserve Max Dietrich möchte Herrn Kapitän sprechen."

Peter Strasser blickte hoch: „Bitte!"

Der Offizier trat ein und grüßte.

„Sie wünschen?"

„Das Kommando eines Marine-Luftschiffes!"

Peter Strasser musterte den Mann.

69

„Wo waren Sie bisher?"

„Bei Kriegsausbruch war ich Kapitän des NDL.-
Dampfers „Brandenburg" und sollte den Hilfskreuzer „Kaiser
Wilhelm der Große" versorgen. Nach dessen Untergang war
ich nutzlos im Atlantischen Ozean und wollte nach Hause."

„Mit Ihrem Schiff?"

„Natürlich!"

„Durch die englische Blockade? Und das haben Sie gemacht?"

„Zu Befehl! Aber in Drontheim ging mir leider die
Kohle aus." Er sagte das, als handele es sich um eine Frie-
densfahrt von Hamburg nach Helgoland, und schob die
Hände in die Taschen seines kurzen blauen Rockes, wie er
das auf der Brücke wohl so gewohnt war.

Peter Straßer mußte lächeln: „Aber bei uns ist das
nicht so einfach. Luftschiffe sind keine Seeschiffe. Unsere
Motoren sind keine Dampfmaschinen. Und Sie wissen ja
wie das geht — jetzt mit L 3 und L 4, — beide verloren
auf einen Schlag, und jetzt L 8 ..."

„Gerade deshalb! Der Engländer soll uns fühlen! Und
wenn die Maschinen Havarie haben, wird gesegelt." Er
reckte sich ein wenig. „Ich war fünf Jahre Führer der Vier-
mastbark „Herzogin Cecilie", dem Schulschiff des NDL."
Er beobachtete ruhig den Eindruck dieser Worte. „Fünf
Jahre auf allen Meeren," fügte er dann hinzu. „Dreimal
um Kap Hoorn." Er zog das O ordentlich in die Länge.

„Dann können Sie ja die Beine auf den Tisch legen ..."
lachte der Kommandeur.

„Kann ich! — kann ich! — Und dabei ohne die geringste
Havarie!"

„Gut!" sagte Peter Straßer. „Ersatz für Fritz und
Platen und Beelitz ..."

Max Dietrich preßte seinem neuen Vorgesetzten die Hand.

*

70

Die silbernen Propeller an ihren Aluminiumauslegern hoch über den Gondeln mahlten unermüdlich. Der Fahrtwind pfiff über die offene Gondel, hieb mächtig gegen den ungefügen, großen Kühler, der zur Hälfte abgedeckt war. Peter Strasser schlug die Hände in den dicken Lederhandschuhen zusammen. Sein Atem dampfte.

Oberleutnant zur See Peterson sah den Kommandeur von der Seite an: „Noch bitter kalt, Herr Kapitän, wo man doch nun bald müßte Rosen pflücken können ..."

Der Wachoffizier sah von seiner Karte hoch: „Hier jedenfalls nicht."

Peter Strasser zog sich den wollenen Kopfschützer zurecht. „Aber ich friere gern 20 Stunden, wenn ich dafür mit etwas stabilerer Wetterlage rechnen kann. Wir haben ja genug Pech gehabt: Erst wird von oben gebremst, dann dauert es 10 Tage, bis das Wetter überhaupt einen Englandangriff zuläßt."

„Ich hab' mich jeden Morgen auf die Zeitung gestürzt, weil ich fürchtete, die Heeresluftschiffer wären uns zuvorgekommen," gestand Leutnant Brodrück.

„Angestrengt haben sie sich mächtig, aber denen wachsen die Bäume auch nicht in den Himmel."

„Platen und Fritz mit L 3 und L 4 waren wenigstens die Ersten drüben, und nach allem, was man zwischen den Zeilen lesen konnte, haben sie kräftig gewirkt."

„Die Engländer sollen tüchtig geballert haben."

Der Kommandeur nickte: „Die lieben Vettern konnten aber wohl nicht viel machen, denn an dem Abend war Regen und Nebel drüben. Dafür haben sie dann doppelt und dreifach gezetert. Natürlich behaupteten sie, die Zepp-Angriffe seien völkerrechtswidrig, aber dieses Entrüstungsgeschrei ist eigentlich unverständlich, wenn man hört, daß alle

Bomben doch daneben gefallen sind und nur ein paar Löcher in die Wiesen geschlagen hätten."

Peterson lachte: „Die winterliche Wiese möchte ich sehen, die so ordentlich gebrannt hat, daß noch von See aus der Feuerschein zu sehen war..."

„Aber daß wir danach den ganzen Februar verstreichen laffen mußten!"

„Beelitz hat mit L 8 es von Düffeldorf aus ja zwomal versucht. Nebel und Sturm! Bis sie ihn dann bei Nieuport runterholten."

„Sind Nachrichten von ihm gekommen, Herr Kapitän?"

„Nein. Hoffentlich ist wenigstens die Besatzung am Leben." Der Kommandeur blickte auf die graugrüne Dünung hinab. „Man darf nichts übers Knie brechen!" sagte er ernst. „L 3 und L 4 sind nun auch dem Wintersturm zum Opfer gefallen."

„Aber wir haben doch jetzt die Hauptwetterwarte Belgien."

„Trotzdem bleibt es schwer, das Wetter 24 Stunden voraus zu sagen. Wir müffen also den Luftschiffen die Wettermeldungen drahtlos nachsenden und die Offiziere darin ausbilden, daß sie auf den Fahrten die Wolkenformen, Windrichtungen in verschiedenen Höhen, Temperaturen und Barometerstand beobachten und hieraus selbst Schlüffe ziehen."

„Also jeder sein eigener Wetterfrosch!" lachte Brodrück.

„Anders gehts nicht, Brodrück! Sie müffen alle noch ordentlich die Nase ins Buch stecken..." —

Sie schwiegen, denn das laute Sprechen strengte an.

Eintönig hoben und senkten sich die Wogen der See. L 5 und L 6 standen weit ab an Steuerbord, wie schmale, graue Finger, die ebenfalls nach Westen zeigten, zum Feind hin. Straffer blickte hinüber. Hirsch und Breithaupt werden

ihre Sache schon machen! Bald mußte sich die englische
Küstensperre bemerkbar machen. Der Kommandant knöpfte
sich den Pelz am Hals fester. Tief unten voraus kreuzten
jetzt Schiffe, wohl die ersten Bewacher.

„Alle Lichter löschen!" befahl Oberleutnant Peterson.

Jetzt waren die Männer an den Rudern nur noch blasse
Schatten. Schnell sank die Nacht. Die Schiffe unten hatten
nicht ganz sorgfältig abgeblendet, obwohl sie doch die Motoren hören mußten. Schwarz jagte der Riesenleib des L 7
unter dunkelem Himmel nach Westen.

Auch L 5 und L 6 hatten jetzt wohl die Lichter gelöscht.
Nichts war mehr von ihnen zu sehen. —

Die Männer hatten manche Nachtfahrt über See im
Luftschiff gemacht, doch diesmal war eine andere Erwartung
in jedem von ihnen. Gewiß, es war Freude an dem kommenden Kampf, — Freude des Mannes, der sich für seine
Heimat einsetzen darf. Aber in diese Freude hineingemischt
war doch auch das Wissen um die große Gefahr dieses
Unternehmens, um die Dürftigkeit der eigenen Schiffe. Dieses Wissen hätte manchen abgehalten, ein solches Wagnis
zu unternehmen. Peter Straßer aber nicht und keinen an
Bord der L-Schiffe. Aus dem Dunkel der Führergondel
leuchtete nur noch das Armaturenbrett des Maschinentelegraphen.

25 Luftschiffbomben sind bisher auf englischem Boden
krepiert! Straßer nickte vor sich hin, ohne es zu merken. Und
dann hat gestern auf einmal Mathy von seiner Aufklä-
rungsfahrt gefunkt, ob er nicht England angreifen dürfe.
Eigentlich ja etwas verkehrte Wirtschaft! Dehnt seine Auf-
klärungsfahrt weiter nach Westen aus, nimmt zur
Vorsicht gleich soviel Bomben mit als möglich und fragt
dann im letzten Augenblick... Straßer mußte aber doch
lachen. Denn hatte er nicht immer betont, der Luftschiffer

müsse freiwillig sein? Hier hatte man diese Freiwilligkeit!
Man konnte sich Mathy richtig vorstellen, wie er immer noch
ein bißchen weiter nach Westen gefahren war, weil dieses
Ziel: England ihn einfach magnetisch anzog. Straffers
Augen versuchten das Dunkel zu durchdringen. Geht es uns
denn anders? Starrt nicht jeder von uns mit beinahe sehn-
süchtigen Augen voraus, einem Ziel entgegen, das uns nur
Gefahr bringt, — und vielleicht den Tod?

Er stampfte mit dem Fuß. Die Kälte ließ sich nicht ab-
weisen in der offenen Gondel. Was nutzten da dickes Unter-
zeug, Lederanzug und Kopfhaube? Man mußte immer wieder einen Schluck heißen Tee nehmen. Aber zuvor reichte er
die Thermosflasche dem Mann am Höhensteuer. Der wollte
nicht vor dem Kommandeur, doch sie mußten alle vorher
ihren Schluck nehmen. —

Die See lag unter ihnen in schwarzer Ferne. Nur ab
und zu schimmerten ein, zwei Lichter hinauf, wohl die Posi-
tionslampen irgendeines Dampfers. Dann wieder war alles
schwarz, bis Funken sprühten, wie flüchtige Sternschnuppen,
aus irgendeinem Schornstein wohl.

Eisig fauchte der Wind in die Gondel. Nur an den Rän-
dern konnten die Männer aufrecht stehen, denn in der Mitte
lief der Kiel unter dem Schiffskörper entlang. Doch an den
Seiten schnitt ihnen der Wind messerscharf ins Gesicht. So
drängten sie sich vorn hinter den kleinen Windschutz, in dem
der Seitensteuerer sein Rad drehte. Sie hatten nicht alle
Platz, aber wenigstens etwas geringer war der Luftzug doch.
Man müßte wieder einen heißen Schluck trinken, doch jetzt
hatte keiner mehr recht Ruhe dazu. Eintönig hämmerte der
Motor. Pfeifend hieben die Propeller die Luft. Schwarz
war die See wie die Nacht umher. Nur noch das Schaltbrett
des Maschinentelegraphen leuchtete aus dem Dunkel der
Gondel.

74

„Brandung voraus!" hallte endlich der Ruf des Seitenrudergängers. Sie beugten sich über den Gondelrand. Wütend riß der Fahrtstrom an ihren Lederjacken. Die Gläser vor die Augen: „Tatsächlich, Steilküste!"

Die Motoren donnerten.

„Darf ich die Bomben..." Brodrücks Stimme schwang vor Erregung.

„Bitte!" sagte der Kommandant, „aber erst auf verabredetes Klingelzeichen hin, werfen!"

„Zu Befehl, Herr Oberleutnant!" Brodrück eilte nach hinten. —

Dann sprach keiner mehr. Die Rudergänger standen hinter den Rädern. Der Maschinist belauschte seinen Motor. Jetzt wurde voraus das fahle Band eines Flusses sichtbar. Unendlich langsam rann die Zeit. Immer wieder blickte Werner Peterson auf die Armbanduhr, schnell, als solle es der Kommandeur nicht sehen. Aber auch Strasser mußte immer wieder auf seine Uhr blicken. „Höhe?" fragte er jetzt, und seine Stimme war rauh.

„1200 Meter," antwortete der Höhensteurer.

„Nicht viel..."

„Höher gehts nicht, Herr Kapitän."

Peterson erklärte: „Schwerer will ich das Schiff nicht gern machen, sonst sacken wir beim ersten Treffer ab, oder wenn ein Motor nachläßt."

„Recht so!"

Dann schwiegen sie wieder. Schwarz zog das Schiff seine Bahn, langsam, viel zu langsam für jeden an Bord. Die Küste war überschritten, da blinkte es mit einem Mal unten auf, flutete hell in den Himmel, pendelte, suchte nun aufgeregt. Andere Lichtbänder folgten, weiß-grün.

Keiner sprach. L 7 hielt seinen Kurs ohne abzuweichen durch. Der Nachthimmel war jetzt gestreift. Zehn, zwanzig

Geisterfinger mochten es nun sein. Nahe kamen sie, zogen sich im letzten Augenblick wieder zurück, griffen seitlich ins Leere, blendeten nun aber grell, daß der riesige Leib des Luftschiffes hell aufleuchtete.

„Hart Steuerbord!" schrie der Kommandant.

Der Scheinwerferstrahl glitt zur Seite, faßte aber sofort wieder, andere Strahlen kamen hinzu. Jetzt vereinigten sich alle auf das Schiff, und schon blitzten tief unten rote Funken auf. Sterne zersprangen neben der Gondel, über ihr, — unter ihr. Immer mehr. Funken glühten drunten auf. Schrapnells kreisten L 7 ein. Peterson wollte das Klingelzeichen geben, aber der Kommandeur rief. „Warten!", zeigte backbord voraus die Stadt, die sich trotz aller Abblendung aus dem Gelände hervorhob. Die Schrapnelle platzten jetzt so nah, daß der Rauch in Schwaden durch die Gondel zog. Die Augen schmerzten den Männern. L 7 fuhr in einer Wolke von blendendem Licht, — schob sich Meter um Meter dem Ziel entgegen. Doch jetzt lagen die Salven der Abwehr so dicht, daß die Explosionen das Knattern der Motoren übertönten. Splitter pfiffen, aber Peter Straffers Gesicht blieb unbewegt. So hell war es in der Gondel, daß man hätte lesen können. Der Mann im Gondelbug drehte hastig sein Rad, daß L 7 im Zickzackkurs lief, doch die Fangarme waren nicht abzuschütteln. Eine Granate sauste so dicht vorbei, daß man den Luftdruck spürte.

Der Kommandeur beugte sich über den Gondelrand, blickte den strahlendhellen Leib des Schiffes entlang, sah achtern das Kielwasser der Schrapnellexplosionen, — biß sich die Lippen blutig, — wartete noch, — schrie dann endlich: „Bomben fallen!"

Wie eine Erlösung war das. Peterson gab sofort das Klingelzeichen, und schon sprangen unten Feuerbälle auf, — glühten nach, — loderten jetzt jäh. Da verlosch ein Schein-

76

werfer, wie ein Auge, das sich schließt. Flammen fraßen, hier und dort. Sie sahen es alle mit klopfenden Herzen, mit hämmernden Pulsen, mit brennenden Augen ...

Dann ließ der Kommandant sein Schiff abdrehen. Die englische Abwehr feuerte wütender denn je, — hatte sich nicht schlecht eingeschossen. Es krachte und splitterte.

Da brüllte der Höhensteurer: „Kann 1200 nicht mehr halten!"

„Also Treffer!" sagte der Kapitän.

„Schepp fällt dorch! We möt en Treffer hebben!"

Peter Strassers Stimme war beherrscht: „Raus aus dem Feuer! Ich sehe mir die Zellen an!" Empfand dieser Mann denn gar nicht die ungeheure Gefahr des Augenblicks? Er rannte nicht, — nein, — er ging beinahe bedächtig, — man konnte das sehen im Widerschein der Strahlen. Ergriff nun vorsichtig mit den dicken Pelzhandschuhen die beiden Holme der Aluminiumleiter, — zog sich hoch, — tastete behutsam mit den Filzschuhen, um nicht auszurutschen. Eiskalt riß der Fahrtwind an ihm, als er sich da frei zwischen Gondel und Schiff über die offene Leiter verholte.

Peter Strasser war sehr ruhig, wenn auch sein Herz nicht weniger klopfte wie das eines jeden Mannes im schweren Feuer. Aber er wußte, daß man hier zwischen Gondel und Luftschiff einfach nicht hastig sein durfte, wollte man nicht ins Bodenlose hinabstürzen, wie dieser Maat neulich.

Ganz nahe brüllte wieder eine Salve, — da war er im Laufgang. Mit beiden Händen griff er von Draht zu Strebe, — mußte auch jetzt sich zusammen nehmen, denn dieser Laufgang war ja nur ein Steg, — nicht einmal das, — war lediglich eine elende Planke. Ein Fehltritt hätte den Mann durch den dünnen Bespannungsstoff aus dem Schiff stürzen lassen!

So tasteten die Hände vorsichtig von einem selbstleuch-
tenden Wegweiser-Plättchen zum anderen, während draußen die Schrapnelle und die Brandgranaten tobten, — jetzt
lauter, wo das Motorengeräusch ferner war. Die Gaszellen
schienen riesige Pilze zu sein.

Stimmen waren da. Der Kapitän blitzte die Taschen-
lampe an. Der Segelmacher stemmte sich da zwischen zwei
Zellen hoch. Unten stand einer mit Zellontopf und Pinsel, —
zuckte nun sorgenvoll die Schultern. Es roch nach süßlichem
Lack und Gas.

„Die Zellen laufen leer!"

Jetzt turnte der Segelmacher gewandt an den Verspan-
nungen herunter. Auch er schüttelte den Kopf: „Wir müssen
einen Haufen Treffer haben, Herr Kapitän! Auch oben, an
Stellen, wo man nicht dran kann!" Er rieb die klammen
Hände gegeneinander. Eben zerpaukte wieder ein Schrapnell
ganz nah.

Ein paar Herzschläge lang glaubte sich Peter Strasser
an eine Aluminiumstrebe lehnen zu müssen.

„Fehlt nur noch die Brandgranate!" lachte der Segelmacher heiser.

Es war Peter Strasser, als fühle er das Schiff sinken.
„Solange die Motoren laufen . . ." Aber kein Glauben stand
hinter diesen Worten.

„Bestenfalls geht's dann in den Bach . . ." fügte der
andere hinzu, „. . . oder der Engländer schnappt uns . . ."

Gefangenschaft? Dieser Gedanke peitschte den Kapitän
auf: „Kommt gar nicht in Frage!" Das klang wieder völlig
sicher. „Flicken Sie, was Sie können, Segelmacher! Ich
schicke Ihnen Hilfe!"

Und er tappte wieder zurück durch den Laufgang, über
die Leiter, vorsichtig, trotz aller Eile, — sah unten Brände
lodern und viele Scheinwerfer aufgeregt hin- und her-

78

fingern, — fah das Zerfpringen der Feuerbälle feitlich vom Schiff, jetzt schon höher als L 7.

Es geht abwärts! Da hilft nichts! Der Segelmacher hat schon recht: Gelingt es uns, hier wegzukommen, dann stürzen wir ins Meer. Kein Hahn kräht dann nach L 7, das keine Rettungsboote befitzt. Und was nützen Schwimmgürtel bei diefer Wafferkälte? 16 Mann sind dann dem Tod ausgeliefert, — hier über Land aber vielleicht noch zu retten, — teilweise wenigftens . . .

Dies dachte Peter Straffer, doch er unterbrach feinen Weg nicht. Er grübelte nicht lange. Er erwog diefe Gedanken blitzschnell und entschied ohne Zögern.

So entschied er: L 7 m u ß nach Haufe gebracht werden! Und wenn das nicht mehr möglich ift, wenigftens bis in die See! Der Feind darf das Luftschiff nicht erbeuten! Eher müffen wir alle unfer Leben opfern!

Und wie er fo entschied, zog es trotz allem wie irgendein befreiendes Gefühl in ihn.

In der Gondel drückte er sich an dem knatternden Motor vorbei: „Wir haben eine Anzahl Treffer!” fagte er ruhig zu Oberleutnant Peterfon.

„Heimatkurs liegt an!” meldete der Wachoffizier. „Wenn wir wenigftens bis ins Waffer kommen!”

Die Offiziere hatten die gleiche Entscheidung getroffen.

„Ich übernehme das Seitenfteuer!” fagte der Kapitän. „So wird ein Mann frei zum Zellenflicken!”

„Ich gehe auch hin!” meldete der Kommandant. „Wer freizumachen ift, foll helfen! Brodrück auch und der Junker . . .” Er haftete weg. —

Und fo stand Peter Straffer im Gondelbug hinter der kleinen Schutzscheibe. Seine Hände ruhten sicher auf dem Steuerrad. Er hielt den Blick voraus, als könne er mit feinen Augen das Luftschiff hinüberziehen über die Küste, über die See. Hinter ihm fauchte und polterte der Motor. Immer noch schoß der Feind.

„Wir müssen versuchen, das Schiff dynamisch zu halten!" schrie Straffer dem Höhensteurer zu. „Je mehr Gas wir verlieren, desto höher den Bug! Dann hebt der Fahrtwind uns wie einen Drachen!"

„Zu Befehl, Herr Kapitän!"

Dann schwiegen sie wieder. Peter Straffer blickte voraus. Welche Zellen sind leergelaufen? Wird das Gerippe den ungleichen Beanspruchungen standhalten? Die Gedanken jagten, aber die Hände taten ruhig ihren Dienst.

Endlich, endlich schob sich die Küste wieder heran, — war jetzt unter der Gondel, — blieb nun zurück. Peter Straffer atmete auf. Wenigstens bekam jetzt der Feind L 7 nicht!

Die Gondel stand schräg: „Schepp fällt weiter durch!"

Man könnte noch kehrt machen, zur englischen Küste zurück! Aber sie warfen die Ersatzteile für die Motoren über Bord, in die Tiefe der Nacht hinein. —

Und die Nacht war zäh und wollte nicht enden. Doch die Männer des zerschossenen L 7 waren nach zäher und wollten nicht nachgeben. Sie kämpften verbissen und ohne Unterlaß. Als fahl der Morgen stieg, stand so L 7 bei Terschelling.

Der Kommandant trat heran: „Herr Kapitän, ich werde mit FT um Hilfe bitten. Eine Torpedobootsflottille kann uns entgegengeschickt werden."

Der Kommandeur nickte: „Gut, Peterson!" —

L 7 fuhr ein paar hundert Meter hoch über den Wellen. Peter Straffer stand aufrecht, wie immer. Ruhig beobachtete er Kompaßrose und Windabtrift. Fischerflottillen waren vor der holländischen Küste an der Arbeit. Dann verschwamm wieder der Horizont. Bald kamen graue Nebelfetzen heran. Ausweichen war nicht möglich, der Heimweg durfte nicht

80

verlängert werden. Und gerade jetzt kam die Meldung aus der Achtergondel, daß der Motor unklar sei.

Peter Straffer biß sich die Lippen. Er sagte kein Wort, hielt unentwegt seinen Kurs. —

Nun war die See schon nicht mehr zu erkennen. Naßkalt war die Luft. Die Lungen wehrten sich. Die Augen brannten. Die Kälte setzte den übermüdeten Körpern hart zu. Oberleutnant z. S. Peterson kam: „L 5 und L 6 melden erfolgreiche Angriffe auf Loweſtoft. Sind trotz starker Abwehr auf dem Rückmarsch!"

„Danke!"

Der Nebel trieb in dicken Schwaden.

Alle Mann waren auf ihren Posten nun schon seit 13 Stunden. Der Kapitän stand steif und kniff die Augen zusammen, weil der Nebel blendete. Nach einer Stunde wurde sein Schleier dünner. Unten wurde es schwarz. Nun endlich war das Meer wieder zu erkennen. Ein paar kleine Dampfer schlingerten, — fiſchten wohl. Dann kam Land voraus in Sicht.

„Borkum!" rief der Kommandant.

„Dem Kurs nach könnte das stimmen!" nickte der Kapitän zurück.

Langsam arbeitete sich L 7 heran.

„Dann iſts ja nicht mehr weit!" Oberleutnant Peterson beugte sich aus der Gondel. Nebelfetzen zogen immer wieder unter ihnen durch, trieben über das Land.

In diesem Augenblick zerklirrte der Windschutz von unten nach oben.

Peterson fuhr zurück. Auch die Bespannung über der Gondel zerriß. „Die schießen ja!" schrie er. „Rauf! Höhensteuer! Rauf!"

Doch der Rudergänger stöhnte: „Kann schon so den Kahn kaum noch halten!"

Peter Straffer sagte nur, und um seinen Mund war ein bitteres Lächeln: „Holland!"

„Aber sie müssen doch sehen, wie es um uns steht ..."

„Wenn ein Kriegsschiff Havarie hat, darf es einen neutralen Hafen anlaufen. Aber wir sind kein Schiff, sondern ein Luftschiff, — und ein deutsches dazu! Also veranstalten die lieben Neutralen sofort ein Preisschießen ..." Er brach mitten im Satz ab.

„Lohnt nicht!" sagte er still vor sich hin. „Uns hilft keiner, wenn wir es nicht selbst tun!" Und er hielt weiter seinen Kurs.

Um 11 Uhr 53 setzte der Achtermotor ganz aus. Sofort fiel das Schiff noch weiter durch. Alles mußte jetzt über Bord, was nicht unbedingt nötig war: Ledermäntel, Decken, Thermosflaschen, leere Benzinfässer, ja sogar Brennstoffleitungen und die Bombenabwurfvorrichtung.

„Wir fallen trotzdem in den Bach!" sagte der Höhensteurer vor sich hin.

Der Kommandeur antwortete nicht. Er stand, als berühre ihn das alles nicht, — stand, den Blick voraus, und keiner hatte von ihm ein Zucken gesehen.

L 7 war auch jetzt noch zu schwer. Selbst die Maschinengewehre klatschten ins Meer mit vielen tausend Schuß Munition. Aber trotzdem wurden die Wellen immer deutlicher. Es war, als leckten sie schon heran. Die Antenne war längst eingezogen.

Da bekamen sie endlich in der Achtergondel wieder den Motor in Gang. Niemand hatte ihnen nach vorn Meldung gegeben, sie fühlten es gleich am Steuerdruck. Langsam konnte der Höhensteurer nun das Luftschiff wieder Meter um Meter höherdrücken.

Und dann waren schwarze Schiffe unten. Signale flatterten. Jetzt würde wenigstens die Besatzung gerettet sein, wenn L 7 auf die Wellen herunter mußte.

82

22 Stunden stand jeder nun auf seinem Posten, ohne
Ablösung, ohne Schlaf, ohne Essen! Es reichte langsam!
Doch Peter Strasser kannte auch jetzt kein Sich-ergeben.
Er hielt durch, und die Besatzung hielt durch.

Dann endlich kamen die Inseln, — kam die deutsche
Küste. L 7 war doch noch bis Deutschland gekommen, aber
keiner lachte befreit. Der Maschinistenmaat richtete sich hoch
und wischte sich mit dem schmierigen Aermel das Oel von
der Stirn.

Der Wind pfiff in den Drähten der Ballastzüge.

Eine Landung ohne Bruch war kaum möglich. „Das
Schiff ist so schwer, daß es sofort durchsacken wird, sobald
die Motoren stehen!" sagte jetzt Peterson.

Der Kapitän nickte.

„Ich will tief anfahren und dicht über dem Trupp stop-
pen. Aber wahrscheinlich wird es trotzdem Bruch geben.
Deshalb will ich alle in den Gondeln entbehrlichen Leute
ins Schiff schicken."

„Recht so!" bestätigte der Kapitän. „Alles in den Laufgang!"

Der Kommandant stand noch unschlüssig: „Und der Seitensteurer könnte doch jetzt wieder . . ."

Da lachte Peter Strasser zum erstenmal wieder: „Nee,
lieber Peterson, jetzt hab' ich so lange geschippert, — nun
will ich auch mal zeigen, was ich beim Kapitänchen Lehmann
gelernt hab'!" Da gab es keinen Widerspruch, und so blieb
der Kapitän mit dem Kommandanten, dem Höhensteurer
und dem Maschinisten allein in der Gondel. —

Es kam, wie es kommen mußte: Kaum standen die
Schrauben, als das Luftschiff, nun nicht mehr dynamisch
getragen, durchfiel. Rasend schnell kam die Erde näher.
Hundert Hände streckten sich ihnen entgegen. Der Höhensteurer versuchte mit vollem Ruderausschlag den Sturz zu

mildern, da krachte es auch schon und splitterte. Die Stütz-
streben zwischen Gondeln und Schiffskörper knickten ein, die
Gondeln wurden in den Rumpf hineingedrückt.

„Festhalten!" hatte der Kapitän noch schreien wollen,
da wurden sie alle schon zu Boden geschleudert. Doch dann
ruhte das Schiff fest in den Händen des Trupps.

Das Einfahrmanöver gestaltete sich nicht leicht, aber
jeder in und unter dem Schiff tat seine Pflicht. Und so lag
L 7 endlich auf seinen Böcken in der Halle. Niemand war
verletzt. Der Kommandeur besah sich mit dem Kommandanten den Schaden.

„Das kriegen wir in 14 Tagen wieder hin!" Er klopfte
Peterson die Schulter. „Und immerhin hat diese Nacht den
Engländern 78 Bomben beschert. Damit können wir ganz
zufrieden sein!"

*

Feldpostbrief.

Seiner Hochwohlgeboren Herrn Korvettenkapitän Strasser
Nordholz, Kreis Lehe, Marine-Luftschiff-Abteilung.

Hage, den 13. Mai 1915 abends.

Hochverehrter Herr Kapitän!

Wir alle haben wie nach schwerer Beklemmung aufge-
atmet, als heute Nachmittag endlich die Nachricht kam, daß
L 5 in Namur nach dem Angriff auf den Humber gelandet
und soweit alles in Ordnung sei, nachdem wir 20 Stunden
lang ohne jede Nachricht gewesen waren. Darf ich Herrn
Kapitän besonders sagen, daß der Gedanke an den Verlust

84

des Kommandeurs mich sehr, sehr bedrückte; was hätte die
verwaiste M. L. A. tun sollen, was wäre aus der ganzen
Entwicklung geworden ohne die sichere Hand des Schöpfers
und Leiters? So schließe ich diese Zeilen mit einer stummen Bitte und bin mit gehorsamstem Gruße

Ihr getreuer

Mathy

Absender: Kapitänleutnant Mathy, Luftschiffhafen Hage,
Ostfriesland.

*

„Sowas kriegt doch auch nur unser Piter fertig!" Eine
Gruppe von Marineoffizieren stand auf dem weiten Platz.

Motoren rauschten vom Meer her, klangen auf, schwol-
len ab.

Ein Ballon hing rund und dick über den Feldern, —
wurde nun etwas länglich, — kam näher, — zeigte sich
jetzt von der Seite als langgestrecktes Luftschiff.

„Wie du überhaupt dran zweifelst, daß der Chef sowas
selbst versucht!"

„Na, — viel scheint Piter von dem „Fikukchen", wie er
das Ding nennt, auch nicht zu halten. Gesagt hat er ja
wenig, aber wie er da so um das Ding rumgegangen ist..."

Zwischen den blauen Uniformen stand auch ein Armee-
offizier in seinem feldgrauen Rock. Er hatte die Hände in
die schräggeschnittenen Rocktaschen geschoben und sah zu
dem Luftschiff hin, das jetzt mächtig unter weißen Wolken
stand: „Fabelhaft, dieser Anblick!"

Jetzt löfte fich ein fchwarzes Etwas vom Schiffskörper. Alle fchwiegen nun, wie es langfam tiefer glitt. Es pendelte etwas und blieb dann ftetig unter dem Schiff.

„Na, — da hängt er alfo!" lachte einer doch etwas befreit.

„Das läßt fich nicht leugnen.." Kapitänleutnant Stabbert rückte die blaue Mütze mit dem goldenen Eichenlaub etwas fchräg.

„Eine faubere Truppe, die ihren eigenen Chef aufhängt..." blinzelte der Feldgraue.

„Oder ein fauberer Chef, der fich reftlos in die Hand feiner Leute begibt," lachte Leutnant zur See Rothe.

„Stellt euch nur mal vor, wenn der da unten nun vergeffen wird..." Leutnant zur See v. Nathufius trat von einem Fuß auf den anderen.

„Das ift noch gar nichts..." Kapitänleutnant Koch ruderte mit dem Rohrftöckchen durch die Luft. „...aber, wenn er die da oben fefte anhaucht, und die fchütteln nur bedauernd die Achfeln..."

Jetzt ging das Luftfchiff auf größere Fahrt. Seine Schrauben flimmerten. Der fchwarze Punkt blieb immer mehr zurück, — ftand nun fchon hinter dem Heck, — fank langfam noch tiefer.

Nun fchwenkte der helle Riefenfifch, — wurde wieder zur Kugel, kam näher und brauste geradewegs über den Platz. Man erkannte deutlich den kleinen Torpedo hinter dem Heck, in dem ein Menfch fich durch die Luft fchleppen ließ.

Der Feldgraue fchüttelte den Kopf: „Unfer Oberft hätte gefagt: „Das verträgt fich nicht mit dem Anfehen eines königlich-preußifchen Offiziers..."

„Wir find auch kaiferlich!" Rothe klopfte fich lachend an die Bruft.

86

„Aber das muß doch ein verdammt ekliges Gefühl sein,
am Kabel hundert Meter unter dem Schiff zu baumeln."

„Eklige Gefühle sind wir Luftschiffer ja langsam gewöhnt. Die City wehrt sich, das läßt sich nicht leugnen."

„Und wofür der ganze Zimmt?"

„Wenn das Schiff über niedriger Wolkendecke fährt,
hängt der Korb unter den Wolken. Das Schiff ist unsichtbar.
Der Feind schießt nur nach Gehör und somit sicher daneben.
Den winzigen Punkt unter den Wolken findet keiner. Der
Mann im Korb aber telefoniert, was er sieht. Er navigiert
und kann das Schiff am hellen Tage ans Ziel bringen..."
sagte der dicke Truppführer wichtig.

„Seht mal den Akrobaterich an! lachte Stabbert.
„Hält hier Vorlesungen über Spähkorb, wo er sonst nur
Landemannschaften kommandiert. Aber grau ist auch diese
Theorie. Denn erstens muß die Wolkendecke da sein..."

„Ist sie doch auch oft genug..."

„Und zwotens muß sie in passender Höhe liegen, — und
das tut sie schon ungern, — und drittens wiegt das ganze
Ding mit Winde und allem Drum und Dran glatte
500 Kilo."

Der Feldgraue antwortete nur: „Dafür habt ihr ja
Gas!"

„Gas ist gut! Stellen Sie sich nur mal vor, was 500
Kilogramm nämlich heißt: Das ist so ungefähr das Doppelte
von dem, was wir je Luftschiff auf unseren ersten England-
Angriffen an Bombenlast mitschleppen konnten."

„Aber die Heeresluftschiffer schwören doch auf die
Sache," sagte der Truppführer etwas beleidigt.

„Schwören ist vielleicht ein wenig viel gesagt," vermittelte Kapitänleutnant Breithaupt.

„Na, — beim Angriff auf Boulogne soll die Sache doch
großartig geklappt haben..."

„Die liegen ihren Zielen auch viel näher, sparen also allerhand Gewicht an Treibstoffen, während wir einen halben Tag Anmarschweg haben."

„Was ist denn das?" schrie da plötzlich einer. Alle fuhren herum. „Der Korb hängt ja auf einmal ganz schief!"

„Der Gondelschwanz hat sich irgendwo verfangen .."

„An der Funkantenne wahrscheinlich!"

Jetzt neigte sich der Spähkorb. Das Kabel wickelte sich noch weiter von der Winde ab und fing an, eine kleine Schleife zu bilden.

„Festhalten, Piter!" schrie Stabbert, als könnte der Kommandeur das da oben hören.

„Verdammt nochmal!" knirschte Kapitänleutnant Koch mit geballten Fäusten.

Nathusius hielt den Atem an.

In diesem Augenblick riß wohl die Antenne.

Der Spähkorb stürzte senkrecht in die Tiefe.

Keiner sprach.

Wenn jetzt auch das Kabel brach?

Aber es hielt. — Es hielt den Korb mit jähem Ruck.

„Festhalten!" brüllte Stabbert wieder.

Kapitänleutnant Loewe hatte das Glas vor den Augen.

„Er ist noch drin", sagte er. „Jetzt winkt er sogar!"

Der Korb pendelte stark, als das Schiff wieder langsam anfuhr.

„Sieht aus, als wenn sie ihn partout rauskippen wollten!" Aber das Lachen klang nicht frei.

„Die Hahnepot wird verrutscht sein, und jetzt kriegen sie ihn zuerst mal gar nicht wieder hoch."

„Dazu wird die Telefonstrippe gerissen sein, und Piter kann sein Donnerwetter nicht mal droben landen."

„Winsch verbiestert, — tippe ich!" meinte Rothe.

„Dann Halleluhjah, Herr Pastor!" sagte der Feldgraue.

„Das nun nicht grade. Bei LZ 97 hat's ja auch noch geklappt," wußte der Truppführer Bescheid. „Der gute Wrangel hat allerdings 13 Stunden in seiner Badewanne schaukeln dürfen. Dann war er natürlich leicht durchgedreht."

„Kunststück, bei dem Saufeuer über Boulogne," knurrte Stabbert, ohne den Spähkorb aus den Augen zu lassen.

„Bei uns im Graben ist ja auch einiges fällig, aber es muß doch peinlich sein, da mutterseelenallein an der Strippe zu hängen und zu warten, bis einem ein Granatsplitterchen den Faden abschneidet." Er klopfte sich den Staub von der Uniform. „Da hängt das Leben buchstäblich an einem Faden."

„Nee, Kinder, — das ist nicht mal das Schlimmste. Viel schlimmer ist es, Stunden hindurch so solo durch den Nebel zu schlittern. Ein paar Meter Tau ist bestenfalls zu sehen. Sonst nur Waschküche! Nach 5 Minuten ist das langweilig, nach 10 will man aussteigen. Nach einer halben Stunde kotzt's einen an. Nach einer Stunde könnt' man die Wände hochgehen . . ."

„Wenn bloß welche da wären," grinste Rothe.

„Und dabei war das alles noch gar nichts, denn jetzt fängt's überhaupt erst an. Nach zwei Stunden beginnt man zu dösen. Nach drei Stunden bekommt man die fixe Idee, die Brüder oben hätten einen vergessen und lägen zu Hause längst in der Halle."

„Haben einen einfach an'ner Wolke angehakt!" sagte Rothe.

Aber Stabbert war noch nicht fertig: „Nach vier Stunden weiß man nicht mehr, ob man das Motorengeräusch überhaupt noch hört oder ob man sich das überhaupt nicht alles nur einbildet."

„Nach fünf Stunden weiß man nicht mehr, ob man Männchen oder Weibchen ist . . .", flüsterte Rothe.

Doch Stabbert zeigte mit der weißen Zigarrenspitze zum

Luftschiff hinüber: „Dabei darf man nicht mal dösen, denn im selben Augenblick ist's garantiert klar, und schon braut der Alte oben seinen Anpfiff!"

„Das ist ja beinahe wie Trommelfeuer." Der Feldgraue rümpfte die Nase.

„Ja, — den Wrangel haben sie nach sechs Stunden raufholen wollen, doch das Aas von Winde streikte. Da mußten sie mit der Hand kurbeln. Sieben Stunden lang! Und auch das hätte nicht gelangt, wenn nicht alle Mann in der achteren Gondel zugefaßt hätten, Kommandant, Offiziere, alle mußten ran. Nur die Rudergänger blieben in der Führergondel. Und dazu mußten sie noch mit halber Kraft fahren, damit der Benzinvorrat reichte, bis sie das Ding oben hatten."

„Der Wrangel muß gut geflucht haben!"

„Was man ihm nicht verdenken kann. Denn er hatte fast die ganze Zeit im Dreck gesteckt, das heißt, ihr Erdenwürmer nennt so was Nebel. Und wenn er endlich mal was sah und freudestrahlend nach oben telephonierte, dann hat der gute Häuptling immer geantwortet: „Danke, mein Bester, — aber das sehen wir ooch!"

„Also Fikukchen!" sagte Rothe.

„Dann verstehe ich den Kapitän nicht, daß er die Sache nicht von vornherein abgelehnt hat."

„Befehl von oben, die Sache auszuprobieren."

Und Stabbert fügte hinzu: „Eh' sich einer von uns die Finger verbrennt, hält sie allemal unser Kommandeur vorher in die Flamme."

Der Feldgraue blickte bewundernd zum Luftschiff hinüber, das mit flirrenden Schrauben sich wieder zum Platz hinschob. „Allerhand, so 'n Chef, der sich selbst an die Himmelsziege hängt!" Er nickte vor sich hin: „So 'n Chef!"

*

Unendlich war die weite Fläche der See. Wenn Peter Strasser senkrecht herunter sah, schien das Wasser ein unregelmäßiges Muster genarbten Leders zu sein. Ein Muster, das sich ständig änderte in Art und Farbe und Ton. Eben war es noch fein genarbt, jetzt hellgrau, verwischt. Nun aber die Sandbank zu einem tiefen Tal abfiel, wurde das Muster grober, die Farbe tief dunkelblau, — nein grün.

Kapitänleutnant Breithaupt blickte durch den Feldstecher.

„Sicherung West!" lautete der Befehl. Eigentlich eine recht alltägliche Sache, und Breithaupt hatte etwas erstaunt aufgeblickt, als der Kommandeur ihm nicht die Hand gereicht hatte, sondern einfach mit eingestiegen war. Denn eigentlich lohnte das doch wirklich nicht für ihn, — so ein 20-Stunden-Törn, wo die Engländer ja doch zu Hause blieben. Hatten sich begnügt, einige Tausend Minen in die Nordsee zu werfen, die Deutsche Bucht abzuriegeln.

Kapitänleutnant Breithaupt setzte wieder einmal enttäuscht das Glas ab. „Auf 1000 Meter gehen! Kurs West!" Er legte den Maschinentelegraphen auf volle Kraft.

„Auf 1000 Meter!" wiederholte Signal-Maat Albrecht am Höhensteuer und auch Bootsmannsmaat Kant sang sein Kommando nach. Der Antwortgeber zeigte, daß die Motoren Vollgas liefen.

Peter Strasser starrte unentwegt auf die Wellen. Warum er diesmal mitgefahren war, trotz aller Schreibarbeit, trotz aller Verhandlungen und Dienstreisen? Er konnte es selbst nicht sagen. Oder doch?

Ja, —, L 10! Das war es: Vor ein paar Tagen hatte er in der Sonne vor dem Kasino gesessen, als über dem Wattenmeer L 10 zurückkam. Vielleicht 200 Meter hoch steuerte es mit südlichem Kurs dem Platz zu. — Ja, — das

war es gewesen! Er nickte vor sich hin. Kapitänleutnant
Hirsch verstand ja seine Sache und Oberleutnant Sticker,
der Assessor, war wirklich ein alter Luftschiffer. Beide
waren ja schon vor dem Krieg dabei gewesen. Die Besatzung L 10 war in Ordnung, war fünfmal über England
gewesen. Peter Strasser fuhr sich mit der flachen Hand über
das Gesicht. Aber noch ehe sie auf dem Platz waren, klatschte
ihr Schiff als leuchtende, lange Fackel ins Wattenmeer...

Joachim Breithaupt stand jetzt neben seinem Vorgesetzten, als hätte er dessen Gedanken erraten: „Ich habe mir
das noch mal genau überlegt, Herr Kapitän: L 10 war
wohl die ganze Zeit in starker Sonnenbestrahlung gefahren..." Er ließ den Blick nicht von der Wasserfläche.

Peter Strasser nickte: „Hirsch war ja den ganzen Tag
unterwegs gewesen."

„Demgemäß mußte L 10 leicht sein und ging also kurz
vor der Landung höher zum Abblasen."

„Und der Wasserstoff verband sich mit der Luft zu Knallgas." Der Kommandeur wendete sich dem Kommandanten zu. „Aber das will nichts sagen, Breithaupt, — denn
das wird doch schon längst gemacht, und bei diesem wun-
derbaren Wetter..."

„Jawohl, Herr Kapitän!" Breithaupt sah den Vorgesetzten einen Augenblick an, um den Kopf sofort wieder
hinaus zu wenden. „Wunderbares Wetter! Bis auf die
kleine Böe, in der L 10 verschwand..."

„Ja, — die lächerliche Wolke färbte sich auf einmal
feuerrot..."

„Sie muß also genug Elektrizität mitgeführt haben, um
das Knallgas zu entzünden!"

Peter Strasser antwortete nicht gleich. Er sah das Bild
des brennend abstürzenden Luftschiffes, hörte das Knattern,
dachte an ihren namenlosen Schrecken, der wie eine Läh-

92

mung war, — dachte an die Toten, die starr und schwarz, mit verrenkten Gliedern ...

Er warf den Kopf zurück. Seine Augen waren kalt und in die Ferne gerichtet: „Also müssen wir unbedingt vermeiden, Gas abzublasen, um das Schiff zur Landung ebenso schwer zu machen wie die Luft, wenn wir auf elektrische Entladungen rechnen können, ebenso wie dann nicht gefunkt werden darf."

Das Luftschiff fuhr seinen Kurs. Leutnant zur See Kühne kam aus dem Laufgang herunter.

Ja, — das war es gewesen: Nach dieser Katastrophe mußte man selbst mitfahren, um vielleicht selbst zu beobachten, selbst einen Weg zu finden, der eine Wiederholung künftig ausschloß, — mußte auch selbst mitfahren, um der anderen Willen. „Sie haben recht, Breithaupt!" nickte er kurz.

Der Obersteuermann Tamm sah nach Luft- und Gas-Thermometern, klopfte an das Glas des Barographen, — strich sich nachdenklich den kleinen Schnurrbart.

Langsam rannen die Stunden. —

Peter Strasser ging einmal durch den Laufgang. Er nickte dem Segelmacher zu, der eben die Gaszellen nachsah. „Na, Segelmacher?"

Der Mann stand stramm, so gut das möglich war: „Alle Zellen klar, Herr Kapitän!" Er schluckte.

„Nun? Haben Sie noch was auf dem Herzen?"

„Jawohl, Herr Kapitän! Da sind doch die Konserven." Er stockte. „Und ich hab' doch die Verwaltung von dem Proviant unter mir." Der Kommandeur nickte. „Und da hatten wir doch so 'ne schöne Sorte, — so 'ne Dosen mit Bauerngoulasch, — und die aßen alle so gern. Und die waren so praktisch. Wenn man die aufmachte, wurden die doch von alleine warm. Mit irgend so 'ner chemischen Sache. Was weiß ich! Und das war doch 'ne feine Sache für uns, wo wir an Bord hier doch nicht kochen dürfen, wegen der Gasgefahr . . ."

„Stimmt, Segelmacher! Die waren gut!"

Der Maat grinste: „Da blieb kein Schlag nicht nach, Herr Kapitän. Und so 20 bis 24 Stunden ohne Freiwache auf dem Posten sein, und wenn's noch so kalt ist. Dann ist man doch so durchgefroren und das Brot ist steifgefroren, daß man sich die Zähne ausbeißt. Und die Butter ist wie Eis. Und das Zeugs in den Thermosflaschen ist auch längst alle. Und was nicht weggeputzt ist, das ist auch eiskalt. Und man kann froh sein, wenn's nicht auch gefroren ist." Er hielt inne, wegen der ungewohnt langen Rede, aber der Kapitän nickte ihm freundlich ermunternd zu.

„Ja, — und nun bekommen wir die Konserven mit einemmal nicht mehr. Und was der Speckschnider ist, der hat gesagt, die gäb's überhaupt nicht mehr . . ." Er stockte erschreckt, weil er vom Zahlmeister so ungebührlich gesprochen hatte, doch der Kapitän bestätigte nur: „Ja, das ist schlimm."

„Und man will ja niemand nichts Schlechtes nachsagen, Herr Kapitän, aber was so die Proviantamtsbullen sind, die sitzen doch wie die Maden im Speck . . .", setzte der Bootsmannsmaat hinzu, der den Cellontopf hielt.

Peter Strasser mußte lachen: „Nee, da haben Sie nicht recht! Das Zeug bekommt man nicht mehr! Leider Gottes. Ich habe schon Himmel und Hölle in Bewegung gesetzt, aber die verdammte englische Blockade! Und leider haben wir das in Deutschland nicht selbst gemacht. Da bleibt es schon bei kaltem Brot und den 50 Gramm Rum pro Mann. Aber erst ab 3000 Meter Höhe!" Er drohte mit dem Finger. „Eigentlich überhaupt nur, wenn's gar nicht mehr anders geht!"

94

„Zu Befehl, Herr Kapitän!" Das Gesicht des Segel-
machers war ernst und zuverlässig, aber wie der Kapitän
weiter ging, hatte er doch das Gefühl, als wenn vielleicht
auch manchmal unter 3000 Meter das Bedürfnis nach einem
kräftigen Schluck nicht ganz unterdrückt werden könnte. Ach
was! Das ist Sache des Kommandanten! Der muß fühlen,
wie er aus einer Besatzung das Beste herausholt! Und der
Kommandeur muß auch nicht immer alles wissen! —

So ging Peter Strasser durch das Luftschiff, das seines
war und doch nicht seines! Und wie er dies fühlte, war es
ihm wie ein Schmerz. Kommandeur der Marine-Luftschiff-
Abteilung war er. Gewiß! Führer einer Truppe, wie sie
ordentlicher nicht denkbar war, aber hatte es nicht jeder
Kommandant besser, der sein e i g e n e s Schiff besaß,
seine e i g e n e Besatzung, mit der und für die er alles
trug? Wenn Breithaupt hier über die Planken seines Schiffes schritt, dann war das doch etwas anderes. Der Kommandeur dagegen war und blieb hier Gast. Gewiß, gern-
gesehener Gast, auf den jeder einzelne stolz war, aber doch
unbeteiligter oder nicht ganz voll beteiligter. — Peter
Strasser warf den Kopf zurück.

Dann war er wieder in der Gondel. Obersteuermann
Tamm zeichnete gerade mit Uhrzeit den Schiffsort ein und
berechnete den Wind. „NWN 5 Sekundenmeter" meldete
er dem Kommandanten, und dann, zum Seitensteurer gewendet: „280 Grad."

Der Wachoffizier setzte das Glas ab: „Die Beefs sind
mal wieder bei Muttern geblieben!" seufzte er enttäuscht.
„Der alte Nelson würde sich zwomal im Grabe umdrehen,
wenn er das noch erleben müßte!"

„Kühne, Sie vergessen, daß auch die Meldung
„Nichts los!" für den Flottenchef Gold wert ist. Durch unsere ständige Anwesenheit kann uns der Engländer nicht

überraschen. Also läßt er die Finger davon. Am 4. Juli ist er ja auch sofort ausgerissen, als wir ihn aufstöberten."

„Daher der Name: Stilles Heldentum." Kapitänleutnant Breithaupt lächelte etwas bitter, ohne den Blick von der weiten Fläche zu lassen.

„Nee, nee, meine Herrn, den 4. Juli 1915 können Sie sich ruhig in Ihrem Tagebuch rot anstreichen. Damals, als die Agentenmeldungen kamen, vom geplanten englischen Angriff, war ich kein allzugroßer Optimist. Denn die Nordsee ist groß und so 'n Dutzend Schiffe darin, sind wie Stecknadeln in einem Sandhaufen. Trotzdem haben Sie mit Ihrem L 6, Loewe mit L 9, Hirsch mit L 10 und Buttlar mit L 11 sehr schnell den Feind aufgestöbert und trotz heftigem Feuer Fühlung mit ihm behalten. So blieb ihm doch gar nichts anderes übrig, als seine Flugzeuge wieder einzusetzen und schleunigst abzudampfen. Kein englischer Flieger hat ein deutsches Ziel erreicht. Und das ist nur den Luftschiffen zu verdanken."

„Ein großer Kuchen mit ganz wenigen Rosinen . . .", sagte Kühne.

„Wir sind Soldaten," erwiderte Peter Straßer ruhig. „Wir tun das Nötige, und das ist nicht immer gerade das Schönste und Leichteste!"

Tamm blickte von den Karten hoch, den Zirkel in der Hand, aber sagte nichts. —

Langsam vergingen die Stunden des Vorpostendienstes. Einmal schossen sie aus 50 Meter Höhe eine Treibmine ab, aber dann waren Stunden um Stunden wieder nur Wellen unter ihnen. Der Kommandeur ging schweigend ein paar Schritte hin und her, trat manchmal zur Karte, und spähte dann wieder hinaus. Tote Zeit war das, — gewiß, — aber auch wieder nötige Zeit. Der Kommandeur muß auch manchmal den Alltagsdienst seiner Besatzungen mitmachen, denn

96

dieser Alltagsdienst ohne greifbaren Erfolg zermürbt auf die
Dauer weit mehr als ein Angriff, von Schrapnellen umsprüht. Es ist schon so, wie der Mann im Graben das nennt:
Das „große Kotzen" steigt einem hoch und legt sich bleiern
über jeden, — will alle müde machen und ohne Lust. Und
dieses „große Kotzen" muß auf die Dauer den inneren Bestand einer Truppe verändern! Peter Strasser blieb stehen
und sah auf die Männer, die da hinter den Steuerrädern
oder vor den Instrumenten oder an den Fenstern standen.
Nein, — eine Gefahr war das nicht. Wenigstens keine nahe
Gefahr, denn diese Männer machten ihre Sache, auch wenn
sie ihnen eigentlich schon lange zum Halse raushängen
mußte. Sie würden sie auch weiter machen, genau so zuverlässig, jahrelang, wenn nur die Führung mit ihnen Fühlung
hielt, wenn er, — der Kommandeur —, es verstand, im
rechten Augenblick das rechte Wort zu finden oder, noch
besser, die rechte Tat. Aufklärung über See ist langweilig,
aber ungeheuer wichtig, auch wenn zehnmal nichts los
gewesen ist. Deshalb muß diese Wichtigkeit durch persönliche
Teilnahme des Kommandeurs einmal unterstrichen werden.
Denn was der zu tun hat, weiß jeder! Und wenn der seine
kostbare Zeit opfert, dann ...

„Schiffe steuerbord voraus!"

Peter Strasser fuhr herum. Alle hatten die Gläser vor
Augen.

„Fischdampfer und Torpedoboote!" sagte Tamm.

Der Kommandant nickte: „Minensuchflottille! Aber
Vorsicht, solange ... Aha, da kommt schon das Erkennungs-
signal!" Er drehte sich um. „Signal erwidern!"

L 6 hielt jetzt auf die Flottille zu. Die Männer auf Deck
schwenkten ihre Mützen. Quer ab dampfte ein Kreuzer, wohl
zum Schutz. Breit und schwer zog er seinen Weg, gefolgt
von dem weiten, hellen Schweif seines Kielwassers.

Dann wieder Wellen, Wellen, Wellen, — bis wieder eine Mine gesichtet wurde. Und noch eine.

Sie lehnten aus den Fenstern. Jetzt waren deutlich dicht unter der Wasseroberfläche noch weitere Minen zu erkennen. In langer Reihe lagen sie nebeneinander, und noch eine Reihe dahinter, etwas versetzt.

„Das haben die Beefs sauber hingekriegt mit 40 Meter Abstand!" sagte Breithaupt anerkennend.

Peter Strasser sah den Kameraden lächelnd von der Seite an.

„Ich möchte das Minenfeld genau abfahren! Herr Kapitän." Breithaupt hob die Hand zur Mütze.

„Ich bitte darum!" Er lächelte still in sich hinein. Hirsch hatte mit L 5 neulich 368 Minen genau bezeichnet. Da wird der Breithaupt sich doch nicht lumpen lassen wollen!

L 6 ging auf 80 Meter herunter. Leutnant Kühne warf kleine Bojen herab, an denen Fähnchen flatterten: „Das gibt Arbeit!" lachte er.

Doch der Kommandant schüttelte den Kopf: „Das schaffen wir ja gar nicht mit unseren MG., — das sind hunderte!" und zum Kommandeur gewandt: „Ich bitte, den Verband heranholen zu dürfen."

Peter Strasser nickte. Kant wendete. Die Maschinentelegraphen schrillten. Laut brausten die Motoren auf. L 6 fuhr zurück.

„Am besten nehmen wir gleich einen Offizier der Flottille an Bord, Herr Kapitän." Der beobachtete noch einen Augenblick den Wellenschlag, ehe er nickte.

Erst war Rauch über dem Meer, dann traten Punkte hervor, wurden zu winzigen Strichen, — zu kleinen Schiffen. Signale blinkten.

„In aller Ruhe ausschwingen!" sagte Breithaupt.

„Jawohl, Herr Kaleu!"

„Wir wollen das Schiff eine Kleinigkeit schwer machen. Klar Schiff zur Wasserlandung!"

„Entwässerungsventile der Gondeln geschlossen," kam die Meldung zurück.

„Zu Befehl!" grinste Albrecht. Jetzt ging L 6 tiefer und fuhr in 15 Meter Höhe mit ganz langsam laufenden Motoren bei geringer Fahrt gegen den Wind an. Mit etwas „Ruder unten" brachte der Obermaat das Luftschiff sicher bis auf wenige Meter an die Wellen heran. Der Maschinentelegraph schrillte: „Leerlauf". Ganz sacht sank das Luftschiff die letzten Meter. Jetzt klatschten die ersten Wellen an die Gondelpuffer. L 6 schwamm auf der Nordsee.

Die drüben schickten ein Boot, während L 6 mit Mühe im Wind gehalten wurde. „Schiff steuert schlecht!" sagte der Mann in der Gondelspitze. „Kann es trotz vollem Ruderausschlag nicht halten."

„Das macht die geringe Geschwindigkeit. Wir müssen die achteren Seitenpropeller kurz laufen lassen," sagte Breithaupt ruhig. „Pullweise!"

„Schiff will steigen!" sagte Albrecht besorgt.

„Klar, wo der Fahrtwind nicht mehr kühlt!" murmelte Tamm.

„Seeanker ausbringen und Wasser übernehmen!" war Breithaupt sicheres Kommando. —

Dann war das Boot heran. Ein Leutnant stieg lachend über, zupfte sich unwillkürlich den blauen Rock, als er den Korvettenkapitän sah, und meldete sich. Derweil platschte schon das Ballastwasser. „Noch eine Hose!" L 6 hob sich. Der Maschinentelegraph wurde gelegt. Die Propeller sprangen wieder an. Der fremde Leutnant sah lachend hinab. Die Flottille blieb schon zurück. Ohne jede Erschütterung fuhr das Luftschiff.

„Hier könnte man ja tanzen!" meinte der Gast leise zu Kühne hin.

„Fehlen allerdings leider die Damen! Ja, — so 'n Schaukelstuhl wie euer schwarzer Kasten ist das nicht," gab der Wachoffizier mit sichtbarem Stolz zurück.

Peter Strasser sagte: „Das ist bei Ihnen so ähnlich wie hier: langweilig, aber wichtig."

Der junge Offizier blickte ihn offen an: „Jawohl, Herr Kapitän! Tag für Tag Schaukelstuhl mit Gratisdusche, aber zwischendurch fliegt einem der fahrbare Untersatz um die Ohren. Das sind dann die Entschädigungen für die viele Langeweile."

„Wie für uns die Englandangriffe!" sagte Kühne.

„Wir fliegen hoch," lachte der Leutnant, „ihr fliegt runter."

Auch Peter Strasser lachte, aber dann verschränkte er die Arme und sein Blick ging von einem zum anderen: „Wer stillsteht, geht zurück. Nur wer immer mehr tun will als getan ist, wird das tun, was er kann." Ohne Pathos sagte er das, und schlicht setzte er hinzu: „Ernst Moritz Arndt hat dies einmal geschrieben."

Albrecht schob die Mütze zurück, dann war das Minenfeld wieder in Sicht. Die Motoren donnerten. Die Schrauben brausten. Wer konnte, beugte sich über Bord. Aus 50 Meter Höhe konnte man jede Mine deutlich unter Wasser stehen sehen. Sogar ihre Aufschriften waren zu erkennen. Dann drehte L 6 wieder, und bald platschten abermals die Gondelpuffer ins Wasser.

Der Leutnant meldete sich von Bord und sprang mit einem Händedruck in das schwankende Boot. Sofort erhob sich L 6, um das Gewicht eines Menschen erleichtert, wieder zu neuer stundenlanger Fahrt. —

Die Sonne sank schon, als unter ihnen die Priele des Watts spiegelten. Peter Strasser atmete tief die erste Land-

100

luft. So ähnlich wird das mit L 10 gewesen sein, ging ihm durch den Kopf. Hirsch und Sticker und jeder Mann an Bord wird so ausgespäht haben nach Land, abgespannt nach weiter Fahrt. Und dann war wohl plötzlich dieser Knall da, und Flammen waren herausgezüngelt. Sie alle hatten wohl nichts mehr tun können, als nur warten, bis es aus war... Ein paar Herzschläge lang hatten sie vielleicht noch die Hoffnung gehabt, vorher unten zu sein...

Peter Strasser schloß die Augen vor diesem Bild, das ihn Tag und Nacht nicht verlassen hatte, das er erst auf dieser Fahrt kurz hatte wieder vergessen können. Dann biß er die Zähne zusammen: Die haben es alle hinter sich, — und es ist schon etwas wert, mitten aus Pflichterfüllung heraus sterben zu dürfen, statt einmal vielleicht müde und schwach und klein und alt... Seine Hände hielten das Fensterbrett. Man sollte gefallene Helden nicht bedauern. Das Mitleid gehört denen, die zurückbleiben und weitermachen müssen, irgendwie weitermachen...

Nun kamen die ersten Wiesen, schon etwas sommermüde, aber doch noch grün, — grün, wie wohl nur der Seemann sie erhoffen kann, der Wasser um sich sah in landloser Weite, immer nur Wasser. —

Bei einbrechender Nacht landete L 6 und war bald darauf in der Halle. —

Der Kommandeur ging abgespannt durch die Schwüle des Abends zu seinem Schreibzimmer. „Wir waren schon in Sorge, Herr Kapitän..." hörte er Wendts Stimme neben sich, „... wegen der Gewitter, die sich von allen Seiten..." Er nickte nur. Auf dem Tisch lagen Akten, übergenug, und was war in diesem Krieg nicht eilig?

Da schrillte der Fernsprecher. Kapitänleutnant Wendt nahm den Hörer, hielt dann die Hand auf die Muschel: „Zwote Seefliegerabteilung vermißt ein Flugzeug..."

101

Der Kommandeur schloß einen Atemzug lang die Augen, dann nahm er dem Adjutanten den Hörer aus der Hand: „Also seit 3 Stunden muß er unten sein? Und Fuhlsbüttel und Tondern können nicht raus wegen Querwinden oder weil sie nicht fahrklar sind?" Er sah auf seine gepflegten Fingernägel. „Jawohl, dann werden wir natürlich nachsehen. Quadrat 081 Beta? Einen Augenblick..." Er trat an die Einteilungskarte der Nordsee. „Gut, wir werden sofort fahren. Sie hören wieder von uns." Er legte den Hörer schwer auf die Gabel.

„Aber das Gewitter, Herr Kapitän..." sagte der Adjutant besorgt.

„Kameraden in Not," antwortete Peter Strasser nur. Er ging selbst in das Kasino hinüber.

*

Ja, — da saßen sie, etwas müde und abgespannt. Leutnant Kühne sagte eben: „Mal wieder Schwein gehabt, daß wir so gerade noch vor dem Gewitter reingetrudelt sind."

„Was sagt denn der Pabst?" lachte Kapitänleutnant Loewe mit hellen Augen.

„Vorsicht ist die Mutter der Porzellankiste. Donner und Blitz heute Nacht sind amtlich, aber alle Luftschiffe sind ja zurück, da könnt ihrs ruhig krachen lassen."

Der Kommandeur stand in der Tür. Ohne ein Wort blickte er vom einen zum anderen. Der kann bei der Windrichtung nicht aus der Halle, und bei dem sind die Maschinen nicht klar. Da hilft nichts:

„Im Quadrat 081 Beta wird ein Flugzeug vermißt..."

102

„Der Kommandeur..." Alle sprangen auf.

„Wieder so ein verfluchtes Mistzeug..." platzte Braunhof heraus.

Peter Strasser sah Odo Loewe an: „Sind Sie bereit, heute abend noch einmal eine Fahrt anzutreten?"

„Gewitter, Herr Kapitän!" mischte sich der Truppführer ein, „...und mit L 10..."

Doch Loewe sah den Kommandeur mit hellen Augen an: „Zu Befehl, Herr Kapitän. In einer Stunde kann ich fahren."

Es war ganz still im Raum. Da sagte Peter Strasser: „Danke!" und nebenbei, als wäre das kaum der Rede wert: „Ich fahre mit." —

*

In dieser Nacht rannen den Männern von L 9 die Schweißtropfen von den Stirnen. Still standen sie auf ihren Stationen. Sie hatten alle L 10 brennend abstürzen sehen und wußten, wie es Buttlar und Peterson neulich gegangen war, die mit ihrem unheimlichen Glück ihre Luftschiffe durch alle elektrischen Entladungen wieder nach Hause gebracht hatten. Nein, — trotzdem hatte sich nicht einer von ihnen geweigert. — Jetzt lag das lang ersehnte Land schon wieder hinter ihnen. Die See war schwarz wie Samt. Darüber unnahbar hoch: Sterne. Schwül und schwer wälzte sich der Fahrtwind an den Fenstern vorbei. Im Süden zuckte ein kurzer Schein, — rötlich, — flimmerte, — verlosch und flimmerte wieder.

„Backbord Gewitter, fünf Strich voraus!" sagte Roedmann.

Der Kommandeur beugte sich heraus. Der Kommandant stand ruhig neben ihm.

Fahrt abbrechen? Niemand würde ihnen das übelgenommen haben, jeder hätte das verstehen müssen, — aber da unten die Flieger? Man hatte ja keine Ahnung, wo die schwammen, — ob sie nicht beim Niedergehen Bruch gemacht hatten und gleich weggesackt waren. Nein, — kein Mensch wußte das, und jetzt trieben sie schon bald 10 Stunden. Hatten sich wohl an die Schwimmer festgebunden, um von den überkommenden Seen nicht weggerissen zu werden. Die beiden Männer da unten sprachen wohl längst nicht mehr, — suchten wohl mit brennenden Augen den nächtlichen Horizont ab und spuckten das Salzwasser aus, das ihnen immer wieder ins Gesicht schlug. — Und da sollte man kehrt machen? —

Der Wachoffizier kam von der anderen Gondelseite herüber:

„Steuerbord voraus und achtern Gewitter."

Der Kommandeur richtete sich hoch. Sein Gesicht war kaum zu erkennen in der unbeleuchteten Gondel. Der Kommandant blickte zu den Sternen hoch, die mit einemmal erloschen.

„Was wollen Sie tun?" fragte Peter Strasser, und seine Stimme klang dumpf.

Odo Loewe antwortete: „Weitersuchen, Herr Kapitän!" Völlig sicher klang das, aber er fügte doch hinzu: „Bis zum Morgen halten die armen Kerle da unten sich ja nicht."

„Recht so, Loewe!", und L 9 fuhr weiter Zickzackkurse über dem Sektor. Es war still in der Gondel. Jeder starrte in die Nacht.

„Wir müssen eben unbedingt vermeiden, Gas abzublasen, wenn die Gewitter näher kommen!"

„Jawohl, Loewe! Und die Antenne einholen lassen."

104

„Gestatten, Herr Kapitän, — aber ich wollte sie eigentlich draußen lassen."

„Warum?"

„Weil wir dann mehr Oberfläche zum Ausstrahlen der aufgenommenen Energie haben."

„Hm!" Peter Strasser biß sich nachdenklich die Lippen. „Andererseits, — ich weiß nicht... Vielleicht bespreche ich das mal mit dem Funker."

Die kleine Funkbude lag gleich hinter dem Steuerraum an der Backbordseite, eigentlich eher ein großer Schrank als eine Stube. Als der Kommandeur die Tür öffnete, erlosch sofort das Licht, um wieder aufzuleuchten, als die Tür sich hinter ihm schloß. Obermaat Uhle saß, wie immer, hier vor seinem Gerät, den Kopfhörer umgeschnallt, im Schein seiner kleinen Lampe. Die Luft in der engen Bude war so stickig, daß Peter Strasser den Atem anhalten mußte. Kein Wunder, wo das kleine Fenster geschlossen bleiben mußte, um keinen Lichtschein durchzulassen. Uhle schrieb, als habe ihn die plötzliche Dunkelheit gar nicht gestört. Die schmalen Lippen waren fest zusammengepreßt. Schweißtropfen standen auf seiner Stirn.

Der Kommandant nickte dem Maat zu und stellte seine Frage.

Uhle straffte sich: „Einkurbeln, Herr Kapitän! Denn ich meine, wenn die Antenne draußen bleibt, schneidet sie ja die elektrischen Kraftlinien in der Luft mit einem Körper, der einen viel größeren Durchmesser hat als wenn wir eingekurbelt haben."

„Gut! Uhle, — Sie müssen das ja wissen, als Fachmann. Und heute nacht wird es aufs Ganze gehen!"

„Zu Befehl, Herr Kapitän! Mitteldeutschland und Schleswig-Holstein melden schwere Gewitter..."

„Und Nordholz, Ahlhorn?"

Der Mann wischte mit dem Handrücken den Schweiß von der Stirn: „Antworten nicht!"

„Das heißt: Haben schon Gewitter!"

„Wahrscheinlich. Die Luft ist schon seit einer halben Stunde voll mit elektrischen Geräuschen. Werde auch bald ausschalten müssen. Das knattert und kratzt nur so im Ohr."

Die Wände der winzigen Bude zitterten unter den ständigen Erschütterungen des hinter ihr liegenden Schiffsmotors, doch sein Rattern war stark gedämpft durch die schallsicheren Wände. Peter Strasser starrte einen Augenblick verloren auf den kleinen Barometer, der diesem einsamen Mann die ungefähre Fahrthöhe anzeigte und ihm damit einen kleinen Begriff der Wirklichkeit vermittelte. Unheimlich mußte dieser Krieg zwischen beengenden Wänden sein, einsam, nur auf sich selbst gestellt, auf verantwortungsvollem Posten.

„Bitte, bleiben Sie so lange am Hörer wie Sie können, Uhle! Sie sind sich ja Ihrer Verantwortung bewußt..." Er hob die Hand.

„Ich weiß!" Dann verlosch wieder das Licht von selbst, denn der Kommandeur hatte die Tür geöffnet. Jetzt war er hindurch. In der Zugluft des schmalen Ganges war es kühl gegenüber der Funkbude, trotz der schwülen Luft. Das Brüllen des Motors war jetzt wieder ganz stark. Köhler und Flade ölten wohl irgend etwas. Reuters schaffte an der Kupplung.

Obermaschinist Köppen kam von vorn. Im Offiziersraum standen die beiden Maschinengewehre an den Außenwänden. Dann stand der Kommandeur wieder im Führerraum. L 9 bebte schon manchmal unter schweren Böen. Da unten mußte bereits starker Seegang sein. Wenn nicht ein Torpedoboot oder ein Sperrbrecher die Flieger gefunden hatte... Der Kapitän sah auf das Leuchtzifferblatt seiner

106

Uhr: „Es hilft nichts, Loewe …" sagte er schwer, und ihm war, als unterschriebe er ein Todesurteil für zwei Unschuldige, — für zwei Männer, die ihre Pflicht getan hatten.

Kapitänleutnant Loewe gab bestimmt seine Befehle, die ruhig wiederholt wurden, obwohl jeder wußte, daß jetzt der Kampf begann.

„Prallhöhe?"

„3500 Meter, Herr Kaleu!"

„Also unbedingt unter 3000 bleiben! Jetzige Höhe halten."

L 9 stampfte jetzt schwer. Schwarz rasten ihm die Wolken entgegen.

„Es regnet!" kam Rinkens Meldung von der Plattform oben auf dem Schiff, und bald lief auch schon das Wasser zur Gondel hinein. Tropfen spritzten auf die Karten (Roedmann versuchte sie zu retten), — wurden zu Bächen. Der Boden sank den Männern unter den Füßen weg, daß sich jeder anklammerte, wo immer er etwas greifen konnte. Das Luftschiff schien ins Bodenlose abzustürzen. Verzweifelt legte Kröner sein Ruder. „Schiff fällt durch!" wollte er rufen, da wurde L 9 ebenso heftig wieder nach oben gedrückt. Böen kamen von allen Seiten, schlugen auf das Luftschiff ein wie mit Vorleghämmern.

Blitz auf Blitz zuckte draußen. Jetzt flammte es ganz nah, — so hell, daß die Männer ihre Gesichter erkannten. Das Wasser schwabbte in der Gondel. Gleich war wieder stumpfe Nacht, und wieder flimmerte eine helle Entladung, daß L 9 mit schneeweißem Leib in giftgrünen Himmel stieß. Es ging wirklich auf Leben und Tod.

Da war doch auch das Gesicht des Junkers? Der Kommandeur wendete sich ihm zu: „Wollen Sie was?"

„Nein, Herr Kapitän! Ich erhole mich nur!" Lachte der Mann nicht auch noch?

Vielleicht war dies das nebenfächlichste Gespräch über See in dieser Nacht des Schreckens, — und doch ließ es Peter Strasser nicht los: diese Ruhe, dieser Mut des einfachen Mannes, dieses Vertrauen zum Schiff, zur Besatzung, — zu Gott ...

Weiße Wolkenfetzen standen jetzt grell vor giftgrünem Himmel. Die Augen konnten die sofort wieder einsetzende völlige Finsternis nicht fassen. Donnerschläge überbrüllten das Brausen der Motoren. L 9 zitterte wie ein sterbendes Tier.

Wenn jetzt der Kröner das Schiff nicht unten hielt ...

Da fiel es schon wieder durch. Es wurde taghell. L 9 stürzte ohne Ende ...

So mußte es mit L 1 gewesen sein! dachte Peter Strasser. Einfach hinunter in die See.

Die Wellen kochten schneeig im flackernden Schein der Entladungen. Da stieg das Luftschiff plötzlich wieder mit einem Ruck. Nacht, — dann violettes Leuchten überall, und neue Böen, wie eine Riesenhand, die einen schüttelte, hoch warf und nun schon wieder mit vollaufenden Motoren hinabdrückte, daß es gleich krachen mußte.

Kröner am Ruder stöhnte. Weiß schäumten die überbrechenden Wellen. Die Männer glaubten, das Rauschen der kochenden See zu hören in das Brüllen der durchgehenden Motoren hinein, — da schüttelte sich das Luftschiff und stieg abermals rasend hoch. Tageshelle wechselte mit stumpfer Nacht. Ununterbrochen prasselte der Regen. Er mußte das Luftschiff schwer gemacht haben. Die Männer standen mit zusammengepreßten Lippen, — jeder auf seinem Posten. Blitze flammten in ganzen Flächen. Hagel prasselte. Rinken schrie von der Plattform, daß sein Maschinengewehr Funken spucke. Es sprühte an allen Ecken und Kanten. Die Kabel und Drähte glühten blau-violett. Von allen Seiten fegte der Sturm. Donnerschläge überbrüllten die Motoren.

108

Die Nacht war schwer und hatte kaum noch Hoffnung, doch keiner gab es auf, und als der Morgen endlich dämmerte, ließ das Gewitter nach. Der Kapitän ging ein paar Schritte hin und her. Ein letzter Blitz flimmerte zwischen fahlem Gewölk. Der Junker Uhle lehnte noch an der Wand vor seiner Bude und blickte durch das Fenster voraus. Peter Straffer nickte ihm zu. Da nahm er stramme Haltung an. Er lächelte etwas, und Leutnant Braunhof rückte seine Mütze gerade. Ihre Gesichter waren grau, die Augen lagen tief, — doch das Leben war neu geschenkt, wenn auch die Gefahr noch nicht beseitigt war.

„Das Schiff ist schwer durch den Regen. Die Gaszellen sind stark entleert," meldete der Steuermann dem Kommandanten. „Ballast ist auch im wesentlichen draußen."

„Es ging nicht anders," sagte Loewe dumpf. Im Westen funkelten noch die Sterne, als im Osten ein Feuerrad farbige Bänder aussandte, deren Schillern von Sekunde zu Sekunde sich änderte.

Und dann stieg die Sonne ganz aus dem Meer, hob sich in einen strahlenden, blauen Sommerhimmel hinein.

„Da trocknen wir fix!" Leutnant Braunhof klopfte sich den blauen Rock ab, als wären sie schon zu Hause.

„Hoffentlich nicht zu sehr," warf der Kommandant ein. „Sonst werden wir zu leicht. Dann müßten wir noch mal rauf zum Abblasen, und wenns dann oben stimmt, ists unten wieder zu schwer." —

Peter Straffer schob die flache Hand über den obersten Knopf zwischen die Klappen seines blauen Rockes. Er sagte nichts. Was war da auch zu sagen? Jeder Mann an Bord wußte Bescheid. Diesmal ging es eben wieder einmal hart auf hart bis zum letzten Augenblick, — und sie waren alle wirklich nicht verwöhnt in dieser Hinsicht. —

Endlich Land voraus, — ein wenig später wehte

„Flagge Anna", zum Zeichen, daß L 9 landen wollte. Die
Landemannschaft stand bereit. Das Schiff lief an gegen
den südlichen Bodenwind. Loewe hielt Fahrt, um L 9 gut
in der Hand zu behalten.

„Fallen Leine!"

Der Trupp faßte die Taue. In 30 Meter Höhe drückte in
diesem Augenblick eine Bö das Riesenschiff herab, daß es
durchfiel. Rasendschnell kam die Erde näher.

Peter Straffer sagte kein Wort. In diesem Augenblick
hatte nur einer zu befehlen: der Kommandant. Und Kapitänleutnant Loewe parierte sofort mit „Ruder oben" und
„je eine Hose vorn und hinten!"

Platschend ergoß sich das Wasser auf die Haltemannschaft, aber das Schiff hielt im Fallen inne, stieg langsam,
wurde jetzt von einer Unterbö getroffen und begann zu
steigen.

„Ruder unten, Motoren äußerste Kraft voraus!" schrie
Loewe, um das Luftschiff unten zu halten. Die Männer
hingen mit aller Gewalt an den Leinen. Aber das Schiff
stieg doch. Schon wurden die ersten Soldaten hochgerissen
und ließen die Leinen aus den Händen gleiten.

„Festhalten!" und gleich darauf der Ruf: „Loslassen!"
Ein Seil war gerissen.

L 9 trieb bereits. Der Trupp folgte im Laufschritt, doch
das Schiff stieg.

„Herrgott!" schrie Leutnant Braunhof, „Da hängt ja
einer!"

Wirklich klammerte sich ein Mann am Seil fest, 20,
30 Meter unter der Gondel, nun schon haushoch über seinen
Kameraden.

„Festhalten!" brüllte ihm der Kommandeur zu. „Festhalten! Wir landen gleich wieder!" Aber trotzdem stieg das
Luftschiff unter neuen Böen. Loewe ließ Gas ziehen, so

110

daß L 9 tatsächlich nun leicht zu fallen begann. Doch der Wind war zu stark. Ein Motor war wohl auch nicht mehr angesprungen. L 9 trieb seitlich weg, gerade auf den hohen Gasbehälter zu. Mit dem letzten Ballast konnte Loewe sein Luftschiff über das Hindernis bringen. Der Mann am Seil aber mußte verloren sein, — mußte gleich gegen die eisernen Träger des Behälters geschleudert werden. Die es sahen, hielten den Atem an. Nur um wenige Zentimeter schwang der Körper vorbei. Jetzt versuchte der Mann, mit den Beinen das Tau zu erreichen, — arbeitete verzweifelt, — fühlte wohl schon, wie seine Hände den Dienst versagen wollten. Endlich hing er im Kletterschluß. Er sah hinauf, wollte zur Gondel hochklettern, aber schaffte es nicht.

Langsam trieb L 9 über die Platzgrenze zum Wald. Doch der Kommandant verlor die Ruhe nicht: „Festhalten! Wir fahren noch einmal an!" rief er dem unten Hängenden zu.

Mit laufenden Motoren wurde zur Landung angefahren. Viele Fäuste packten zu. Ein paar Schläge Rückwärtslauf, dann war L 9 fest in der Hand des Trupps auf der Erde.

Während der Zeppelin langsam in die Halle gezogen wurde, trugen sie den beim Aufschlag verletzten Matrosen weg.

„Gut so, Loewe!" sagte Peter Strasser kurz und stand dann an der Bahre des Verunglückten, um den sich gerade der Arzt bemühte. Blutend und zerschunden lag der Mann da, die Augen geschlossen.

„Linker Oberschenkel gebrochen, rechter Arm verstaucht, Schürfungen an Gesicht und Händen." Der Arzt richtete sich auf. „Ist ein Stück mitgeschleift worden, — konnte im Krampf wohl seine Hände vom Seil nicht gleich lösen und die Füße nicht frei bekommen."

Da schlug der Verwundete die Augen auf.

111

Der Kommandeur beugte sich über ihn. „Nun?" fragte er freundlich.

Der Mann sah ihn an: „Ist das Schiff gerettet?"

Der Kapitän nickte ihm zu: „Sie haben Ihre Sache gut gemacht, Ihre Pflicht erfüllt und die Nerven nicht verloren! Das werde ich Ihnen nicht vergessen!"

Er ging dann zur Schreibstube hinüber.

Die Flieger sind tot! Dieser Mann wird wohl leben bleiben! Das Schiff ist gerettet! Er warf im Gehen einen Blick über die weite Heide, die ruhig im Sonnenschein lag. Eine Lerche jubelte dem Licht entgegen.

* ,

Nebelschwaden schleiften über die Heide.

Unwirklich riesenhaft war der graue Schatten des L 15, den viele Hundert Matrosenfäuste mühsam vorwärts schleppten. Jetzt gab es wieder einen Halt, weil Telegraphenleitungen abgeschnitten, Pfähle umgelegt werden mußten. Selbst Bäume krachten unter Axthieben.

„Schade!" sagte Kapitänleutnant Breithaupt, aber der Kommandeur beruhigte ihn: „Hauptsache, daß wir Sie einigermaßen glatt unten haben."

Sie ritten nebeneinander, mußten ihre Pferde aber immer wieder verhalten, weil der Trupp mit dem Luftschiff nicht nachkam.

„Wir haben Sie im Nebel brummen hören, haben im Chor gerufen und die Sirene heulen lassen, aber nichts von Ihrem Schiff erkennen können. Leuchtraketen wollte ich nicht schießen lassen, wie das die Flieger tun, wenn einer im Nebel den Platz nicht findet. Das ist bei Luftschiffen zu gefährlich."

112

L 25 (Oblt. z. S. v. Buttlar=Brandenfels) über dem 1. Geschwader am 4. Juli 1917

„So ungefähr wußte ich ja, wo ich war," sagte Breithaupt. „Ueber England war klarer Mondschein, erst bei Terschelling kam der verfluchte Nordseenebel. Aber die FT-Peilung hat uns ja ganz gut herangebracht. Und dann haben wir um 10 Uhr einen Kirchturm gesehen, der sich durch den Bodennebel piekte."

„Das war wohl Bremen?"

„Konnten wir nicht feststellen, Herr Kapitän. Als wir dann auf Grund der Peilungen hier über Nordholz stehen mußten, fanden wir den Fesselballon und hörten auch die Rufe und Pfiffe herauf. Obwohl ich nicht genau wußte, auf welcher Seite nun der Platz liegt, versuchte ich gleich in den Nebel hineinzustoßen. Aber, da fiel auch noch der dritte und kurz darauf der letzte Motor aus. Das Schiff stieg gleich auf 1000 Meter, weil ja die dynamische Hubkraft fehlte. Ich fürchtete, daß wir auf See abtrieben und zog deshalb lieber auf gut Glück Gas."

„Ohne Ballast?" fragte Peter Straffer.

„Was blieb mir anderes übrig, Herr Kapitän. Wenn wir mit stehenden Motoren auf See hinausgetrieben wären, hätte ich Schiff und Besatzung verloren. So hoffte ich wenigstens meine Leute zu retten."

„Da haben Sie recht, Breithaupt."

„Es ging ja reichlich schnell," gestand der Kommandant L 15. „Wir fielen mit 7 Meter in der Sekunde. Vielleicht 40 Meter hoch sahen wir die Erde zum erstenmal nach 10 Stunden wieder. Es war ja so diesig, daß ich von der Vordergondel das Heck des eigenen Schiffes nicht erkennen konnte. Ich wollte noch „Festhalten!" rufen, da krachte es auch schon und die Führergondel wurde ins Gerippe gedrückt."

„Und dabei haben Sie sich den Fuß verstaucht?"

„Jawohl! Wir fielen alle durcheinander. Da haben die

meiften etwas abbekommen, aber keiner schlimm. Sehr
ordentlich ist mal wieder der Obermaschinist Schulz gewesen. Er hat sich mit dem Obermaschinisten-Maaten
Mittelsen-Schee sofort an den Haltetauen herunter gelassen, um das Schiff zu entlasten. Sie fingen die Achtergondel auf, so daß nicht einmal die Streben eingeknickt
sind."

Der Kommandeur nickte zustimmend.

„Ich habe dann sofort das Schiff notdürftig festmachen
lassen. Zuerst konnte ich den Dusel ja gar nicht glauben,
daß ich eine so große Weide erwischt hatte. Denn bei Be-
rührung eines Hindernisses, wäre das Schiff natürlich verloren gewesen."

Sie hielten wieder, denn jetzt mußte auch die Einfrie-
dung des Luftschiffplatzes eingerissen werden. Sechs Kilometer war L 15 mühsam zurückgeschleppt worden.

Der Kommandeur klopfte seinem Schimmel zufrieden
den Hals: „189 Bomben hat England diese Nacht jedenfalls
von uns bekommen!"

„Wir haben fast alles über der City abgeworfen, Herr
Kapitän. London war zuerst gut abgeblendet. Das Sperrfeuer war so heftig, daß ich die Stadt im Nordwesten um-
fuhr. Leider stieg das Schiff schlecht, denn statt der erwar-
teten Minus 15 Grad, hatten wir nur Minus 6."

Peter Strasser nickte: „Das haben wir alle gemerkt."

„Und die Abwehr ist sehr gesteigert. Auch Nachtfliegen
haben die Engländer jetzt scheinbar gelernt."

„Ja, — wir haben auch Flieger gesehn." Strasser sah
seinen Kommandanten von der Seite an. „Und welche Erfahrungen haben Sie mit Mathys Vorschlag gemacht, den
Angriffs- und Ablaufkurs vorher festzulegen?"

„Der Vorschlag ist gut, Herr Kapitän. Man darf und
kann sich nur nicht allzu streng an ihn halten. Aber die

114

Fahrthöhe funkentelegraphisch mitzuteilen, scheint mir gewagt. Der Feind soll nicht wissen, wie hoch ich bin."

„Aber die Gefahr des Zusammenstoßes darf bei solchen Geschwaderangriffen nicht außer Acht gelassen werden, Breithaupt. L 14 hat heute Nacht L 13 auf kürzeste Entfernung passiert. „Haarscharf!" hat Böker gesagt und Mathy hat es telephonisch von Hage bestätigt. Er hat ihn auch erst gesehen, als es praktisch eigentlich schon zu spät war..."

Da waren endlich auch die Hallen, riesige dunkele Klötze im fahlen Licht.

„Ich will das Schiff möglichst schnell reparieren, Herr Kapitän, und dann wieder nach Hage überführen."

Vorsichtig wurde L 15 in die Halle gebracht.

„Lassen Sie sich erst mal Ihren Fuß vom Arzt genau ansehen, und die Verletzungen Ihrer Leute." Der Kommandeur nickte ihm zu und reichte ihm die Hand: „Gut gemacht, Breithaupt!"

*

„L 19 ist dort gelandet?" Peter Strasser preßte den Hörer an die Ohrmuschel. „Gut! Dann bitte ich den Kapitänleutnant Loewe an den Apparat!" Der Kommandeur betrachtete aufmerksam die vor ihm liegenden Wetterkarten. Seit Mitte Oktober haben wir nur immer Aufklärung gefahren, und jetzt ist Mitte Januar! Er stieß wütend mit dem Bleistift auf das Papier. Da meldete sich Kapitänleutnant Loewe.

„Hier Strasser! So, — Loewe, also gut angekommen mit Ihrem neuen Schiff? Wie war denn das mit Dresden?" Er blickte abwesend zum Fenster. „Immer wieder Motorschwierigkeiten? Die 240-PS-HS-Lu-Motoren taugen eben nichts, jedenfalls solange sie aus diesen Kinderkrankheiten nicht heraus sind! Ja, — ich bin durch die Durchschläge im wesentlichen über den Vorgang unterrichtet. Der Motorenbau hat Ihnen gebohrte Ventilkeile nachgeliefert, damit bei einem Bruch der Feder das Ventil nicht in den Zylinderraum fallen kann. Wie hat sich das bewährt?" Er wippte den Bleistift auf dem waagrechten Zeigefinger und legte ihn dann mit einem Ruck hin, als er sich bei diesem Spiel ertappte. „So, — na, — das wäre ja erfreulich, und langsam wirklich an der Zeit. — Und Ihre Fahrt nach Tondern hat geklappt? Das ist die Hauptsache! So, — zuletzt wurde es ungemütlich mit reichlichem Nebel? Hier war es auch nicht besser. — So, erst ab Lübeck?" Er lachte vor sich hin: „Liegt ja nicht unmittelbar auf dem roten Strich! Nee, nee, — kein Vorwurf, lieber Loewe, — mußten doch auch mal Ihrer Familie winken. Versteht sich, — und schließlich galt die Fahrt auch der Ueberprüfung Ihrer Motoren. — War wenigstens die Familie zu Hause? — So, Sie haben eine Schleife über Ihrem Haus gefahren? In 180 Meter? Da konnten Sie wohl Ihre Frau im Schnee stehen sehen..." Er nickte vor sich hin, mit einem Lächeln, in dem etwas von ferner Wehmut war. „...Was, sogar Ihre Kinder? Da haben Sie wohl tüchtig gewinkt! Das ist recht! Seine Hand fuhr sich über das Gesicht, das mit einem Male wieder streng war. „Ihr L 19 ist also fahrtbereit? Gut! Trauen Sie Ihren Maschinen auch die Anforderungen einer Angriffsfahrt zu? Ueberlegen Sie sich das in aller Ruhe. Sprechen Sie noch einmal mit Ihrem Maschinisten darüber. Köppen ist ja ein zuverlässiger Mann. Ich dränge Sie nicht, mitzumachen..." Er hielt inne und sagte dann mit fester Stimme: „Bei gleichbleibender Wetterlage steigen morgen alle verfügbaren Luftschiffe zum Angriff auf Mittel- und Südengland auf. Ziel möglichst das

116

Industriegebiet um Sheffield, Nottingham, Derby, Hanley und, wenn möglich, auch Manchester. Ich bin an Bord L 16. Aufsteigen so, daß bei Dämmerung die englische Küste erreicht ist. Angriffsbefehl folgt morgen."

„Zu Befehl, Herr Kapitän!" Das klang so laut, daß Peter Strasser die Hörmuschel vom Ohr nehmen mußte. Lächelnd hängte er ein. „L 19 ist mit dabei, wie ich den Loewe kenne! — Muß auch dabei sein..." Er starrte nun schon wieder ernst auf die Papiere. „Ja, Wendt, wir können kein Schiff entbehren, und ich muß froh sein, wenn ich morgen 9 L-Schiffe zusammenkriege statt bisher höchstens 4 oder 5."

„Am 9./10. August waren es 7," warf der Adjutant ein, — „damals als es Peterson erwischte als Ersten mit seinem L 12."

„Das Schiff war hin, aber Peterson hatte Besatzung und sogar die Motoren gerettet: Wirklich eine ausgezeichnete Leistung!"

„Die Angriffe werden gefährlicher," sagte Kapitänleutnant Wendt.

„Damit habe ich von Anfang an gerechnet. Wo früher eine Batterie schoß, scheinen jetzt 5 zu stehen. Sie schießen auch besser, und die Scheinwerfer haben sich eingearbeitet."

„Ich halte vor allem die Flieger für recht gefährlich!"

„Nun, — Breithaupt ist mit vieren fertig geworden."

„Allerdings unter dem Opfer allen Ballastes ist er über sie gestiegen."

„Man müßte das auch künftig versuchen."

„Dem LZ 37 ist es aber scheinbar nicht mehr gelungen."

„Ich habe den Bericht des Steuermanns neulich gelesen. Er ist ja der einzige Ueberlebende. Danach hat LZ 37 gar nicht mehr den Versuch gemacht, den angreifenden Flieger zu überhöhen. Es muß sofort in Brand geraten sein."

„Und wie hat sich der Mann gerettet?"

„Er warf sich auf den Gondelboden, weil er die Glut über sich nicht mehr aushalten konnte. Die Gondel brach ab, stürzte auf ein Kloster, brach durchs Dach und warf den Steuermann heraus, gerade in ein Bett, aus dem eben eine Nonne aufgestanden war. So blieb er am Leben!" Er hielt kurz inne. „Gefährlicher ist die Sache schon geworden, aber die Hauptsache ist, daß viele tausend Mann und Geschütze durch uns Luftschiffer in England festgehalten werden und somit der Westfront verloren gehen. 19 Luftschiffangriffe sind 1915 gefahren worden, und das britische Inselreich hat auf diese Weise immerhin über 1000 Bomben erhalten. Das ist ein Erfolg, mit dem wir ganz zufrieden sein können!" Er sah den Adjutanten an. „Man darf im Krieg nicht weich werden!" sagte er dann fest und wendete sich mit einem Ruck seiner Arbeit zu.

*

Peter Straßer sprang aus der Führergondel. Der Truppoffizier meldete. Der Adjutant hob die Hand zur Mütze. Die kleine Truppkapelle spielte: „Was kommt dort von der Höh'".

Eben hatte der Kommandeur noch gelacht, jetzt legte es sich auf einmal schwer auf ihn. Vielleicht waren es die 22 Stunden ununterbrochenen Dienstes, vielleicht kam ihm erst jetzt das Erlebte richtig zum Bewußtsein? Er fühlte, wie alle Augen der Männer des Trupps an ihm hingen. Sie traten ein wenig scheu zur Seite.

Es war naßkalt.

Kapitänleutnant Wendt meldete: „L 13 ist bis Manchester gekommen!"

118

Der Kommandeur nickte anerkennend: „Gut, der Mathy! Hat jetzt 9 Englandangriffe hinter sich!"

„Und L 21 ist sogar bis Liverpool vorgestoßen."

Peter Straſſer blieb stehen: „Alle Achtung, da iſt alſo Max Dietrich als Erſter bis an die engliſche Weſtküſte gekommen!"

„Kapitänleutnant Breithaupt meldet, daß L 15 die Bahnhofsanlagen in Sheffield getroffen hat. Auch er iſt beſtimmt über Liverpool geweſen. Er ſtellte ein Nachſchleppen ſeines Kompaſſes um 8 Strich feſt, ein Motor fiel aus, hat aber L 15 glatt nach Hauſe gebracht."

„Sehr ordentlich! Und L 20?"

„Stabbert iſt auch zurück. L 19 iſt ebenfalls bis Liverpool gekommen."

„Na, — da bleibt den Engländern gar nichts anderes übrig, als auch die Induſtrieſtädte tief im Land und ſelbſt an der Weſtküſte mit Abwehr auszuſtatten. Das koſtet ihnen wieder tauſend Mann und Geſchütze. Das wäre auch ein Erfolg, ſelbſt wenn ſie wieder mal behaupten ſollten, unſere 379 Bomben wären alle auf freies Feld gefallen. Alſo waren wir das letzte Schiff?"

„Nein, Herr Kapitän! L 19 fehlt noch."

Peter Straſſer blieb ſtehen und muſterte ſeinen Adjutanten: „Iſt das die einzige Meldung von L 19, die mit Liverpool?"

„Nein, Herr Kapitän. Loewe meldete, um Mitternacht in der Nähe der engliſchen Weſtküſte geſtanden zu haben, wo er 1600 Kilogramm Bomben geworfen hatte. Auch größere Induſtrieanlagen bei Sheffield hat er mit Brandbomben beworfen. L 19 wurde mehrfach beſchoſſen . . ."

„Beſchädigt . . ."

„Davon funkte Loewe nichts."

Peter Straſſer biß einen Augenblick die Zähne aufein-

ander, daß es schmerzte: „Hat niemand ihn gesehen?"
fragte er dann.

„Doch, — Kapitänleutnant Stabbert hat ihn um 9 in
der Nähe der deutschen Küste gesehen. Dann ist L 19 im
Nebel verschwunden. Seitdem fehlen auch Funksprüche."

Der Kommandeur wendete sich der Schreibstube zu,
sagte nur über die Schulter weg: „Oberleutnant v. Buttlar
möchte sofort zu mir kommen."

Er saß dann an seinem Schreibtisch. Einen Augenblick
lang stützte er den Kopf in die hohle Hand, — einen Augenblick nur. Als der Kommandant L 11 eintrat, saß er schon
wieder gerade.

„Melde mich gehorsamst zur Stelle!" Das schmale,
junge Gesicht, das sonst so gern lachte, war ernst.

„Haben Sie L 19 draußen gesehen? Wir haben seit ein
paar Stunden keine Nachricht mehr von ihm. Alle anderen
Luftschiffe sind eingelaufen."

„Nein, Herr Kapitän!"

„Dann halten Sie bitte Ihr Schiff so klar, daß Sie
sofort hochgehen können, um L 19 auf See zu suchen."

„Zu Befehl, Herr Kapitän!"

„Danke!"

Die Tür klappte.

Eigentlich hätte er jetzt schlafen gehen sollen, aber daran
war nun nicht zu denken. Ferngespräch mit dem Flottenchef,
damit sofort Torpedoboote und leichte Streitkräfte in See
geschickt werden! L 11 muß warten, bis dieser dicke Nebel
weg ist! Vorher hat die Sucherei aus der Luft gar keinen
Sinn! —

So rann der Tag.

Nein, — er verrann nicht in stumpfem Grübeln. Dazu
war Peter Straffer nicht der Mann. Er hatte es immer so
gehalten: Wenn er mit etwas fertig werden mußte, dann

120

stürzte er sich mit wahrer Wut in die Arbeit. Und es gab, weiß Gott, genügend Arbeit für den Kommandeur der Marine-Luftschiff-Abteilung, die nun schon auf viele tausend Mann mit einem halben hundert Offizieren oder noch mehr angewachsen war. Fuhlsbüttel, Leipzig, Hage, Tondern, Kiel. Düren, Düsseldorf, Namur, Biesdorf. Alhorn, und wie die Luftschiff-Detachements und -Häfen alle hießen, wollten versorgt sein mit Luftschiffen, mit Gas, mit Bomben, mit Betriebsstoffen, Proviant, Truppmannschaften, Schiffspflegetrupps, Besatzungen, Bewachungsmannschaften und was es noch alles gab. Eigene Fernsprechleitungen und Funkdienst verband sie alle mit dem Hauptquartier in Nordholz. Schon das genügte vollständig, um einen Kommandeur Tag und Nacht zu beanspruchen. Daß er sich außerdem für Kriegsfahrten überhaupt freimachen konnte, war nur dem allezeit geschäftigen Adjutanten zu verdanken, diesem jungen Kapitänleutnant zur See Wendt, der jetzt gerade die Verbindung herstellte nach Friedrichshafen. Dem Luftschiffbau mußte Dampf gemacht werden, damit die Ablieferungstermine eingehalten wurden. Sie schafften ja in Friedrichshafen, aber wenn man nicht Haare auf den Zähnen hatte, schnappten einem die Heeresluftschiffer glatt die neuen Schiffe weg! Das nahm ihnen an sich ja kein Mensch übel, denn sie hatten auch Verluste und wollten doch nicht klein beigeben!

Der neblige Wintertag ging schon zu Ende, da stürzte der Läufer herein, haute die Hacken zusammen: „Funkspruch, Herr Kapitän!" Der Kommandeur hielt das Blatt ans Licht: „Beabsichtige, heute nacht in Tondern zu landen", las er laut. „FT-Anlage war unklar, zeitweise 3 Motoren ausgefallen. Standort etwa Borkum, Wind ist günstig . . ."

Peter Wendt sprang auf: „Gott sei Dank!"

Der Kapitän lehnte sich an die Schreibtischkante.

„Die haben den ganzen Tag repariert, —" lachte der Adjutant. „Aber jetzt schaffen sie's!"

Der Kommandeur sah ihn ernst an.

„Also doch diese neuen Motoren! Es ist eben ein Wahnsinn, die in ein Frontluftschiff einzubauen, solange sie nicht aus den Kinderkrankheiten heraus sind. Was nützt mir da das günstigere Einheitsgewicht . . ."

Kapitänleutnant Wendt sagte: „Loewe hielt sie nun für einwandfrei . . ."

Der Kommandeur fuhr herum: „Nicht, weil sie gut waren, Wendt, sondern weil er mitmachen wollte!" Das klang heftig, aber sofort schwieg er, — sah mit einemmal das Bild vor sich: L 19 stieß aus grauen Winternebeln herunter bis dicht über die Dächer, — und unten im Garten standen sie im Schnee und winkten hinauf . . .

„Peterson ist schließlich auch lange ausgeblieben, — damals . . ." sagte Peter Wendt in die Stille hinein.

Der Kommandeur sah auf: „Bei L 12 liefen die Motoren bis zuletzt einwandfrei. Nur drei Zellen waren leergelaufen . . ." Er lachte heiser auf über dieses „nur", das völlig genügte zum Schlimmsten. —

Warum ging ihm nur dieses Bild nicht aus dem Sinn von dem hellen Schiff, das seinen Bug noch einmal neigte . .

Er schüttelte sich unbewußt.

Der Adjutant trat einen Schritt heran: „Herr Kapitän sollten sich hinlegen . . . Etwas wenigstens. Sobald eine Nachricht kommt . . ." Aber der hörte ihn nicht . . .

Längst hatte die Nebelnacht draußen alles eingehüllt, doch L 19 gab keine Antwort mehr. —

Ferngespräch nach Tondern. Kapitänleutnant v. Schubert, der stellvertretende Detachementsführer, war am Apparat. Nein, — L 19 war noch nicht da. Noch immer

122

nicht. Die Halle stand offen. Die Haltemannschaft war in Bereitschaft.

„Und der Brennstoffvorrat?"

„Muß längst aufgebraucht sein", kam es gepreßt durch den Draht. —

Die Nacht war lang, — entsetzlich lang und schwer. Immer wieder starrte der Kommandeur auf die Buchstaben, ohne zu lesen. Immer wieder zwang er sich doch dazu. Vielleicht sollte man doch eine halbe Stunde schlafen, — aber im Halbschlaf peinigte ihn dann der Gedanke, daß die Männer von L 19 jetzt vielleicht die letzte Leuchtkugel schossen, — daß die Wellen der See gegen den Schiffskörper schwabbten . . .

Peter Strasser faltete die Hände wie im Krampf. Dann fragte er wieder bei der Flottenleitung an und in Tondern. Niemand hatte mehr L 19 gesehen. —

Licht stand schon fahl hinter grauen Schleiern, da schrillte die Glocke. Aber es war nur der Flottenchef, der selbst nur fragen wollte. —

Und langsam schlich ein Wintertag über die Heide, an deren hartem Kraut unzählige graue Tränen hingen. —

Die Fahrtberichte der einzelnen Schiffe trafen ein, sauber geschrieben. In siebenfacher Ausfertigung, wie das vorgeschrieben war, sieben Barographenstreifen dabei, — sieben Auszüge aus dem Fahrtenbuch, — dazu die Kartenskizzen und Ballastbuchblätter. Fahrtaufgabe, Wetterlage, Windverhältnisse, Besatzung, statische Fahrtbedingungen, Ausfahrt aus der Halle, Verlauf der Landung, Einfahrt in die Halle, Fahrtleistung, Verbrauch an Betriebsmitteln, genauer Fahrtverlauf mit Uhrzeiten, Skizze der Ballastverteilung mit Dienstladung, Nutzladung und allen Unterschriften. Der „ganze Schriftladen", wie das die Kommandanten ärgerlich nannten, und der doch nötig war, um die Erfah-

rungen auszuwerten. Von jedem Luftschiff war der Bericht
da, — nur von L 19 fehlte jede Nachricht. —

Am Abend rief Tondern an. Sie wollten ein Telegramm
an Frau Loewe schicken: „Infolge heutigen Luftschiffver-
lustes wird Kapitänleutnant Loewe vermißt. Punkt. Nähere
Angaben brieflich. 5. Marine-Luftschiff-Detachement."

Peter Strasser sagte nur: „Einverstanden!" Dann setzte
er noch hinzu: „Und dann schreiben Sie gleich einen Brief
dazu, Schubert..." —

Dann war wieder Nacht.

Jetzt mußte das Telegramm dort sein, — und morgen
kam ein Brief, der nichts sagen konnte... Die Uhr tickte
plötzlich ganz laut, die Luft sang in den Ohren, — oder war
es der Wind, der über das Feld strich, — der wieder um
die hohen Funkenmasten heulte? Die kalte Nacht war ohne
Trost, aber Peter Strasser ruhte nicht lange. Neue Angriffe
mußten vorbereitet werden. Trotzdem und gerade deshalb!

Am nächsten Morgen schrillte die Klingel: „Holländische
Telegraphenagenturen melden, daß ein Luftschiff in geringer Höhe im Nebel über Holland gefahren ist."

„Und ist gelandet?" Die Stimme des Kommandeurs
war heiser.

„Davon ist nichts gesagt. — Nur, daß die Holländer es
wegen Neutralitätsverletzung beschossen hätten..."

Peter Strasser sagte nichts. Er dachte an die Schüsse
auf L 7 und an Hirschs Worte: „Jedes Kriegsschiff darf
bei Not neutrale Küste anlaufen, aber wir Luftschiffer sind
ausgeschlossen..." —

Der Dienst ging seinen Weg. Es blieb nicht viel Zeit
zum Grübeln. Schließlich kein Wunder, war doch die Abteilung von 120 längst auf 7000 Mann angewachsen, die sich
auf 12 Luftschiffhäfen verteilte. 20 Luftschiffe waren nun
gleichzeitig in Dienst. Kapitänleutnant Mathy war da mit

124

allerlei Verbesserungsvorschlägen. Und auch Oberleutnant zur See Peterson wollte etwas. Der Kommandeur sah den jungen Offizier freundlich an: „Sie haben damals alles über Bord geworfen, um L 12 zu erleichtern?"

„Zu Befehl, Herr Kapitän..." Er stockte und sagte dann, ohne das Gesicht zu verziehen „... zuerst das Tagebuch und den ganzen Schriftkram..." Er blinzelte zu den Aktenstapeln auf dem Tisch.

Der Vorgesetzte gab ihm die Hand. Der Peterson hatte das alles schon wieder hinter sich, — die Stunden, in denen sein Luftschiff sich mühsam durch das Wasser schleppte, — in denen es tiefer und tiefer sank, — das war nun alles längst gewesen, — ein halbes Jahr her, — und was war nicht ein halbes Jahr in diesem Krieg! Recht so, der Peterson! Sah nur voraus! War ja auch jünger. Er nickte ihm freundlich zu. —

Am folgenden Tag lag dieser Durchschlag bei den Postsachen: „Verhandelt!" Peter Strasser las das Schriftstück Zeile um Zeile: „Heute fand die Aufnahme des Nachlasses des infolge der nicht erfolgten Rückkehr des Marine-Luftschiffes „L 19" von einem Unternehmen vermißten Kapitänleutnants Loewe durch die unterzeichnete Kommission statt. Es wurden folgende Gegenstände vorgefunden und unter Verschluß genommen..." Alles war dann aufgeführt, — und der Kommandeur müßte nun auch schreiben, — aber er schob es noch einen Tag hinaus. Als dann noch immer keine Nachricht da war, schrieb er den Brief. Es war nicht der erste, den er schreiben mußte, — es würde auch nicht der letzte sein, — doch es war entsetzlich schwer, um Worte zu ringen, die... „Seine Kriegsverdienste sind mehrere mit großem Geschick und Erfolg durchgeführte Aufklärungs- und Angriffsfahrten, die uns allen in rühmlichster Erinnerung bleiben werden..." Er las den Brief noch einmal durch und schrieb dann mit steiler Schrift seinen Namen in drei Absätzen. Der Endstrich der R war wie eine wehende Flagge. Ja, — die Flagge mußte weiter wehen ... —

Als der Brief weg war, wurde er an den Fernsprecher gerufen: „Nach einer Reutermeldung hat der englische Fischdampfer „King Stephen" auf der Nordsee ein auf dem Wasser treibendes Luftschiff gesehen ..." Die Hand mit dem Hörer zitterte: „Dann sind sie gerettet?"

Es knackte ein paarmal im Draht, dann kam die Stimme von fern und war müde: „Nein ... Der Dampfer habe die Besatzung nicht retten können ..."

„Bei diesem ruhigen Wetter? Das ist doch ausgeschlossen! 16 Mann mußte er doch unterbringen können ..." Er ballte die Faust. Können? Mußte das nicht „Wollen" heißen? Er hängte müde ein, ohne sich zu bedanken für den Anruf, — ohne sich zu verabschieden. — Krieg ist Krieg! Und in jedem Krieg gibt es Tote, — gibt es Hinterbliebene! Und wir sind Manns genug, dieses Schicksal zu tragen. Schwer aber ist es, gegen solche Niedertracht anzukämpfen. Schwer, weil es uns Deutschen völlig unverständlich ist, wie man auch nur einen einzigen Menschen mehr opfern kann, als es unbedingt nötig ist. Wir retten auch jeden Feind, — wenn es sein muß, sogar mit Lebensgefahr!

Er starrte vor sich hin, um sich gleich darauf hochzurichten.

Wir werden auch das ertragen! Wir werden die Gemeinheit des Feindes auch jetzt nicht nachmachen! Doch unsere Arbeit soll unnachsichtlich eingesetzt werden, den Feind zu schlagen! Das ist der schönste Dank an unsere Toten, — ist ihnen das schönste Denkmal! Dann bleiben die Kameraden doch immer unter uns! —

So war Peter Strasser immer gewesen. Er war nicht hart, ohne Empfinden. Er fühlte mit. Jeder seiner Männer

126

nahm ein Stück von ihm mit in den Tod, doch jedes Erlebnis, jeden Verlust, formte er um in eine Kraft, die ihn nicht nur zu gleicher Leistung, sondern zu stärkerem Einsatz befähigte. Sein Wort war wahr: daß kein Toter ihn verlassen hatte, — noch verließ ...

*

Als Peter Straffer eines Morgens an seinen Schreibtisch trat, fand er einen Packen englischer Zeitungen dort.

Er blätterte umher. Da war etwas angestrichen. „Das ist ja kaum glaublich, Wendt! Die Engländer geben jetzt zu, daß „King Stephen" die Besatzung L 19 nicht gerettet habe, obwohl er in Rufweite herangekommen war ..."

„Und in der anderen Zeitung, Herr Kapitän ... Ja, dort, — da steht die Billigung dieses Verhaltens durch einen englischen Bischof."

„Aber das ist doch unmöglich ..."

Nein, — es war nicht unmöglich, — hier stand es schwarz auf weiß und war mit allem Nachdruck in aller Oeffentlichkeit gesagt.

Peter Straffer sah lange auf das Blatt. Dann faltete er es zusammen mit spitzen Fingern, schob es zur Seite. „Ich beneide sie nicht, trotzdem hinter ihnen die ganze Welt steht mit Waffen und Geld ... Ich beneide sie nicht: ‚King Stephen‘, ‚Baralong‘ .. Wie wollen sie das jemals abwaschen?"

„Sie haben sich daran gewöhnt, nur Erfolg zu wollen, ganz gleich mit welchen Mitteln ..."

„Wir müssen sie sehen, wie sie sind ...", sagte der Kom-

127

mandeur hart. „Wir haben sie bisher viel zu sehr mit u n -
s e r e n Augen gesehen." — Er preßte die Zähne zusammen und arbeitete wieder. —

Schnee rieselte müde über das weite Feld. Da hinten
gingen die Posten an den großen Doppelhallen auf und ab
und vor der Gasanstalt. In den Kasernen wurde „innerer
Dienst" getan. Die Luftschiffe ruhten in den Hallen auf
ihren Böcken. Ein paar Mann vom Pflegetrupp waren in
jedem Schiff tätig, — dichteten Zellen, — sahen Magnete
nach, — prüften Steuerzüge. Und in Lübeck saß eine Frau
mit zwei kleinen Kindern, — Frauen und Eltern und
Bräute und Kinder... Sie alle klammerten sich noch an
winzige Funken Hoffnung, — die man ihnen heute nun
auch noch ersticken muß...

Er wendete sich, — schob wieder den Stuhl an den
Schreibtisch und schrieb mit seiner steilen Schrift:

„Nordholz, 8. II. 16.

Sehr verehrte, gnädige Frau!

Haben Sie Dank für Ihren tapferen Brief. Leider kann
ich Ihnen keine Hoffnung mehr machen. Das Gerücht von
den 9 Geretteten bewahrheitet sich nicht. Der englische Fischdampfer hat die Rettung schändlicherweise verweigert. Und
wenn ein anderes Fahrzeug Hilfe geleistet hätte, so müßte
davon nunmehr irgendeine Kunde da sein.

Eines unserer Torpedoboote hat ein Benzinfaß vom
„L 19" gefunden. Ich habe das Faß besichtigt; es kann nur
von dem untergegangenen Luftschiff sein.

So mancher unserer Luftschiffkameraden ist der L-19-
Besatzung vorausgegangen in todesverachtender Pflicht-

128

Besuch des Flottenchefs in Alhorn zur Ueberreichung des „Pour le mérite" am 4. September 1917

Von links nach rechts (stehend): Kptlt. v. Freudenreich, Korv.=Kpt. Hintzmann, Kptlt. Bockholt †, Kptlt. Stabbert †, Hptm. Manger †, Kptlt. Dietrich, †, Kptlt. Schwonder, Admiral Scheer †, Kpt. z. S. v. Levetzow, Korv.=Kpt. Schütze †, Freg.=Kpt. Strasser †, Kptlt. Kühne. Kptlt. Gayer, Kptlt. Dose, Kptlt. Hollender. Oblt. Schmidt, Oblt. z. S. Friemel, Marine=Ing. Peetz, Marine=Zahlm. Meier, Oblt. z. S. Rothe †, Oblt. Schmidt, Kptlt. Wendt ?
Sitzend: Lt. z. S. v. Schiller, Lt. z. S. Bassenge, Oblt. z. S. d. R. Gruner †, Oblt. z. S. Frey

L 11 (Korv.=Kpt. Victor Schütze)
über den Wolken

L 13 (Kptlt. Mathy) auf Vorposten

erfüllung; viele andere werden noch folgen müffen! Seien
Sie tapfer, gnädige Frau, so wie Ihr Mann der Tapferften
einer war.

Ich drücke Ihnen im Geifte die Hand als Ihr sehr er-
gebener

Straffer

Korvettenkapitän und Kommandeur
der Marine-Luftfchiff-Abteilung."

Er legte die Feder zurück und nahm einen Briefumfchlag
aus der Schublade.

Da kam ihm der letzte Brief feiner Mutter in die Hand,
den er länger unbeantwortet gelaffen hatte, wie das fonft
feine Gewohnheit war. Eigentlich mußte er ihr doch fchrei-
ben. Nein, — leicht war das heute nicht, aber dann fchrieb
er doch:

„Liebe Mutter!

Deine Ausführungen habe ich aufmerkfam gelefen. Ich
kann und will aber in der Sache nicht fchieben. Es ift feine
eigene Schuld, wenn er im Kriege nur gemeinen Rang be-
kleidet. Mit folchen Krampfadern und Herzfehlern konnte
man im Frieden vom Waffendienft freikommen, wenn man
wollte, weil wir Ueberfluß an Menfchenmaterial hatten.
Wer damit dienen wollte, weil er die Erledigung der Dienft-
pflicht als Freude und Ehrenfache anfah, der konnte das.
Leider wurde in vielen folchen Fällen das Freikommen des
Betreffenden noch als freudiges Ereignis angefehen, und
leider hat der Staat es verabfäumt, den Betreffenden für
das Nichtdienen eine tüchtige, ihrer Vermögenslage ange-
meffene Steuer aufzuerlegen.

Wenn sich einer nun in der untergeordneten Beschäftigung eines Hilfskrankenwärters nicht wohl fühlt, so ist er selbst schuld und ich mische mich da nicht hinein.

Unangenehmen Dienst im Kriege kenne ich nicht, keine Hilfeleistung, welcher Art sie auch sei, ist im Kriege erniedrigend und ekelhaft. Scheint es jemand so, dann liegt es an seiner unrichtigen Auffassung. Und von gefährlich kann gar nicht gesprochen werden. Jeder, der nach den zum Teil unsinnigen Bestimmungen nicht felddienstfähig ist, kann hinter der Front sitzen, weil er irgendein kleines Leiden hat, Millionen anderer aber bieten ihren gesunden Leib mit Freuden den feindlichen Kugeln dar und sind den ungeheuren Anstrengungen des Kriegsdienstes ausgesetzt.

Also, liebe Mutter, nimm es mir nicht übel, aber in der Sache tue ich nichts. — Ich hoffe, daß es Euch allen gut geht. Schick mir nur gelegentlich die leeren Gefäße, Gläser und Kruken zurück, damit ich mich nach neuer Füllung umtuen kann.

Mit besten Grüßen

Dein Sohn Piter."

Er ließ die Feder sinken. Vielleicht wird Mutter jetzt traurig sein, Mutter, die allen Menschen helfen will. Aber ich kann nicht anders . . .

*

Nach dem frühen Mittagessen zog sich der Kommandeur das warme Angriffsfahrtenzeug an. Erst die Papierunterwäsche. Darüber wurden die Wollesachen gestreift und dann kam der kamelhaargefütterte Mantel. Die Kleider

rochen nach Benzin, Oel, Gas und Gummi. Wenn einmal
der Krieg zu Ende wäre, immer würde man bei diesem Geruch unwillkürlich die gleichen Empfindungen haben: Stolz,
Ungewißheit, Spannung, — aber auch eine Müdigkeit, —
irgendeine unstillbare Trauer, — über allem aber doch
immer wieder unbändiger Stolz!

Peter Strasser schlang das Halstuch um. Dabei glitten
seine Blicke über all' die Gegenstände, mit denen er täglich
zusammen war. Kleinigkeiten waren es, — gewiß für jeden
fremden Menschen ohne Wert. Auch für ihn waren es keine
Kostbarkeiten, doch er mußte auf einmal an den Schreibtisch
von Kapitänleutnant Hirsch denken, auf dem noch alles so
gelegen hatte, als wäre Klaus Hirsch nur eben zum Kaffee-
trinken ins Kasino hinüber gegangen. Gerade so hatten die
Sachen dagelegen. Und an der Wand hatte noch das „Tor-
pedobootjakett" gehangen. Aber Klaus Hirsch war bereits
verbrannt, — hatte schon die Strecke Weges durchschritten,
die ihm zugemessen war . . .

Peter Strasser preßte die Lippen zusammen. Dort lagen
noch unerledigte Akten. Vielleicht würde da ein anderer seine
Unterschrift darunter setzen müssen . . . Nein, — das war
keine Angst, — das war kein jämmerliches Sträuben gegen
ein Schicksal, das er nicht anerkennen wollte, — es war nur
das ruhige Erkennen eines Mannes, der nicht gewohnt war,
sich etwas vorzumachen. Sein Entschluß, wieder seine Luftschiffe selbst zum Angriff zu führen, war keinen Augenblick
dadurch in Frage gestellt worden. Er war stark genug, dies
ertragen zu können, ohne sich erst in besondere Stimmung
versetzen zu müssen. Er war Manns genug, die Kraft hierzu
nur aus sich selbst zu schöpfen, — nicht erst zuvor seine
Kräfte künstlich aufputschen zu müssen.

Jetzt nahm er die Handschuhe. Von der riesigen Drehhalle herüber klang schon das Brausen der Maschinen im

Probelauf. Da brachte der Läufer noch Post. Peter Strasser legte noch einmal die Handschuhe hin. — Ein, — zwei persönliche Briefe. Er schob sie zur Seite. Das Eigene war jetzt fern, — mußte nun fernbleiben, auch wenn es diese Schriftzüge trug. Aber dieses Dienstliche da! Er riß den braunen Umschlag auf, der umgeklebt war und im Innern eine alte Anschrift trug. Als erstes fiel ihm ein schmutziger, zerknitterter Zettel in die Hände:

„Abs. Ober-Masch.-Maat Georg Baumann, Marine-Luftschiff L 19, in Seenot geraten am 1. Februar 1916, nachmittags 4 Uhr. Liebe Gretel und Kinder: Befinde mich augenblicklich in großer Gefahr. Sind mit unserem Schiff ins Wasser gefallen. Liebe Gretel, bis zur letzten Minute auf Rettung hoffend. Ist es anders bestimmt, nun so ist es Gottes Wille. Getreu bis in den Tod gewesen und küßt Dich und die Kinder herzlich Dein treuer Georg."

Der Läufer stand noch.

„Es ist gut!" sagte der Kommandeur.

Der Mann machte eine stramme Wendung und polterte hinaus.

Peter Strasser setzte sich noch einmal und band das Halstuch los.

Die schwedische Jacht „Stella Smögen" hat an der schwedischen Küste am 22. Februar 1916 eine Thermosflasche aufgefischt . . .

Georg Baumann, das war der Obermaat mit dem Spitzbart! Er nickte vor sich hin. Am 1. Februar nachmittags 4 Uhr, — das war also die Stunde, als gerade der Funkspruch abgegeben worden war, daß L 9 nachts in Tondern landen wolle, — der letzte Funkspruch, der nicht zu Ende gesendet wurde.

Peter Strasser legte den verschmierten Zettel sorgsam in den Umschlag zurück. „Bitte sofort den Brief abschreiben

132

laſſen und zunächſt nur die Abſchrift an Frau Baumann ſchicken!" Fünf Kinder hat ſie daheim. Aber, das ſprach er nicht aus. Er zog ſein Halstuch feſt und ging mit ſicherem Schritt zur Tür: „King Stephen!" ſagte er nur vor ſich hin.

*

In dieſer Nacht griffen L 9, L 11, L 13, L 14, L 15, L 16 und L 22 England an. Der Kommandeur ſtand mit zuſammengepreßten Lippen in der Führergondel des L 14. Die Abblendung war gut. Ein paarmal mußten Leuchtbomben mit ihren Splitterſternen den Weg beleuchten. Voraus fingerten Dutzende von Scheinwerfern. Verſchiedene Luftſchiffe waren wohl ſchon im Angriff, nur L 9 und L 11 hatten wegen Motorſchaden umkehren müſſen. In dieſem Augenblick kam Funkſpruch von L 13, daß er angeſchoſſen wäre, aber noch planmäßig ſeine Munition über Lowestoft abgeworfen hätte. Jetzt wäre er auf dem Heimweg.

„Das iſt echt Mathy!" nickte der Kommandeur anerkennend. „Anſtatt ſofort Schluß zu machen . . ."

„Mathys 11. Englandangriff!" beſtätigte Kapitänleutnant der Reſerve Böcker. „Keiner von uns war ſo oft drüben . . ." Er ſtand breitbeinig, die Hände in den Taſchen, der richtige alte Handelskapitän.

Sie blickten in die Lichtkegel voraus und jeder dachte das gleiche: Möge er auch diesmal heimkommen, der liebe Kamerad!

„Wir müſſen die Antenne einholen!" ſagte jetzt der Kommandant. Da reichte der Oberſignalmaat wieder einen Funkſpruch hin. Im Schein der Taſchenlampe laſen ſie: „Bin ſchwer getroffen. Oſtende Feuer anſtecken. L 15."

Das war wie eine eiskalte Hand.

Und bald danach: „An Hochseechef, M. L. A. Brauche sofort dringend Hilfe zwischen Themse und Ostende. L 15."

„Nun auch Breithaupt und Kühne. Ein Jammer ist das!"

„Die 32 000-Kubikmeter-Schiffe sind eben zu klein", sagte Böcker ruhig. „3900 Meter statische Gipfelhöhe ist zu wenig. Und unseren Schwan hier bekommen wir bei dieser Temperatur mit unserer Bombenlast ja kaum auf 3000 Meter..."

Er hatte recht, der Böcker, — aber deshalb kehrtmachen? Nein, das wollte er auch nicht, wie der Kommandeur das nicht wollte und wohl keiner an Bord. Nein, — L 14 wendete auf diese Nachrichten hin nicht den Bug! „Klar zum Angriff!" hallten die Lautsprecher im Schiff. Der Wachoffizier lag am Schaltbrett der Bombenwurfeinrichtung auf dem Bauch, das Auge am Pendelfernrohr. — L 14 fuhr in das Feuer hinein. — Erst ein paar kleinere Bomben, um das Ziel zu bestimmen und die Scheinwerfer auszulöschen, dann zeichnete L 14 mit brennenden Punkten seinen Weg über Cambridge nach London. Die Explosionen seiner Bomben waren so stark, daß schwere Luftwellen vom Boden herauf die Gondeln trafen. Die Männer an Bord mußten sich festhalten, während Hunderte von Schrapnellen im Bogen zu ihnen hinaufzüngelten, während Qualm und tiefrote Schleier sich tief unten in das Land hineinfraßen. Im Widerschein der Leuchtkegel lag London nun deutlich unter ihnen. Ueberall legte der Feind Abwehrsperren. Glühende Punkte eilten waagrecht unter den Sternen: Jagdflieger. Es ging wirklich ums Leben. Wieder einmal.

Doch der Kommandeur stand unbewegt, beobachtete Schußgenauigkeit und Anzahl der Batterien, Findigkeit, Beweglichkeit und Schußhöhen. Er verglich sachlich und erkannte, wie wenig Aussicht bestand, L 14 durch diese Ab-

134

wehr hindurch nach Hause zu bringen. Aber immer wieder gelang es, die Scheinwerferstrahlen abzuschütteln, durch Blendbomben das Abwehrfeuer abzulenken, durch Ausgabe des letzten Ballastes die Höhe zu ändern. —

So kam auch diesmal wieder L 14 heim.

223 Bomben waren in dieser Nacht über England geworfen worden.

Und jetzt stand der Kommandeur mit Kapitänleutnant Mathy vor dem in der Halle liegenden L 13.

„Das sieht ja übel aus."

Mathy zeigte hinauf: „Zwei Vollgranaten sind seitlich durch das Schiff geschlagen und haben die Gaszellen 10 und 12 zerstört."

„Und damit haben Sie noch Lowestoft angegriffen?"

Heinrich Mathy lächelte: „Los mußte ich den ganzen Zimt doch werden, um nach Hause zu kommen. Da sollten ihn doch lieber die Beefs zu schlucken kriegen als die Fische. — Und..." Er war jetzt ernst. „...schließlich stirbt sich auch der Heldentod leichter, wenn man zuletzt noch einen Sieg davongetragen hat..." Er ging ein paar Schritte vorwärts und sagte dann, wie nebenbei: „Ganz wohl war mir ja nicht beim Angriff ... Die Batterien schossen verteufelt gut. Und man kann sie ja jetzt überhaupt nicht mehr zählen aus der Luft, — so viele sinds geworden ... Und außerdem haben die Engländer im Hydepark falsche Straßenlaternen aufgestellt und haben an der Stadtgrenze scheinbar ganze Stadtteile markiert..."

„Aber die Themse verrät ja doch den ganzen Schwindel", sagte Strasser, „sie vergessen, daß wir gewissenhaft nach Karten angreifen." Er sah den andern an. „Aber in Ihrer Haut hätte ich auch nicht gern gesteckt, Mathy! Seien Sie nur vorsichtig."

„Einen Augenblick lang dachte ich ja auch..."

Er schwieg kurz und fügte dann mit einem leisen Lachen hinzu, so als wolle er das Ungesagte wieder abschwächen: „Es knisterte so reizvoll . . ."

Der Kommandeur sah seinen erfolgreichsten Kommandanten ernst an:

„Daß Sie nicht gebrannt haben . . ."

„Versteh ich auch nicht, Herr Kapitän, — versteht keiner von uns."

Sie gingen unter dem Schiff entlang.

„Ihre Leute haben ja einen brüllenden Husten . . ."

„Ja, — diese saukalten Hallen . . ."

Dann waren sie auf dem weiten Feld. Dort drüben der Platz von L 15 war leer. 16 gute Kameraden fehlten wieder.

Kapitänleutnant Mathy schob die Hand in die Tasche und blickte zum Himmel: „Wann steigt der nächste Angriff, Herr Kapitän? Unser „Pabst" hält die Wetterlage . . ."

„Heute Nacht greifen die Heeresluftschiffer an, da soll sich erst mal alles bei uns ausschlafen. Und wenn das Wetter sich hält, setze ich für morgen nacht den nächsten Angriff an." Er knöpfte sich den Lederhandschuh fest. „Aber natürlich ohne L 13."

Mathy fuhr herum: „Bis morgen abend bin ich wieder fahrtklar, Herr Kapitän. Die Zellen sind bis dahin ausgewechselt. Ich hab' dem „Beutelsnider" schon Dampf gemacht. Und außen kleben wir was drüber. Das Gerüst hat ja glücklicherweise nichts abbekommen." Er sah den Vorgesetzten listig von der Seite an: „Ob ich allerdings den Papierkrieg bis dahin geschafft habe, — weiß ich nicht . . ."

Da kam der Adjutant und schwenkte ein Blatt wie eine Fahne: „London meldet Abschuß L 15. Besatzung gerettet, Schiff gesunken." Der Kommandeur blieb einen Augenblick tief atmend stehen.

Dann ging er wortlos in sein Zimmer zurück. Da lag

136

ein Telegramm seiner Mutter, und er schrieb sofort nach Dresden.

„Liebe Mutter! Heute vormittag erhielt ich Dein Telegramm. Du brauchst keine Sorge zu haben. 1. passiert mir nichts, und 2. würde, wenn mal nicht alles glatt ginge, mein Adjutant Dir sofort Nachricht geben. — Hier ist schönstes Wetter, und wir marschieren gen England. So habe ich die ersten Stunden meines Geburtstages über London gestanden. Es war für uns oben wieder wunderbar, märchenhaft, für die unten muß es furchtbar gewesen sein. Die Riesenstadt ganz dunkel, aber trotzdem alles klar zu sehen: Der Lauf der Themse, die Brücken, die Häuserblocks, Straßen, Docks usw. Dutzende von Scheinwerfern suchten uns, und des öfteren hatten sie uns hell erleuchtet. Hunderte von Geschützen unterhielten fortgesetzt ein lebhaftes Feuer gegen uns mit dem Erfolg, daß der ganze Granathagel wieder auf London herunterprasselte. Da lachen wir drüber, sagte ich zum Kommandanten, und wohl gezielt, in aller Ruhe ließ er unsere furchtbaren Bomben abwerfen. Unten spritzten die getroffenen Gebäude auseinander, und Brände wuchsen wie Pilze hervor. Erst um dreiviertel drei früh wendeten wir London den Rücken und brausten nach Hause. Ich hatte inzwischen die Funkenmeldungen meiner anderen Schiffe erhalten, daß auch sie ganze Arbeit gemacht hatten. Leider meldete L 15, daß er schwer angeschossen sei und nicht mehr nach Hause könne. Daß die Engländer aber das Schiff nicht in ihren Besitz bekämen, dessen war ich sicher, und so kam es auch. Der Kommandant ist zwar mit seiner Besatzung gefangen, aber seinen L 15 hat er vorher versenkt.”

— Er schrieb das schnell, denn da war der Adjutant schon wieder mit dem Posteingang. Nur: „Also, niemals Sorge um mich. Ich komme immer durch. Herzlichen Gruß Dein Sohn Piter.” konnte er noch darunter schreiben, mit kurzen

Grüßen an die Schwestern. Dann war er schon wieder ganz im Dienst. —

L 13 wurde rechtzeitig fertig und war tatsächlich wieder mit dabei. Diesmal brachen Mathy die Maschinen zusammen, aber England erhielt 280 Bomben, und noch zwei weitere Nächte stoben deutsche Luftschiffbomben aus der Höhe herab.

„King Stephen!" sagte Peter Strasser nur.

*

Der fremde Gast besah sich genau seine Zigarre: „Es ist sehr eigenartig hier bei Ihnen..."

Peter Strasser fragte: „Eigenartig, señor?"

Der andere lächelte etwas verlegen: „Wenn man von draußen in dieses blockierte Deutschland hineinkommt, dann wundert man sich. Ihr macht noch immer weiter..."

„Unsere Kriegsaussichten stehen günstig. Die U-Boote machen saubere Arbeit. Im Westen gehts vorwärts, und im Osten steht immerhin Hindenburg. Und daß wir mit den Luftschiffen an der Arbeit bleiben, hat man ja nun gesehen — und wird es sehen..."

Der spanische Offizier musterte ihn: „Ihr habt so viele Siege in den 2 Jahren wie kein anderes Volk in 10. Eure Feinde haben euch natürlich schlecht gemacht, wo es nur ging..." Er klopfte die Asche von seiner Zigarette.

„...und die Welt hat sofort geglaubt, daß wir den Kindern die Ohren abschnitten, die Frauen..."

„Die große Herde hat das geglaubt. Wir nicht." Er wurde rot unter Strassers forschendem Blick: „Oder, — nur so ein klein bißchen..." Und setzte sehr eifrig hinzu: „Sie müssen uns verstehen, señor Kapitän: Wenn man Jahre

lang so was hört und Bilder sieht, dann glaubt man schließlich, etwas Wahres müßte dran sein, — sonst würden die
anderen mehr dagegen sagen, oder.." er zögerte, „.. wenn
Sie entschuldigen..."

„Sprechen Sie nur ganz offen.." nickte ihm Strasser zu.

„Oder.. es geschickter tun, so daß es auch die verstehen,
die nicht ans Nachdenken gewöhnt sind. Aber die antworten,
wenn man ein gutes Wort von euch sagt, daß euer Reichs-
kanzler ja selbst gesagt hätte, ihr hättet Unrecht an Belgien
getan. Und wie ihr die „Lusitania" versenkt habt, da hat er
eine Entschädigung versprochen, und beim Sussexfall und..
Wer macht so was, wenn er ein gutes Gewissen hat? Und
wenn er stark ist, sagen die Leute..." Er paffte ein paar
Ringe sorgsam in die Luft. „Aber das ist es eigentlich nicht,
was ich meine: Ich war vor einiger Zeit in England. Da
habe ich auch einen von euren Raids miterlebt. Es war schon
schrecklich, das muß ich sagen. Für die Bevölkerung hauptsächlich. Aber wir Soldaten sehen so etwas ja anders. Ich
fand vor allem schrecklich, wie ihr es wagen könnt, mit euren
Gasluftschiffen in solches Sperrfeuer hineinzufahren. Viele
hundert Batterien warten auf euch, viele Geschwader
Nachtflugzeuge..."

„Wir haben uns bisher zu wehren gewußt, — wir werden uns weiter wehren..."

„Aber es ist ein Wettlauf zwischen eurer Steigfähigkeit
und der der englischen Brandgeschosse. Das Ende dieses
Kampfes..." Er schloß den Satz nicht.

„Ein Soldat kann fallen", sagte Peter Strasser ruhig,
„wenn er ins Feuer geht." Und er glaubte, das Häusermeer
der Weltstadt zu sehen, das unter dem leuchtenden Nebel
lag, zu dem lohende Brände heraufflackerten und tausend
Blitze von Einschlägen und Abschüssen, auf den die bleichen
Strahlen wiesen.

„Ins Feuer geht... Aber Sie gehen mit 30 000 Kubikmeter Gas ins Feuer. Sie haben mehr Aussicht, von
einer Granate oder einem Flieger getroffen zu werden, als
die unten von einer eurer Bomben." Er sah sein Gegenüber
aufmerksam an und sagte dann lebhaft: „Aber Sie werden
trotzdem gehen! Ich weiß! Ich weiß! — Aber was mich dabei so wunderte... Ihr seid ganz anders, wie man sich vor-
stellt..."

„Mit Bärenfellen auf Hunnensätteln?" lachte Straßer.

„Das nicht, — aber auch gar nicht so düster, — so ,in
den Tod verliebt'... Ach, das hört sich sicher dumm an, aber
ich fand unter Ihren Offizieren keinen, auf den das gepaßt
hätte. Sie sind, entschuldigen Sie, viel menschlicher, wenn
ich so sagen soll. Wenn man Sie hier so lachen hört, — aber
das ist auch wieder nicht krampfhaft, nicht leichtsinnig. Es
ist so wie die ganze Landschaft hier: Man geht den Weg
zwischen Wiesen, und da ist dann dieses Haus mit dem
hohen Dach und der Veranda unter dem Balkon, — und
das sieht so friedlich aus mit den Blumen davor und den
weißen Gartenmöbeln. Und dann hier das Zimmer mit dem
Backsteinkamin, — das ist alles so friedlich, — und dann
..." Er hob den Kopf, „...da oben auf dem Kamin dieses
Blatt..."

Peter Straßer sah hoch: The Times. Zeppelin Raid
Last night."

Der Spanier nickte: „Sehen Sie, señor Kapitän! Dasselbe Plakat sah ich in London überall, und die Menschen
sahen es nur an mit Grauen, obwohl sich, wenn es viel ist,
200 Bomben in der Nacht damit anmeldeten, die sich dabei
auf fast ganz England verteilten. — Bei Ihnen hängt nun
das gleiche Plakat hier, — aber keiner sieht an ihm vorbei,
keinem jagt es panischen Schrecken ein, obwohl es hier doch
bedeutet, daß sich auf Ihre 5 oder 10 Luftschiffe die Ab-

140

mehr von vielen tausend Schüssen vereinigt, aus Hunderten der modernsten Waffen. Sehen Sie, señor Kapitän, das ist unfaßbar..." —

An diesem Tage, die neutralen Besucher waren mit den dienstfreien Offizieren im Kasino, erreichten den Kommandeur 9 abgerissene, verschmierte und mit Blut beschmutzte Zettel. Schwedische Fischer hatten eines Nachts vor Marstrand eine Flasche im Netz gefunden, die sie erst achtlos beiseite werfen wollten. Dann erkannten sie aber Papierfetzen, und als es hell wurde, lasen sie die letzte Flaschenpost von L 19. Der deutsche Konsul in Goeteburg schrieb dies dazu.

In tiefer Bewegung hielt Peter Strasser die letzte Dienstmeldung seines Kommandanten in den Händen:

„Korv.-Kapitän Strasser, Nordholz (Lehe).

Mit 15 Mann auf der Plattform und dem First des in etwa 3 Grad O. schwimmenden Körpers (ohne Gondeln) des L 19 versuche ich eine letzte Berichterstattung. Dreifache Motorhavarie, leichter Gegenwind auf der Rückfahrt verspäteten die Rückkehr und brachten mich in Nebel, dieser nach Holland, wo ich erhebliches Gewehrfeuer erhielt; es wurde schwer, gleichzeitig drei Motorpannen.

2. 2. 16, nachmittags etwa ein Uhr, ist wohl die letzte Stunde.   Loewe."

Die Hände des Kommandeurs zitterten, als sie dieses Zeugnis der Pflichterfüllung bis zum letzten Augenblick hielten. Blut war über das Blatt geflossen, und die klammen Finger hatten wohl kaum noch den Bleistift halten können.

Alles enthielt der Bericht. Alles, was zu melden war. Nur von dem englischen Fischdampfer schrieb Loewe nicht...

Und Peter Straffer nahm das zweite Zettelchen: „An Frau Loewe, Lübeck, Hanfaftraße 13. 2. 2. 16, mittags 12 Uhr.

Letzte Stunde auf Plattform im Verein mit meinen Leuten in etwa 3 Grad 0 Länge, gedenke ich Dein! Verzeih mir alles, erziehe unsere Kinder!   Dein Odo."

Peter Straffer barg die Augen in den Händen. Er meinte, die Stimme Odo Loewes zu hören, ihn vor sich zu sehen, aufrecht mit dem freien deutschen Blick.

Und da war auch die Karte vom Wachoffizier mit der gleichen, haftigen Bleiftiftschrift, verwischt und blutverschmiert: „Nordsee, 2. 2. 16. Zwei Tage und zwei Nächte umhergeschwommen, keine Hilfe! Grüße Dich. Ein engl. Dampfer wollte uns nicht retten.   Erwin."

Leutnant zur See Braunhof war das gewesen, jung und schlank ... und da war auch ein Zettel des Junkers Uhle: „Nachdem wir nun schon 30 Stunden mit dem Meere kämpfen, ist unsere letzte Stunde gekommen. Wir haben eben gebetet, und so übergebe ich auch Dich und Walter „Gott" ..."

Obermaat Uhle, das war doch der, der 14 schon auf der „Magdeburg" verwundet worden war. Beinahe ein Jahr lang war er dann Luftschiffunker gewesen. Er sah ihn noch vor sich, damals in der Gewitternacht mit dem unerschrockenen Gesicht, als er mitten in das Blitzen hinein sagte: „Herr Kapitän, ich erhole mich ..."

Um 12 Uhr mittags hatte auch er geschrieben, Hans Dreher, der Seitenrudergänger aber schon am 1. 2. um 11 Uhr nachts: „Motoren alle versagt, letzte Stunde, lebt wohl." Doch dann hatte ihn der Tod noch nicht gleich geholt, hatte ihm noch 12 Stunden Leben geschenkt. — Leben? — Nein, Qual! Am nächsten Morgen um 11 Uhr hatte er

142

noch etwas hinzugefügt, und da er kein Papier mehr gehabt hatte, mußte er einen alten Posteinlieferungsschein nehmen. 5 Mark hatte er damals von Dresden nach Norden geschickt. Jetzt schrieb er auf die Rückseite: „Wir leben alle noch, aber nichts zu essen. Heute morgen war ein englischer Fischdampfer hier, dieser wollte uns nicht retten. Er hieß King Steffen aus Grimsby. Der Mut sinkt, der Sturm nimmt zu. Euer auch noch im Himmel an Euch denkender Hans."

Hager und ernst, mit schmalen Lippen, hatte er immer am Ruder gestanden. Nun hatte er hier seiner Braut die letzten Worte geschrieben: „Liebe Ada, sei meiner Mutter ein gutes Kind."

Zettel um Zettel nahm Peter Strasser. „Meine liebste Frau und mein lieber Alwin! Leider will es Gott, daß wir uns nicht wiedersehen..." Der Segelmacher Andreas Busch schrieb das. Auch Ober-Maschinistenmaat Baumann hatte nochmals einen kurzen Gruß hinzugefügt, Blutflecken auf dem zerknitterten Blatt. Und Otto Kruse schrieb an seine Eltern: „Wir treiben 2 Tage auf der Nordsee. Gleich ist 's vorbei..." —

„Nun ist bei mir auch die Stunde gekommen, daß ich in diesem Krieg auch mein Leben lassen muß. Ich liege auf hoher See auf einem Wrackstück von unserem Schiff. Nimm nun den letzten Gruß von Deinem Mann entgegen, es muß eben sein." Obermaat Flade schrieb das...

Lange saß Peter Strasser vor diesen abgerissenen Zetteln.

Acht Männer hatten geschrieben, von den acht anderen fehlte jeder Gruß. Sie hatten wohl einer anderen Flasche ihre letzte Post anvertraut, die vielleicht noch irgendwo schwamm oder unbeachtet angetrieben wurde oder untergegangen war. Auch diese Grüße hatten einen weiten Weg gemacht. —

Der Kapitän trat zur Wandkarte. Wie meldete doch Loewe: 3 Grad 0 Länge? Das war ungefähr in der Mitte zwischen Holland und England. Am 2. 2., mittags, stand oder vielmehr trieb L 19 hier. Am Tag davor hatte Stabbert L 19 aber noch unweit der deutschen Küste gesehen. Auch Uhle sprach am 1. 2. von der Straße Terschelling— Norwegen. Er fuhr mit dem Zeigefinger über die Karte. Dann war L 19 also glatt aus dem englischen Abwehrfeuer heimgekommen, bis auf wenige Seemeilen. Sie werden schon geglaubt haben, der Rest wäre eine Kleinigkeit. Mit L 20 konnte L 19 nicht schritthalten, also waren wohl schon die Motoren in Unordnung. Aber schlimm konnte es noch nicht gewesen sein, sonst hätte Loewe Stabbert hinübergefunkt oder gewinkt. — Vielleicht haben sie es auch getan, aber L 20 hat es nicht mehr aufgenommen? Das Wetter war ja schon wenig sichtig. Und dann mußten die Motorschwierigkeiten eingesetzt haben. Dreifache Motorhavarie meldete Loewe und Gegenwind. L 19 war also wohl mit stehenden Propellern ins Treiben gekommen. Da es Kurs auf Tondern hatte, stand es wohl nicht nahe an Land und trieb nun langsam im Ostwind nach Westen. Auch das schien aber noch nicht hoffnungslos gewesen zu sein, denn um 4 Uhr nachmittags hatte Loewe ja wohl FT und Maschinen wieder so weit klar, sonst hätte er nicht seine Ankunft für nachts in Tondern anmelden können.

Der Kommandeur überlegte hin und her.

Andererseits hatte doch Baumann in seiner Flaschenpost geschrieben, L 19 wäre ins Wasser gefallen. Und zwar am 1. 2., nachmittags 4 Uhr. Wie konnte das sein? Sollte Baumann sich nicht in der Zeit geirrt haben? — Um 4 Uhr nachmittags schien endgültig die FT unklar geworden zu sein, denn hier brach ja L 19 letzter Ruf ab. Um diese Stunde hatte aber der Nordwind schon soweit zugenommen, daß

144

L 19 nicht mehr gegen ihn ankonnte und im Nebel nach Holland getrieben wurde. Um Erdsicht zu behalten, und vielleicht auch wegen der Havarien hielt sich Loewe tief, so daß den holländischen Schützen die Wahrung ihrer Neutralität nicht schwer fallen konnte. L 19 war ja schwer geworden, trieb dabei wohl wieder auf See und konnte bei den gleichzeitig eintretenden Motorpannen nicht mehr dynamisch gehalten werden. Wahrscheinlich hatte sich das alles sehr schnell abgespielt, denn Baumanns erste Flaschenpost mußte noch bei Tageslicht geschrieben sein, sonst hätte er nicht die Zeit auf 4 Uhr nachmittags geschätzt. Scheinbar hat Loewe dann die Schwimmfähigkeit seines Luftschiffes dadurch erhöhen wollen, daß er die beiden Gondeln abwerfen ließ und sich mit der Besatzung auf den Rücken des Schiffes zurückzog. Nach etwa zwölfstündigem Treiben muß L 19 dann vom „King Stephen" gefunden worden sein. Der englische Fischdampfer muß dicht herangekommen sein, sonst hätten sie auf dem Rücken des Luftschiffes nicht Namen und Heimathafen lesen können.

Peter Straßer ging nachdenklich auf und ab.

Aber warum haben die Engländer unsere Leute nicht gerettet? Angst? Das war doch ausgeschlossen, denn was wollten 16 Mann, die bei dieser Winterkälte 36 Stunden unterwegs waren und davon 12 Stunden über Nacht im scharfen Nordost frei auf dem Schiffsrücken gekauert hatten? 36 Stunden ohne Nahrung, — ohne Schlaf, — was sollten diese 16 Mann schon noch tun können? Wahrscheinlich wäre keiner von ihnen mehr überhaupt mit eigener Kraft auf den Dampfer geklettert. Aber „King Stephen" dampfte weg und ließ 16 Menschen sterben ...

Peter Straßer ging wieder durch den Raum.

Wir müssen alle einmal sterben! Vielleicht auch noch in diesem Krieg! Was sind da 16 Mann unter Hunderttausenden? — Nein, — der Soldatentod gehört zu uns, — aber so qualvoll? Das ist entsetzlich! Im Kampf, da versteht man, daß der Feind einen vernichten will. Doch danach?

Nein, — „King Stephen" ist kein Ruhmesblatt der englischen Seeleute! Und sind nicht auch die Männer von L 15 noch beschossen worden, als sie gerade so auf dem Rücken ihres unbrauchbar gewordenen Schiffes kauerten? Und die Leute vom „Baralong" haben wehrlose deutsche Gefangene ermordet. Und wie ist es L 7 gegangen? Da ist doch noch der Brief des Maschinistenmaaten Reuter, den ein Schüler einschickte: „Von mehreren englischen Schiffen beschossen und getroffen, brach das Schiff in 1500 Meter Höhe durch und stürzte ab. Nach einer halben Stunde wurde das Wrack von einem U-Boot in Brand geschossen. Dabei kamen 11 Kameraden, teils durch Verbrennen, teils durch Ertrinken ums Leben . . ."

Peter Strasser blickte aus dem Fenster zu den Hallen hinüber.

„Das ist hier so friedlich!" hat der Spanier gesagt. Doch er sieht nur das Aeußere. Er weiß nichts von Hempel und Wenke, den Offizieren von L 7, die nun auch tot sind, weiß nichts von der Sorge um Stabbert mit seiner Besatzung, die mit L 20 an der norwegischen Küste gestrandet sind . . . Er sieht nur Gefahr, der man ausweichen müßte.

Peter Strasser lachte laut auf. Ausweichen? Kommt ja gar nicht in Frage! Und wenn der Feind hundertmal uns umbringt, statt zu retten! Das alles soll die Ueberlebenden nicht abhalten, ihre Pflicht zu tun, noch genauer, noch zäher, noch unerbittlicher! Er blieb stehen. Unerbittlicher! Nein, — wir bringen sie nicht um, wenn sie wehrlos sind, — wir lassen sie nicht ersaufen, — auch j e t z t tun wir das nicht! Wir rechnen nicht auf Dank dafür, noch auf Nachsicht, aber wir wollen Achtung vor uns selbst behalten. Mag sich der

146

Feind selbst erniedrigen, wir Deutschen tun das nicht! — Aber was wir müssen? Wir müssen den Feind erkennen, so wie er ist! Je mehr wir ihn erkennen, desto fester muß unser Siegeswille sein. Nicht unser eigenes Leben ist wichtig, sondern nur der Sieg!

*

Ein Motor dröhnte im Probelauf.

Der Kommandeur ging an dem Anschlußgleis vorbei, wo eben Gasflaschen verladen wurden.

Kapitänleutnant Mathy kam grüßend heran.

„Nun, Mathy, — noch etwas auf der Pfanne?"

„Zu Befehl, Herr Kapitän! Ich möchte Herrn Kapitän bitten, diesen Angriff nicht mitzufahren."

Peter Strasser sah ihn prüfend an, verschränkte die Arme über der Brust und lächelte jetzt verstehend: „Sie wollen lieber das Angriffsgeschwader allein führen? Viele Köche..."

Heinrich Mathys Augen waren entschlossen. Er sagte nur: „Wir sind alle ersetzbar, — Sie nicht!"

Der Kommandeur wurde ernst: „Ersetzbar ist jeder, — und ich bin so oft dabei gewesen, und noch jedesmal zurückgekommen..."

„Die Abwehr wird von Mal zu Mal schlimmer. Artillerie und Scheinwerfer werden ständig vermehrt und lernen zu. Die Flieger sind zu einer ganz ernsten Gefahr geworden..."

„Vor allen Dingen verbiete ich von jetzt ab allgemein, daß Maschinengewehre zu Hause gelassen werden, um mehr Bomben mitschleppen zu können!"

Der Kommandeur musterte den Kommandanten aufmerksam.

„Sie sind mein erfolgreichster Luftschiffführer, Mathy! Keiner war so oft drüben, wie Sie . . ."

„13mal, Herr Kapitän . . ."

„Und 3 versenkte U-Boote!" fügte Peter Strasser hinzu.

„Nicht zu vergessen. Wobei Ihnen das eine sogar 3 Granatvolltreffer verpaßte, durch Gaszellen und Steuer."

Mathy wehrte ab, als wäre das nicht der Rede wert.

„Ihr Wille zum Angriff steht also außer jedem Zweifel. Wir können somit ganz offen miteinander reden: Haben Ihrer Ansicht nach die bisher gefahrenen 38 Englandangriffe mit ihren mehreren 1000 Bomben den Verlust von etwa 10 Luftschiffen mit 160 Mann gerechtfertigt?"

„Unbedingt! Rein zahlenmäßig übertrifft unser Erfolg, nach allem, was ich selbst gesehen habe, die Unkosten, unsere Verluste eingerechnet. Stellen wir uns außerdem vor, was es bedeuten würde, wenn die Soldaten und Waffen, die wir drüben binden, in die Sommeschlacht geworfen würden . . ."

„Wie denken Sie über unsere künftigen Verluste?"

„Sie werden steigen. Selbst Peterson hat ja dran glauben müssen, nach 11 Angriffen . . ."

„Sie haben es mitangesehen?"

„Jawohl, L 32 stand vielleicht ein paar tausend Meter querab. Das Abwehrfeuer war so unheimlich, daß es ein Wunder ist, wie Peterson wohl seine gesamten Bomben vorher hat abwerfen können. Er stieg bereits, als eine Flamme aus L 32 herausschoß. Sie wurde mit einem Schlag riesengroß und erleuchtete alles taghell. Dann stürzte die Hintergondel ab, gleich darauf die Seitengondeln. L 32 brach in der Mitte auseinander und fiel als zwei weißglühende Massen in die Stadt." Als wolle er das Bild verdecken, sagte er schnell. „Ich ging sofort zum Angriff

148

vor den Wind ..." Er stockte. „Um Peterson ist es ewig schade ..." Er sah über das Feld.

„Die Verluste werden steigen?" sagte Strasser, ohne daß seine Stimme schwang. „Das ist auch meine Ansicht. Welche Folgerungen ziehen Sie aus dieser Erkenntnis?"

„Wir brauchen Schiffe von besserer Steigfähigkeit, und müssen unsere Erfahrungen systematisch verwerten. Im Süden z. B. ist London viel schwächer verteidigt. Ansteuern mit dem Wind, damit einen der schnell über die Sperren schiebt. Notfalls selbst weiße Leuchtkugeln schießen. Dann glauben die unten, es wäre das Angriffssignal eines Fliegers, stellen Feuer ein und blenden ab."

„Sie geben sich also nicht geschlagen?"

„So wenig, wie Sie, Herr Kapitän ..."

„Um schnell zum Ziel zu kommen, habe ich vorgeschlagen, die 55 000er Schiffe beizubehalten, aber ihre Steigleistung zu verbessern, meinethalben auf Kosten der Geschwindigkeit und Nutzlast."

„Das scheint auch mir der schnellste Weg ..."

„Aber vor nächstem Jahr haben wir diese Schiffe nicht. Ich wollte gerade morgen deshalb wieder verhandeln ..." Er machte eine Handbewegung, als striche er etwas aus. „Es fragt sich jetzt: Stellen wir bis dahin die Angriffe ein?"

Ohne Zögern lautete Mathys Antwort: „Nein! Solange unsere Landser an der Somme im Trommelfeuer liegen, können wir doch nicht den Laden zumachen", — er lachte kurz auf, „... weil die Sache brenzlig wird! Wir müssen den Feind zwingen, in seinem Land eine Armee zu halten gegen uns Luftschiffer, — eine Armee, die ihm anderswo fehlt!"

„Das ist auch meine Ansicht, Mathy!" — Er blickte dem anderen in die Augen. „Ich möchte Sie allerdings diesmal nicht einsetzen. Ihre Besatzung und Sie haben das meiste mitgemacht..."

„In solcher Lage sind die Erfahrensten gerade gut genug!"

„Sie sind verheiratet, Mathy!"

„Daß ich meine Frau mit hier haben darf, ist bereits eine große Vergünstigung gegenüber jedem Mann im Graben. Ich bin Soldat und will nichts anderes sein!"

Die beiden Männer verstanden sich. —

*

In der Nacht vom 1. zum 2. Oktober 1916 griffen 10 Marine-Luftschiffe England mit 201 Bomben an. Alle Luftschiffe kehrten zurück bis auf L 31, das über London von einem englischen Flieger in Brand geschossen worden war. Sein Kommandant war Kapitänleutnant Heinrich Mathy.

*

Marine-Luftschiffe standen wieder über England. Und Peter Straßer war auch diesmal wieder dabei.

Sein Adjutant hatte ihn gebeten, sich zu schonen. Seine Kommandanten hatten ihn auf die Notwendigkeit aufmerksam gemacht, daß er übrig bliebe. Die Vorgesetzten hatten befohlen. Und der „Luftschiffpabst" hatte Mutter Straßer nach Dresden geschrieben, ihr Piter sollte nun nicht mehr selbst mitfahren. Aber Peter Straßer schrieb umgehend: „Meine Mutter muß wissen, daß ich immer vorn bin und jeden Tag fallen kann."

150

Diesmal stand er aber nicht in der Führergondel, — nein, — er kauerte auf der vorderen Plattform als Ausguck. Mühsam war er im schweren Lederzeug mit den hohen Filzstiefeln die enge Leiter durch den Schacht hinauf geklettert. „Aber, Herr Kapitän, — bei dieser Kälte!" hatte der Ausguck erstaunt gesagt, doch Strasser hatte nur so nebenbei geantwortet: „Die bißchen 35 Grad?" Wenn noch ein Mann gebraucht wurde im Schiff, dann war es hier auf dem First als Ausguck gegen Flieger, wo der Wind um das Schutzschild jaulte.

Und nun kauerte er schon seit Stunden hier oben neben dem Maschinengewehrschützen, wo das Dröhnen der Motoren nicht mehr hörbar war. Längst sprachen sie kein Wort mehr. Da kam plötzlich ein unheimlicher Kältestrom über sie.

„Verflucht, was ist denn das!" Der Kommandeur schüttelte sich.

„Das gibt's hier manchmal!" sagte der andere gleichgültig. „Aus den Zellen wird Gas abgeblasen. Und das ist noch kälter als die Luft..." Und dann, mit einem Seitenblick auf Strasser: „Hat auch sein Gutes! Danach glaubt man, es wären nur 20 Grad, statt die bißchen 35!" Er schien das Wort „bißchen" etwas zu betonen.

Peter Strasser biß sich die Lippen. Der Mann hatte recht. Und hielt das auf jeder Angriffsfahrt aus, manchmal 20 Stunden lang, ohne Ablösung! Jetzt stieß er sogar den Kommandeur mit dem Ellenbogen. Der sah erstaunt auf die kleine Flasche. „Guter Grund, mal am Korken zu ziehen!" Nein, — da konnte man nicht nein sagen! Warm rann er in die Kehle, aber der andere spuckte Eisstückchen auf die Plattform. „Da hat der „Speckschnider" doch wieder gepanscht!" knurrte er wütend und steckte behutsam die Flasche weg. Ja, — so waren diese Kerls! —

Und jetzt tobte um sie herum das Abwehrfeuer. Ganz

151

eigenartig war das, anders, als der Kommandeur das bisher bei seinen Angriffsfahrten erlebt hatte, denn hier oben saß man ja auf dem Schiffsrücken, wie auf dem Boden eines gekenterten Linienschiffs, und war wirklich mutterseelenallein. Man sah keine Kameraden. Man sah die Erde nur im schrägen Winkel, und wenn die Scheinwerfer das Luftschiff gefaßt hatten, war es, als schwämme das Luftschiff in einem schmerzenden Meer von Licht. Minuten nur, dann hatte es der Kommandant schon wieder geschickt aus den Strahlen herausmanövriert, um neu anzugreifen.

Backbord voraus pendelten nun die Scheinwerfer, überschnitten sich, durchleuchteten sich wie körperlose Geister. Kleine, blaue Funken sprühten von allen Seiten, unglaublich schnell an den Flanken herauf, — so nahe, daß jeden Augenblick die Flammen aus dem Schiffskörper hervorlodern konnten. Dann hätte es keine Rettung mehr gegeben...

Doch der Mann neben ihm sagte kein Wort. Dicke, gelbe Raketen stiegen nun über das Schiff, fraßen sich langsam immer neu von unten herauf. Schrapnelle barsten krachend über, neben und hinter dem Schiff. Hier oben, fern vom Donner der Motoren, hieb ihr Pauken scharf gegen die Trommelfelle. Dumpf dröhnten schwere Explosionen aus der Tiefe herauf. Das mächtige Luftschiff sprang und erzitterte, getroffen von den Wellen der eigenen Bombeneinschläge.

Die beiden Männer auf der vorderen Plattform suchten unentwegt den Himmel ab. Sie wußten, was ihre Wachsamkeit für das Luftschiff bedeutete. Immer wieder narrte sie eine Geschoßexplosion. Steuerbord querab faßten jetzt die Scheinwerferstrahlen eine helle Wolke, — nein, — es war ein Luftschiff. Sofort kamen von allen Seiten die Strahlen herbei, es festzuhalten.

Peter Straffer biß sich die Lippen. Umsprüht von hun-

152

dert Explosionen, fuhr der Kamerad da drüben unbeirrt seinen Weg. In diesem Augenblick ließ die Abwehr mit einemmal merklich nach. Einige Scheinwerfer blendeten ab. Eine blaue Flamme schoß drüben aus dem Bug. Sofort züngelten die Flammen über den ganzen Schiffskörper bis zum Heck, fraßen sich gierig durch das ganze Schiff. Die Achtergondel brach plötzlich ab, andere Teile folgten, krachend barst der ganze Riesenfisch. Weißglühende Träger leuchteten durch rote Flammen. Prasselnd und knatternd fiel die lohende Masse langsam, dann immer schneller, um jetzt im Absturz von den Flanken des eigenen Schiffes verdeckt zu werden.

Kein Wort hatten die beiden Männer hier auf dem First gesprochen, aber der Schweiß stand ihnen auf der Stirn. Ein paar Herzschläge lang waren sie erstarrt, gebannt von dem Feuertod ihrer Kameraden. Dann schrie der Kapitän: „Achtgeben! Jetzt kommen wir dran! Das muß ein Flieger gewesen sein!"

Sie suchten zwischen Sternen und Granaten. Sie horchten, aber das Rauschen des Fahrtstromes über dem kleinen Windschutz, sein Pfeifen um das Maschinengewehr, war alles, was sie hörten, und jetzt das tausendfache Gekreisch der Sirenen auf der Insel, die „Sieg" riefen, — „Sieg" über den verhaßten Feind!

Schon blendete sie nun neues Licht. Wieder schwamm das Schiff in einem Strahlenmeer. Wieder steigerte sich die Abwehr zu einem Orkan, dessen Einzelheiten die schmerzenden Augen nicht mehr wahrnehmen konnten. Es zischte, glühte und knatterte um sie herum. Dann tropfte achtern eine Leuchtkugel vom Himmel.

„Flieger!" brüllte Straffer, und während die Abwehr verstummte, — während die Scheinwerfer verloschen, gaben die beiden Männer ihre Meldung mit Fernsprecher und

Telegraph in die Führergondel hinab. Dann waren sie am Maschinengewehr. Aber sie hatten kein Ziel. Nichts war zu sehen, — kein Flieger, — kein Licht. Würde der Angriff von vorn kommen, von achtern oder einer Seite? Die Augen brannten. Die Pulse hämmerten.

Da knatterte ein Maschinengewehr kurz auf und im selben Augenblick zog der Flieger hinter dem Heck hoch, — tiefer, als sie erwartet hatten. Sie sahen nur die Flamme seines Auspuffs, und jetzt die Flügel, undeutlich, im Widerschein ferner Brände. Grüne Striche davor, — Striche in langer Reihe vom Flugzeug ins Schiff: Phosphorgeschosse! Schon prasselte dem Feind aus allen Maschinengewehren die Abwehr entgegen. Pulverdampf beizte. Der Engländer stieß herab. Das Schicksal des Luftschiffes schien besiegelt, — ein kurzer Feuerstoß, — da bog der Flieger plötzlich scharf ab, — schwamm über den Flügel zur Seite und wurde sofort von der Nacht verschluckt. Sekunden hindurch glaubten sie noch die Auspuffflamme zu sehen. Unheimlich, wie ein Spuk war das. Dann aber blieben sie allein. —

*

„Wir müssen höher hinauf!" sagte der Kommandeur nach der Heimkehr, „6000 Meter mindestens!" Er ging in seinem Zimmer auf und ab. Wenn er sich wendete, sah er durch das Fenster die Hallen offen stehen. L 21, 22 und 34 fehlten noch. Alle anderen waren zurück. Und er kannte diese Stunden..., er kannte diese Stunden des Wartens nur zu gut.

Auf seinem Tisch lag der Funkspruch von L 22: „Schiff durch Artillerietreffer schwer beschädigt, brauche dringend

154

Hilfe." In der Nacht war er gekommen. Nun war es Morgen geworden. Torpedoboote waren längst entgegengeschickt. Wendt hatte das mal wieder gut gemacht! —

L 22 kam zurück. Nach Hage, statt nach Nordholz. Kapitänleutnant Hollender hatte die erste, schwere Angriffsfahrt hinter sich gebracht. „Allerdings mußten MG, Ballastwasser und viel Benzin über Bord. Die Motoren hätten das Schiff keine halbe Stunde mehr getragen!" sagte der Kommandant durch den Draht.

„Gratuliere, Hollender!"

Jetzt fehlten noch L 21 und L 34. Wer war das in der Nacht? Max Dietrich, der alte Handelskapitän, oder Kurt Frankenberg?

Später rief Kapitänleutnant Flemming an, Kommandant L 35: „Es war L 34", sagte er dumpf.

„Also Dietrich!" Ueber den Atlantik war er gekommen durch die Blockade hindurch, um über England zu fallen . . . Mit 15 Mann, die zu den besten gehörten . . .

„Aber L 21?"

Das wußte niemand. Erst der englische Bericht löste das Rätsel. Im Morgengrauen überfielen es fünf englische Flieger, als es eben die Küste verlassen hatte. Zwei schossen die Männer von L 21 ab, dann brach die blaue Flamme aus dem Rumpf ihres Schiffes, wenige Minuten, nachdem sie gefunkt hatten: „Habe angegriffen. Bin auf dem Heimweg."

*

An diesem Nachmittag kam wichtige Post: Eine allerhöchste Kabinettsorder, in der es hieß: „Der bisherige Kommandeur der Marine-Luftschiff-Abteilung wird Führer der

Luftschiffe (F. d. L.). Ihm unterstehen die Marineluftschiffe und die Marine-Luftschiff-Abteilung. Die Marine-Luftschiff-Abteilung erhält einen besonderen Kommandeur. Ich verleihe dem Führer der Marine-Luftschiffe die Befugnisse eines 2. Admirals. (gez.) Wilhelm."

„Gratuliere gehorsamst, Herr Kapitän!" sagte der Adjutant. „Das ist ja eine außerordentlich hohe Anerkennung für einen Korvettenkapitän! Jetzt endlich, was wir seit zwei Jahren wollten: F. d. L."

Peter Straſſer gab seinem Mitarbeiter ſtill die Hand: „Das bedeutet erhöhte Verantwortung, Wendt!" Und blätterte ſchon wieder in Papieren. „Aber wir werden das ſchon hinkriegen!" ſagte er nebenbei.

*

Gleich einer großen, ſchwarzen Wolke lag das neue Luftſchiff L 40 auf dem nächtlichen Platz. Die Männer an den Knebelbünden fröſtelten in der dunklen Winternacht.

„Alupfe!" mahnten ſich die Leute an den Halteſtangen der Gondeln, damit die Puffer nicht auf die Erde ſtießen.

Das aus den offenen Hallentoren flutende Licht blendete einſeitig. Lautlos ſanken Flocken. Das Schiff ſchwamm, in den Wind geſchwenkt, Katzen ausgeſchoren, gehalten von hundert Fäuſten.

Oberleutnant z. See Gebauer, der W. O., zog ſich zur Gondeltür hoch. Sein Erſatzmann ſprang ab, daß der Boden platſchte. Rufe gingen zu den Motorengondeln. Scherzworte, erſtickt von der Nacht.

Kapitänleutnant Sommerfeld beugte ſich aus dem Fenſter der Führergondel, das Kommando zum Hochwerfen auf

den Lippen. Da tönte das kleine Horn. Blechern war sein
Ruf in der Nacht. Lächerlich blechern auf diesem weiten
Feld in dieser Nacht, die ohne Sterne war. Blechern, aber
kein Wort wagte sich mehr heraus.

„Kameraden!" war jetzt die wohlbekannte Stimme des
alten Grafen Zeppelin mitten unter ihnen. „Kameraden!
Ein neues Schiff, das eure Hände schufen, verläßt unsere
Werft, um an die Front zu gehen!"

Die Männer in den Gondeln sahen auf den kleinen
Mann, der jetzt die Mütze abnahm, daß der feuchte Nacht-
wind über die schneeweißen Haare strich. Sie waren Frontsoldaten, die Monate um Monate ihre Aufklärung über der
Nordsee gefahren waren, in Wetter und Wind, 8 oder 10
Stunden jedesmal. Wer neben brüllenden Motoren kauert,
Stunde um Stunde, ohne sein eigenes Wort verstehen zu
können, oder wer hinter dem Maschinengewehr sich im eisigen Luftstrom auf dem Rücken des Schiffes tagelang,
nächtelang hat ducken müssen, mit brennenden Augen nach
Fliegern suchend, oder wer im grellen Licht der Scheinwerfer sich von Zelle zu Zelle hat tasten müssen, mit klammen Fingern Löcher zu dichten, — hat seine besonderen Gedanken über Worte, die man in der Heimat dem Urlauber
spendet. Man wird sehr einsam in der Höhe, man wird sehr
sparsam mit Worten, wenn man mühsam, den kleinen Gum-
mischlauch im Mund, seinen schweren Dienst in der dünnen
Luft der Höhe erfüllt. Man läßt dann nicht gern flammende
Aufforderungen zur Erfüllung einer Pflicht über sich er-
gehen, die man längst ohne viel Aufhebens getan hat!

Und hier stand nun ein alter Mann und sprach...
Sprach im letzten Augenblick vor der Abfahrt zu neuem
Dienst und neuer Gefahr. Einer, der zurückblieb...

Wäre es da ein Wunder gewesen, wenn man ihn mit
etwas Hohn, mit etwas Wut gemustert hätte, — wenn man

vor sich hingeflucht hätte, über diese Worte, die doch nur Worte bleiben würden?

Hier aber stand ein alter Mann in der Nacht, — und wie er da stand mit entblößtem Haupt, da war er nicht einer von denen, die daheimblieben, weil sie zu alt waren, — nein, hier stand ein heute noch Junger, ein Kämpfer, auch wenn man ihm die Waffe versagt hatte, einer, der wie sie die Welt von oben kannte, und ihren schweren Dienst. Einer, der selbst im Feuer gestanden hatte.

Und das war keine sorgsam gedrechselte Rede, das waren Worte, einfach, aus dem geraden Herzen eines Soldaten heraus. Wenige Worte nur, dann drei Hurras auf Schiff und Besatzung.

Der Kommandant legte die Hand an die Mütze, blickte auf den alten Herrn, auf den F. d. L., der daneben stand, dann klang sein scharfes Kommando: „Luftschiff hoch!" Hundert Fäuste warfen den Riesen in die Höhe. Maschinentelegraphen schrillten. Schon donnerten die Motoren, wirbelten die Schrauben. Wenige Augenblicke später hatte die Nacht das schwarze Ungeheuer verschlungen. Zuletzt ein irres Licht, dann nur noch das tiefe Orgeln der Motoren, abklingend, aufschwellend und wieder leise werdend, jetzt schon überklungen vom Schwatzen der Arbeiter, die zur Halle zurückgingen.

Der Alte stand noch reglos, die Mütze in der Hand, ungeachtet der nassen Flocken.

Der F. d. L. sah seinen weiten, fernen Blick: „Exzellenz, werden sich erkälten!" sagte er leise, besorgt.

Der Graf fuhr auf aus seinen Gedanken und wendete sich kurz um, immer Soldat. Aber war es, daß sein Fuß stolperte, war es das Alter? Er schwankte, daß der F. d. L. ihn am Arm griff: „Exzellenz, hätten nicht mitten in der Nacht herkommen sollen, noch dazu bei diesem Wetter!"

Der alte Herr machte sich sofort frei: „Ich fände es traurig, wenn ich nicht mal jedes zur Front fahrende Schiff verabschieden würde! Das lasse ich mir nicht nehmen!"

Fast schroff klang das, aber gleich tat es ihm schon leid: „Wissen Sie, Strasser, jedes meiner Schiffe nimmt doch etwas von mir mit hinaus ..." Er brach jäh wieder ab.

Sie waren jetzt an der Halle, deren Eisentore eben kreischend sich wieder zusammenschlossen.

„Kommen Sie noch etwas zu mir, Strasser?"

„Exzellenz werden sich doch wieder schlafen legen!"

Da lachte der Graf: „Schlafen? Nee, Strasser, — und ich meine, es gibt auch noch allerhand zu besprechen, wo Sie morgen doch schon wieder weg wollen!" —

So saßen sie sich wieder gegenüber. — Das Zimmer war schlecht geheizt, wie alle Zimmer im Deutschland dieses dritten Kriegswinters.

Der Graf fröstelte.

„Exzellenz, sollten ..."

Zeppelin schüttelte den Kopf: „Lassen Sie nur, das ist manchmal so bei mir, wenn ich wieder ein Schiff verabschiedet habe." Er fuhr sich mit der Hand über die Augen, als brennten sie. „Ich bin ja nicht nur einfach Kriegsgewinnler! Die Schiffe sind für mich lebendig, die Besatzung gehört zu mir, irgendwie ..."

„Das merken die Leute auch, Exzellenz", sagte der F. d. L. freundlich, „und sie verehren ..."

Der Graf wischte mit der Hand durch die Luft: „Sie sagten, ich solle schlafen gehen. Sie sind nicht der einzige, der mir das rät. Aber wissen Sie, gerade in den Nächten, und ganz besonders während der mondlosen, wenn die Fahrtperioden sind, dann kann ich doch nicht einfach schlafen! Ich hab' die meisten doch selbst gekannt: Hauptmann Horn und Schramm und Loewe ..." Er hielt inne, „... ja,

159

Loewe, den diese Engländer haben ertrinken lassen wie einen Hund, — versaufen lassen, wo sie alle Mann vom L 19 mit Leichtigkeit retten konnten..." Er schüttelte den Kopf. „Und Mathy! Was war das für ein Mann! Und der vergnügte Peterson, die beide brennend..."

„Exzellenz müssen..."

Der Graf schüttelte den Kopf: „Ich habe jeden von diesen prächtigen Männern hier bei mir gehabt. Ich habe mit ihnen gesprochen. Ich habe sie hochleben lassen, wenn sie ihr neues Schiff abholten... und dann fielen sie manchmal schon beim ersten Angriff..."

„Im Krieg hat jede Waffe ihre Verluste..."

Der Graf hörte ihn nicht: „Ich bewundere sie alle," sagte der mit fernem Blick. Jetzt richtete er seine Augen auf den F. d. L. und sagte warm: „...und Sie besonders, Strasser!"

„Ich tue doch nur meine Pflicht!" wehrte der ab.

„Aber Sie brauchten nicht immer Angriffe mitzufahren und tun es doch!"

„Exzellenz würden das nicht anders machen!"

„Aber bei diesen Verlusten! Wieviel Aussicht besteht da, daß auch Sie nicht wiederkehren?"

„Nicht mehr und nicht weniger wie bei den Männern in den Trichtern. Wir Luftschiffer tun unsere Pflicht. Ich gebe das zu. Und oft müssen wir die Zähne zusammenbeißen, aber schließlich sind wir auf die mondlosen Nächte angewiesen bei den Angriffen..."

„Und dazu kommen die Aufklärungsfahrten..."

„Und trotzdem können wir zufrieden sein, denn danach haben wir anständiges Quartier in der Heimat, nicht verlauste, zerfallende Unterstände..."

„Aber die Brandgranaten, die Flieger..."

„Wir sterben alle nur einmal, Exzellenz!"

160

Oben: L 19 (Oblt. z. S. Peterson), in England angeschossen, wird in Ostende eingeschleppt

Mitte: L 19 verbrennt in Ostende

Unten: Das Wrack von L 19 wird gehoben

Fot. Scherl (1)

L 16 (Oblt. z. S. Peterson) in der Halle

L 61 fertig zum Aufstieg

Der Graf sah den F. d. L. an, aber es war, als gingen seine Blicke durch den Kapitän hindurch): „Gewiß, Straffer, — und gerade deshalb beunruhigt mich etwas . . ." Er richtete sich gerade und blickte dem Gast nun frei in die Augen: „Sie müssen nicht meinen, daß ich mir anmaße, Ihnen irgendwie Vorschriften zu machen, in Ihr Befehls- bereich einzugreifen!" Er zögerte. „Oder auch nur den An- schein zu erwecken, als verstünde ich mehr von der Führung der Marineluftschiffe als Sie!"

„Exzellenz sind der Bahnbrecher! Ich führe nur . . ."

„Nein, Straffer, ich bin der Pionier, Sie aber brechen der Waffe Bahn! Ich maße mir nicht an, die Luftschiffe mit gleichem militärischem Erfolg führen zu können wie Sie, und ich weiß als alter Soldat, was ich damit sage. Aber da ist eine Frage, die mich bedrückt . . ."

„Bitte, sagen Sie es mir frei!" Der F. d. L. nickte freundlich.

„. . . und das sind die Fallschirme. Auf Heeresluftschif- fen sind sie eingeführt, aber, wie ich hörte, ist das bei Ihnen nicht der Fall. Ich meine aber, wir sollten bei allem Schneid doch danach trachten, Menschenleben zu retten wo wir kön- nen." Er sah den F. d. L. erwartungsvoll an.

Der rieb mit dem Daumen die rasierte Backe: „Das ist ein Problem, Exzellenz, das mir manches Kopfzerbrechen gemacht hat. Grundsätzlich bin ich selbstverständlich Ihrer Meinung. Aber hier macht mir die Gewichtsfrage Sorgen. 23 Mann Besatzung, 10 Kilogramm Gewicht Schirm! Das gibt 230 Kilogramm, die ich ungern opfere, zumal es sehr zweifelhaft ist, ob uns ein Freikommen aus dem brennenden und fallenden Schiff gelingt. — Ich habe leider über Eng- land Zeuge sein müssen aus großer Nähe, wie das geht . . ." Er schloß sekundenlang die Augen, aber er sagte dann nur: „Ich glaube kaum, daß es einem gelingt . . ., und dann fällt ihm das brennende Schiff drauf. — Und selbst wenn das nicht der Fall ist, besteht doch viel Aussicht, ins Wasser zu fallen. Da hilft der Schirm auch wieder nichts. — Und unser Hauptfeind ist heute der Flieger . . .“

„Sie haben doch Ihre Maschinengewehre!“

„Trotzdem! Wir sind das größere, langsamere und weniger wendige Ziel. So ist unsere einzige Rettung: Steighöhe! Tun Sie alles dafür, diese zu erhöhen, Exzellenz! 230 Kilogramm Gewichtserleichterung sind mir da wertvoll . . .“

„Und da haben Sie Befehl gegeben, die Fallschirme . . .“

„Nein, Exzellenz! Ich konnte mich hierzu nicht entschließen. Ich besprach den Fall mit meinen Herren ausführlich. Jeder, vom Jüngsten angefangen, konnte sich äußern. Sie waren fast alle meiner Auffassung. Aber auch seitens der Kommandanten ist in keinem Fall ein Befehl gegeben worden. Sie haben mit ihren Besatzungen die Sache besprochen. Nach jedem Angriff lasse ich ja Besatzungsbesprechungen abhalten, damit Erfahrungen und Beobachtungen ausgetauscht werden, — und in keinem Fall wollten die Leute die Schirme auf den Angriffsfahrten mitnehmen.“

Der Graf sah den F. d. L. bewegt an: „Eine solche Truppe ist bewundernswert!“

Peter Straffer blickte einen Atemzug lang verloren vor sich hin. Dann sagte er: „Meine Leute wollen nicht weniger zum Sieg beitragen als die Männer in den Trichtern, Exzellenz! Ich bin ehrlich stolz darauf, eine solche Truppe führen zu dürfen.“ Der Graf stand auf und legte dem F. d. L. die Hand auf die Schulter: „Sie haben die Truppe zu dem gemacht!“

Der Kapitän wehrte ab, aber der alte Herr ließ ihn nicht zu Wort kommen: „. . und wenn i ch S i e nicht hätte!“

Er nahm wieder langsam Platz und barg das Gesicht in der Hand: „Es ist schon manchmal . . .“

„Nun, Exzellenz, können jetzt doch ganz zufrieden sein! Die vielen erfolgreichen Englandangriffe! Und Tag und Nacht mindestens drei Luftschiffe über der Nordsee, von der Ostsee ganz zu schweigen! Wichtige Meldungen in der Skagerrak-Schlacht! Und das alles mit Ihren Schiffen!" Das war ehrliche Anerkennung.

Der Graf wehrte lachend ab: „Na, na, Schütte-Lanz ist ja auch noch da!" Und dann mit einem Unterton, aus dem irgendeine Enttäuschung klang: „Wird uns doch immer als technischer Tausendsassa vorgehalten!" Er zwinkerte den F. d. L. an, „uns ‚technischen Laien am Bodensee‘, uns ‚Dilettanten‘."

Peter Strasser strich sich mit zwei Fingern wie immer nachdenklich durch den kleinen Bart: „Zugegeben: Schütte hat manchen Fortschritt gebracht, — als alter Schiffbauer schließlich kein Wunder, aber zu allererst waren Exzellenz, und Exzellenz haben erst Bahn gebrochen für das starre Schiff, — und nicht umsonst dringe ich darauf, in allererster Linie Ihre Schiffe an die Front zu bekommen." Er richtete sich auf: „Also auf die Erfolge Ihres Werkes für Deutschland können Exzellenz schon mit gutem Gewissen stolz sein!"

Die Augen des F. d. L. waren eindringlich auf den kleinen, alten Herrn gerichtet mit dem etwas breiten, verbindlichen Gesicht. Der schüttelte aber traurig den Kopf: „Ach, lassen Sie nur! Ich habe mir meinen Lebensabend anders vorgestellt," sagte er leise und blickte vor sich hin. „Hier habe ich doch nicht mehr zu entscheiden..." Er lächelte müde. „Oder wie man das nennt, sie haben mich ‚entlastet‘." Das klang nicht froh.

„Sie bauen außer den Luftschiffen Flugzeuge, ganz aus Metall, Flugboote, Riesenflugzeuge! Alles auf Ihre Anregung hin, Exzellenz! Mancher andere hätte nur seine ureigenste Erfindung gelten lassen..."

„Ist es nicht unsere Pflicht, a l l e s zu tun für Deutschland?" Er lachte bitter auf: „Aber in der Oeffentlichkeit darf ich nichts mehr sagen! Bethmann, dieser..., dieser..." Er atmete tief, „hat mir 'nen Maulkorb vorgeschnallt!"

Der F. d. L. schüttelte den Kopf, aber der Graf schnaubte los: „Daß ich in Berlin in einer Rede gesagt habe: ‚Der schärfste Krieg ist der mildeste Krieg!' hat ihn vollkommen aus dem Häuschen gebracht. Und nun darf ich öffentlich nur noch sagen, was dieser — sagen wir: ‚weiche Herr'," — er schüttelte sich, „... mir genehmigt. Das heißt zu deutsch: Ich muß die Schnauze halten!" Er ballte die Faust. „Dann beiß ich mir lieber die Zunge ab, als solches Altweibergewäsch loszulassen, vor dem sich jeder echte Soldat ekeln muß!" — Er lehnte sich zurück. „Und dabei wäre doch wirklich genug zu sagen!"

„Nun, nun..." wollte der F. d. L. beruhigen. Aber der Graf wehrte kurz ab: „Kommen Sie mir nicht wieder mit Lobeshymnen!" Das klang schroff, wurde aber gleich gemildert: „Wenn einer ein Lob verdient, lieber Kapitän, dann sind S i e es und Ihre Besatzungen, die unbeirrt, trotz aller Verluste, diese Engländer..." Er ballte wieder die Faust, „... die ich gefressen habe, wie nichts auf der Welt, angreifen! Und Sie können mir glauben, Straßer, ich bete nie so innig zum Herrgott droben im Himmel, wie in den mondlosen Nächten, in denen Sie Ihre Angriffe fahren!" Er sagte das natürlich und warm, so wie er immer war. „Und ich zittere bis dann die Nachricht da ist." Er beugte sich vor und setzte leise hinzu, als müßte er etwas verbergen: „Denn was bleibt mir altem Eisen schon anders übrig, als zu beten für euch?" Jetzt lächelte er. „Und ich bin auch stolz, wenn ich von euren Erfolgen höre!" Seine Augen leuchteten jetzt blau, aber gleich war wieder diese Müdigkeit, die der F. d. L. früher nicht bei ihm gesehen

164

hatte. „Doch bei allem läßt mich der Gedanke nicht los, daß
die ganze Sache eigentlich furchtbar verfahren ist. Nein,
unterbrechen Sie mich nicht, Strasser! Es ist nun mal so:
Die Schiffe, die wir heute bauen, hätten wir glatt bei
Kriegsausbruch haben können, — und dazu ordentliche Geschwader, — nicht nur die paar Stück, — wenn man mein
Werk nur etwas mehr unterstützt hätte, ich meine natürlich
durch Aufträge."

„Tirpitz konnte eben auch nicht, wie er wollte", entschuldigte der F. d. L., „beantragte er im Reichstag Luftschiffe,
dann wurden ihm die Torpedoboote gestrichen, die er auch
glaubte, nötig zu haben!"

Der Graf fuhr auf: „Es ist eben ein Unding: Mit Par-
teien kann man nicht um dringend nötige Verteidigungs-
maßnahmen kuhhandeln. Der eine Abgeordnete hängt da
im Geschäft, der andere dort. Lebensfragen der Nation werden von ihnen um Partei- und Privatvorteile verschachert."
Er war zornrot, daß er sich mit dem Taschentuch über die
Stirn wischen mußte. „Und so hatten wir bei Kriegsausbruch zu wenig Luftschiffe! Aber wenn wir d i e wenigstens
richtig benutzt hätten! Englandangriffe! Doch als ich dann
nach monatelangem Bohren endlich die Erlaubnis hierfür
durchgesetzt hatte, — und Ihr L 3 und L 4 zum erstenmal
über der englischen Ostküste ihre Bomben geworfen hatten,
war's nur das Volk, das den wirklichen Sinn dieser Angriffe verstanden hatte. Bei denen aber, die es nun heute
zum Siege führen sollen, erhob sich neuer Protest. ‚Man soll
den Feind nicht reizen!' ist Bethmanns großes Schlagwort,
das alle diese kurzsichtigen, hohlen Gernegroße eifrig nach-
plappern!" Er knirschte mit den Zähnen und schüttelte sich,
— nun wieder jung. Er glaubte, irgendein Lächeln um
Strassers Augen zu sehen und fuhr eifrig fort: „Ich kann
mich noch heute nicht darüber beruhigen, daß es möglich

gewesen ist, tatsächlich die Londonangriffe wieder zu verbieten. Stellen Sie sich das nur mal vor, Strasser! Man hat eine starke Waffe im Kampf gegen wahnsinnige Uebermacht, — aber man braucht sie nicht! Tausende bester deutscher Männer werden geopfert, aber man braucht die scharfe Waffe nicht, um den Feind nicht zu reizen!" Er schüttelte beide Fäuste in der Luft und ließ sie gleich darauf wieder schwer fallen: „Ach, Strasser, man könnte wirklich an allem verzweifeln!"

„Nun, nun, Exzellenz!" lächelte der F. d. L. Der Graf aber sah ihn traurig an und schüttelte den Kopf: „Nein, Strasser. Eins hat mir noch mehr zu denken gegeben als dieses Verbot der Londonangriffe, — das ist der Fall ,St. Omer'. — Ich stehe doch gewiß nicht im Ruf eines Sozis, aber daß der von der 4. Armee angesetzte Angriff des LZ 35 am 13. April 1915 auf St. Omer verboten wurde, wird mir bis zu meinem Tod unverständlich sein. Ich habe unzählige schlaflose Nächte darüber gehabt, denn es ist doch völlig unfaßbar, daß wir genau wissen, daß in diesem Nest hinter der englischen Front in dieser Nacht die Führer der Ententestaaten, darunter die Könige von England und Belgien und die bedeutendsten Staatsmänner und Heerführer eine Sitzung im Rathaus abhielten! 1600 Kilogramm Munition hatte LZ 35 an Bord, und das Rathaus am freien Platz von St. Omer war mit Leichtigkeit zu finden! Man hätte nicht nur LZ 35 einsetzen sollen, — man hätte alles irgend Verfügbare an Luftschiffen und Flugzeugen heranziehen sollen, um meinethalben das ganze Nest in Trümmer zu werfen. Selbst wenn dabei einige hundert Unschuldiger umgekommen wären, so hätte das wohl vielen Hunderttausend das Leben gerettet, bei uns und drüben! Denn eine Bombe in diesen Sitzungssaal hätte bestimmt den Krieg schneller beendet." Er stockte. „Und statt dessen trifft vor der

166

Abfahrt ein chiffriertes Telegramm ein, in dem Seine Majestät den Angriff auf St. Omer ausdrücklich verbietet!" Der
Graf atmete schwer. Seine Augen irrten.

„Auf Befehl Seiner Majestät sind ja immer Angriffe
auf Städte verboten worden, in denen sich die Häupter der
feindlichen Staaten befanden!" warf der F. d. L. ein.

„Das ist es ja eben, Strasser! Das ist es ja eben! Und
mit dem U-Boot-Krieg ist es ganz ähnlich! Dieser Krieg
wird von denen oben verwässert, verwartet und verpaßt,
während hunderttausend unserer Besten fallen."

Der Kapitän hatte die Hand vor die Augen gelegt, jetzt
ballte er sie zur Faust: „Exzellenz, — wer sich etwas in
deutsche Geschichte vertieft hat, weiß das. In allen Jahrhunderten ist es das gleiche gewesen. Nicht e i n m a l haben
wir den Krieg vom Zaune gebrochen, obwohl jedesmal die
Welt in Entrüstung stand und dies behauptete. Und es hat
nicht e i n e n Krieg gegeben, in dem nicht ein großer Teil
der Deutschen weiter geträumt hätte!"

Der Graf unterbrach ihn: „Vergessen Sie nur die
Halunken nicht! Diese ausgekochten Halunken, die aus allem
ihren Nutzen ziehen, mit schlechten Kriegslieferungen und
Lebensmittelschiebungen und ..."

„Ganz recht, Exzellenz, mit denen führe ich auch jeden
Tag einen erbitterten Kleinkrieg ..."

„Und was bleibt übrig, Strasser? Was bleibt übrig?"
Er sah den F. d. L. an mit brennenden Augen.

Der beugte sich langsam vor:

„Sehr vieles, Exzellenz! Meine Besatzungen bleiben
übrig, — und da ist jede ausgezeichnet! Und dann die anderen Kameraden, die auf ihren wackligen Flugzeugen und
die auf den U-Booten, all' die wirklichen Frontsoldaten, in
den Gräben, in den Trichtern..." Er lächelte verloren.
„Und die alle waren in allen Jahrhunderten da, — ich

167

meine die Männer, die noch jedesmal in die Bresche gesprungen sind …"

„Aber hinter ihrem Rücken haben ebenso jedesmal die anderen ihre Schäfchen ins Trockene gebracht! Denken Sie nur an 1815!"

Der F. d. L. richtete sich gerade auf. Er blickte auf den kleinen Herrn im schlohweißen Haar: „Exzellenz haben recht, und es wird uns gewiß nicht besser gehen, aber das soll uns nicht hindern, unsere Pflicht zu tun. Unser Ziel ist ja nicht Anerkennung, sondern gutes Gewissen! Und das kann man nur als kämpfender Mensch haben, — ich meine, als einer, der immer Front macht gegen die Lauen und gegen die Schlechten." Er sah den Grafen an. „Aber wozu sag' ich das?" fragte er plötzlich lachend. „Wo Exzellenz doch unser Vorbild sind?" —

Langsam dämmerte der Morgen vor den Fenstern. Die Pfeife verkündete schrill den Schichtwechsel.

„Ich habe mich mit Dürr verabredet!" sagte der F. d. L., „ich muß vollkommene Klarheit darüber bekommen, welche technischen Möglichkeiten bestehen, die Flughöhen zu steigern. Das ist das Kernproblem, hinter dem alle anderen Fragen zurücktreten. Wir müssen so hoch hinauf, daß die Flieger nicht mehr mitkönnen …"

„Auch das macht mir Sorgen", sagte der alte Herr. „Man weiß doch nicht, was Schiff und Mensch in 6000 Meter Höhe erleben, in der dünnen Luft, in der Kälte …"

„Nun, Exzellenz! Wir sind nicht verwöhnt."

„Mir ist berichtet worden, Sie wollten die erste Höhenfahrt mitmachen?"

„Selbstverständlich!"

Da legte der Graf seinem Gast die Hand auf den Arm: „Bitte, tun Sie das nicht. Die Gefahr …"

„Ist da, — und gerade deshalb. Meine Leute sollen

168

wiſſen, daß, was auch von ihnen verlangt wird, der
Alte das ſelbſt vorgemacht hat! So hab' ich's immer gehalten und werde es weiter halten." Er ſah den Grafen
herzlich an, als er dann ſagte: „Und ich habe ja ein leuch-
tendes Vorbild in dieſer Hinſicht in Ihnen, Exzellenz! Sie
haben es immer ja gerade ſo gehalten!" Da konnte ihm der
alte Herr nur die Hand drücken. In den Augen des Greiſes
ſtanden Tränen.

*

Der Kraftwagen holperte über die ausgefahrene Straße.
Der Kommandeur hatte den Kragen ſeiner ſchwarzen
Lederjacke hochgeſchlagen. Auch Korvetten-Kapitän Schütze
ſchlug die Hände gegeneinander, denn der feuchte Früh-
jahrswind ging durch und durch.

„Da iſt übrigens ein Bericht von Breithaupt gekommen, geheim natürlich, über die Schweiz. L 15 iſt damals
ſcheinbar durch Sprengſtücke und Fliegerbeſchuß ſtark beſchädigt worden. Breithaupt hat erſt ſein Benzin bis auf
einen Reſt für vier, dann nur noch für 2 Stunden abgeworfen, ſchließlich die leeren Zellen, die Funkenbude, die MG.
und die Geheimſachen."

„Ueber dem Waſſer?" fragte Schütze beſorgt.

„Ja, und entſprechend beſchwert. Trotzdem blieb ſein
Schiff ſtark topplaſtig und brach in 200 Meter über der
Themſemündung zuſammen. Er ſelbſt ſcheint tüchtig Waſſer
geſchluckt zu haben, kam aber hoch. Ertrunken iſt nur Albrecht.
Breithaupt ſagt dann wörtlich (warten Sie, hier habe ich
das Blatt): „Nach etwa einer Stunde kamen Fiſchdampfer
in Sicht. Einer näherte ſich auf etwa 50 Meter. Wir baten
um Hilfe. Er fuhr aber wieder weg, und ſämtliche Fahr-
zeuge gingen auf die andere Seite, etwa 200 Meter Ab-

stand. Plötzlich wurde gerufen mit Megaphon: ‚Go to hell!
(Geht zur Hölle)‘ und gleich darauf setzte starkes Geschütz-
feuer auf das wehrlose Wrack ein..."

„King Stephen!" sagte Victor Schütze vor sich hin.

Der F. d. L. machte die Augen schmal und blickte
hinaus. Dann sagte er schnell: „Breithaupt betont die ausgezeichnete Haltung seiner Leute. Sie haben ihr Schiff versenkt und wurden schließlich von einem Zerstörer gerettet,
4 Stunden in einem schmutzigen Hilfsmaschinenraum un-
tergebracht. Dann zu Fuß durch das Arbeiterviertel in ein
Militärgefängnis gebracht. „In schmutziger, kalter Einzel-
zelle saß ich vollkommen durchnäßt zitternd. Bald erschienen drei Sergeanten mit aufgepflanzten Bajonetten und
zogen mich völlig aus mit der Begründung, meine Klei-
dungsstücke trocknen zu wollen. In diesem Zustand überließ
man mich, völlig nackend, bis 16 Uhr meinem Schicksal. Erst
auf mehrmalige dringende Vorstellungen erhielt ich eine
dünne Decke. Eine Abwechslung war der Besuch einer größeren Anzahl neutraler Reporter. Wir wurden als Huns,
Söhne des Teufels und Wikinger-Typen bezeichnet. Einer
schlug vor, uns aufzuhängen. Wir wären zusammen aber
nur einen einzigen Strick wert. Nach 6 Tagen, die mit
Verhören ausgefüllt waren, kam ich ins Gefangenenlager."

„Da lernt er ja die Ritterlichkeit unserer Vettern an
Ort und Stelle kennen..."

Der Kraftwagen bog durch die Stadt zum Hafen ein.
Masten ragten über die Dächer. Es roch nach Teer, stehen-
dem Wasser, feuchtem Holz und Fischen.

Die Bremsen quietschten. Der F. d. L. war mit einem
Satz aus dem Wagen.

„Da drüben!" zeigte Korvettenkapitän Schütze, „die
Bark, die wird es wohl sein."

Straßer ging aufrecht, wie immer, über die breiten

170

Steinquadern. „Royal" stand am Heck, und die Seite zeigte groß aufgemalt die norwegischen Farben. „Das muß sie sein!"

Da kam auch schon ein Deckoffizier und meldete dem F. d. L.: „Norwegische Bark ‚Royal' als Prise von L 23 aufgebracht!"

Strasser musterte den Mann: „Sie gehören zur Besatzung L 23?" „Zu Befehl, Herr Kapitän!" Der F. d. L. ging an Bord, sah sich das Schiff an. „Ladung?"

„Grubenholz nach Westhartlepool, Herr Kapitän!"

Der F. d. L. nickte: „Das Ding ist ja ganz ordentlich! Und wie haben Sie das gemacht?"

Der Mann stand stramm und suchte nach Worten. Der F. d. L. nickte ihm freundlich zu: „Nur immer frisch von der Leber weg! Stehen Sie ruhig bequem!"

„Jawoll, Herr Kapitän! Das war ganz einfach: Wir waren doch auf Aufklärungstörn, da kam so um elfe morgens die FT-Meldung: ‚Fernaufklärung nordwestlich Doggerbank'. Da trafen wir einen Haufen holländischer Fischdampfer und später an Steuerbord einen Segler mit westlichem Kurs. Als wir rankamen, machten die gleich die Boote klar. Das war doch sehr verdächtig. Wir waren zwar 3000 Meter hoch, stiegen zur Vorsicht aber noch 500 Meter höher. In der Zeit gingen die unten mächtig schnell in die Boote. Was unser Kommandant ist, der Herr Kaleu Bockholt, der traute aber dem Braten nicht und warf ihnen eine Bombe vor den Bug. Und unser Steuermann, dem machen ja nun so 'ne Sachen immer Spaß, der hat gesagt: „Kinder!" hat er gesagt, „die Bark wird gekapert." Und als wir alle „Hurra" schrien, da ist er hin zum Kommandanten und hats ihm vorgeschlagen. Und unser Herr Kaleu Bockholt hat gesagt, daß es ihm recht wäre, aber ein MG. sollten wir mitnehmen. „Fegert, machen Sie sich klar zur Uebernahme der Prife." Wir find alfo runter mit unferem Schwan, mußten aber zweimal anlaufen, da wir gar zu leicht waren. Vom Boot aus riefen fie uns fchon Name, Ladung und Beftimmungsort zu. Wir bliefen ab, um runter zu kommen. Vier Mann wurden kommandiert, MG. und Sternfignal-patrone bereit gelegt. Die Landung auf See war aber gar nicht fo einfach bei Windftärke 3 bis 4. Vor allem faßen wir fo 'n bißchen im Druck, denn wenn die im Boot Waffen hatten, waren wir hops. Aber fie glotzten uns an wie die Mondfälber, als wir zu ihnen überftiegen. Das war näm-lich gar nicht fo einfach. Als wir drei endlich im Boot waren, haute L 23 auf einmal ab. Viel zu früh. War zu leicht geworden! Soeben brachten wir noch das Bootsende von der Führergondel frei, da treibt L 23 auch fchon mit dem Wind davon. Das MG. hatten wir noch gar nicht im Boot, aber die Sternfignalpiftole hatte ich mir um den Hals gehängt. Und das Kaliber fah wenigftens gefährlich aus." Er lachte. „L 23 kam nun wieder ran, fchoß ein paarmal mit dem MG. ins Waffer, und fchon war die Be-fatzung des Seglers fchleunigft an Bord. Ich hab mal erft Kapitän und Steuermann in die Kajüte einfperren laffen, dann brachten wir die backgebraßten Segel an den Wind und fchlugen Kurs nach der deutfchen Bucht ein. L 23 braufte nochmal über unfere Segel weg, und der Komman-dant rief uns zu: „Aushalten, veranlaffe, daß Ihnen Hilfe wird!" Dann haute L 23 ab, und wir fchipperten los. Nun ließ ich die Befatzung achteraus kommen, erklärte die Prife als deutfches Kriegsfchiff und fagte der Befatzung, daß fie nun unter Kriegsrecht ftände. „Bei der geringften Wider-fetzlichkeit fprenge ich den Kaften in die Luft!" brüllte ich fie an. „Dann ift Schluß mit der chriftlichen Seefahrt!" Und ich lud vor ihren Augen mit böfem Geficht meine harm-lofe Leuchtpiftole." Er zeigte fie lachend. „Die Brüder versprachen alles Gute. Um schneller fortzukommen, wollte ich die Boote abschneiden, aber da lamentierte der Schiffer los, ob wir denn versaufen wollten, wenn wir auf 'ne Mine liefen. „Verflucht!" denke ich, „an die Minen haben wir ja gar nicht gedacht, und die deutsche Bucht liegt voll damit. Bei der elenden Flaute konnten wir ja auch keinen anständigen Kurs halten." Er seufzte. „Na, also, die Nacht wurde uns denn doch ein bißchen lang, und erst am Abend des nächsten Tages stießen wir auf ein deutsches Vorpostenschiff. Die hielten uns aber erst für Klabautermänner. Dann kamen wir endlich zum Feuerschiff ,Elbe I'. Später, bei ,Elbe IV', kam ein Prisenkommando zu uns an Bord, bewaffnet bis an die Zähne." Seine Stimme war Hohn.

Der F. d. L. lachte: „Und das hatte Ihnen nicht so ganz gefallen, Fegert?"

„Zu Befehl, nein, Herr Kapitän!" Er grinste. „Die wollten so ganz ohne seemännische Art und Weise einfach das Kommando übernehmen..."

„Und was haben Sie dazu gesagt?" lachte der F. d. L.

„Ich hab sie snacken lassen, denn so was läßt sich denn doch Hein Seemann nicht so ohne weiteres gefallen!"

Der F. d. L. legte dem Mann die Hand auf die Schulter: „Das habt Ihr gut gemacht, Fegert!" Sie besichtigten das Schiff.

„Eine neue Art des Handelskrieges..." sagte Korvettenkapitän Schütze später. „Da wird Exzellenz Augen machen..."

Strasser zwirbelte nachdenklich den kleinen Bart: „Hat Bockholt sehr ordentlich gemacht. Trotzdem ist aber das Risiko zu groß! Denn wir wollen uns doch darüber klar sein, daß es wirklich kein Kunststück gewesen wäre, von der Bark aus L 23 in Brand zu schießen."

173

„Ein U-Boot..."

„Gewiß, Schütze, ein U-Boot kann auch beim Anhalten eines Schiffes vernichtet werden, aber doch nicht annähernd so leicht."

„Wir müssen mit allen Mitteln die feindliche Tonnage verringern..."

„Das stimmt, Schütze, — aber das Luftschiff hat andere Aufgaben, wenigstens solange wir nur die paar L-Schiffe haben. Aus diesem Grunde habe ich ja auch den weiteren Einsatz der Luftschiffe zum Minensuchen verboten. Trotz der schönen Erfolge. Wir müssen haushalten mit unseren wenigen Luftschiffen, müssen uns darauf beschränken, was die anderen Waffengattungen n i c h t können, und das ist Fernaufklärung über See und Angriff auf England!"

„Buttlar ist neulich ja auch beinahe von harmlos aussehenden Fischern abgeschossen worden", mußte Korvetten-Kapitän Schütze zugeben. „Nach den U-Bootfallen scheinen jetzt auch Luftschiffallen modern zu werden."

Der F. d. L. rückte die Mütze gerade. „Eben darum! Bockholt bekommt ein dickes Lob, das hat er verdient. Zugleich werde ich aber strikte verbieten, daß sowas wiederholt wird!"

*

Sie saßen sich gegenüber.

In den Augen der Mutter schimmerte es feucht.

„Ich konnte nicht eher kommen, Mutter!"

Sie nickte stumm.

„Solange Krieg ist, gehört meine Zeit nicht mir..."

Er legte seine Hand auf die ihre.

174

Dies war nicht der erste Urlaub, aber vielleicht war es der letzte?

Vielleicht, dachte die Mutter.

Wahrscheinlich, dachte der Sohn.

Im vorigen Jahr noch hatte er mit einem Ueberleben dieses Krieges gerechnet, hatte es sich zum mindesten vorstellen können. Heute, am 2. Mai 1917, glaubte er nicht mehr daran. Wenn Männer wie Heinrich Mathy und Werner Peterson, wie Max Dietrich und Robert Koch fallen mußten, mit ihrem überdurchschnittlichen Können, mit ihrer von niemanden sonst erreichten Erfahrung und der überlegenen Ruhe, dann war kaum noch Aussicht, davonzukommen, wollte man nicht die Angriffsfahrten aufgeben . . .

Seine Kiefer mahlten.

Denn Aufgeben kam selbstverständlich gar nicht in Frage. Ein Offizier, ein Soldat, darf nicht danach streben, lebend aus dem Krieg zurückzukehren. Er soll sich nicht opfern ohne Grund. Und wer könnte das, der so eine Mutter daheim weiß? Ihm darf nur der Wille maßgebend sein, den Feind zu schädigen. Nichts sonst!

Und Peter Strasser war Soldat. So hatte er diesen zweitägigen Urlaub sich selbst bewilligt . . .

Nein — er sagte nichts von alledem. —

Die Mutter sah den Sohn an. Er war stets ein guter Junge gewesen. Energisch, immer treibende Kraft. Dafür hatte sie besonderes Verständnis, denn dies war ja auch ihre Art: Lebendig sein! Nicht warten bis andere handeln! Wirken!

Und Peter war ihr nachgeschlagen, ganz und gar. Der Vater hätte das noch erleben sollen, der nun schon 16 Jahre tot war.

Sie blickte zu dem Bild des Mannes hinüber mit dem

175

großen Bart, den sie so schön gefunden hatte, und den freundlichen Augen hinter schmalen Brillengläsern.

Leise strich ihr der Sohn über die Hand.

Stets hatten sie sich ohne viel Worte verstanden. Je älter er wurde, um so mehr. Wenn auch seine Briefe immer kürzer geworden waren. Alle hatte sie sorgsam aufbewahrt. Da fehlte nicht einer. Als Seekadett damals hatte er jeden dritten Tag geschrieben, hatte Eltern und Geschwister aus jungem begeisterten Herzen an allem teilnehmen lassen, was er erlebte. Dann waren die Briefe etwas kürzer geworden. Der Dienst hatte wohl mächtig nach ihm gegriffen. Und in diesen Kriegsjahren waren seine Briefe ganz kurz geworden. Die richtigen Kriegsbriefe. Kaum etwas enthielten sie noch vom eigenen Erleben und schon allein die Unterschrift zeigte, wie der Junge sich gewandelt hatte. — Gewandelt? Sie blickte ihn an. Nein — gewandelt nicht. Durchgeformt. Das Gesicht war fester geworden, die grau-blauen Augen noch ruhiger, noch sicherer. Und die Unterschrift war spitzer geworden, entschiedener, schroffer, hatte alle früheren Schnörkel verloren, aber der letzte Strich des „r" wehte auch heute noch wie eine Flagge, froh vielleicht nicht mehr und nicht mehr unbesorgt, — aber aufrecht und stolz. —

„Der alte Graf Zeppelin ist nun auch gestorben", sagte Peter Strasser in die Stille hinein.

Sie nickte.

„Es ging mir so nahe, als habe ich einen Vater verloren. Er war so gerade und blieb Kämpfer bis zu allerletzt, Kämpfer, für den es trotz aller Rückschläge doch nur Siege gab. So waren auch seine letzten Worte: „Ich habe das volle Vertrauen ..." Dann ist er eingeschlafen, friedlich und still." Peter Strasser blickte in die Dämmerung der Stube. „Ich hätte ihm lieber den Tod gegönnt, wie ihn sein

176

t. Luftschiffbau

L 71 (Kptlt. Martin Dietrich) landet

38 (Kptlt. Martin Dietrich) bei Libau
auf dem Walde gelandet

Kptlt. Heinrich Mathy, der erfolgreichste Luft= schiffkommandant des Weltkrieges, in der Führergondel seines L 31, in dem er in der Nacht vom 1. zum 2. Oktober über London fiel.

In der Führergondel

tapferes Herz sich gewünscht hatte." Die Stimme sprach
wie zu sich selbst. Und nun fügte er hinzu: „Im Sperrfeuer
über England!"

Einen Augenblick war Stille in der Stube. Die Mutter
preßte nur die Hand ihres Jungen, als wollte — als
könnte sie ihn halten. Da sagte er schnell, wohl um die
letzten Worte zu überdecken: „Er war ja schließlich
79 Jahre alt."

„Ja, ja —, und ich bin ja nun auch langsam 74 ..."
Sie lächelte ihrem Jungen zu. Sie war eine tapfere, deutsche
Mutter. Und jetzt sagte sie deshalb lebhaft: „Damals un-
sere Fahrt mit eurem Luftschiff „Hansa" war wundervoll.
Auch Luise schwärmt immer noch davon."

Peter Straffer strich der Mutter wieder die Hand. Das
tat ihr wohl, denn natürlich waren ihre Nächte voll Bangen,
wie die Nächte jeder deutschen Mutter, deren Sohn im
Feuer stand. Und nun war sie voll Glück, ihren Jungen
neben sich zu wissen, aber sie fühlte doch das unaufhaltsame
Verrinnen dieser kurzen Stunden, fühlte auch, daß dies ein
Abschied war —, ein richtiger Abschied —, ob nun davon
gesprochen wurde oder nicht.

In Peter Straffer schwang das gleiche Wissen. Er
sprach nichts von alledem. Er war nur ganz besonders
zärtlich und besorgt um seine Mutter —, und dann be-
dankte er sich bei seinen Geschwistern allen, daß sie von
Halle hergereist, daß sie so spät in der Nacht mit ihm zusammen geblieben waren. — Nein, er sprach nicht viel von
dem, worum es ging. Nur zu seiner ältesten Schwester
sagte er leise und wie nebenbei: „In nächster Zeit werden
schwierige Sachen ausprobiert, Luise —, und du mußt
jetzt schon wissen, daß mir dann etwas menschliches zu-
stoßen kann." Er war so ruhig wie immer. „Dann halte
die Ohren steif!" —

Es war ein kurzer Abschied. Peter Strasser war nicht der Mann für langes Abschiednehmen. Der Kraftwagen ratterte in die Nacht. Aber am frühen Morgen stand sein Luftschiff noch einmal über dem Haus.

Peter Strasser beugte sich stumm aus der Führer-Gondel. Er sah sie unten winken, Mutter und Geschwister. Es war wirklich schon ein richtiger Abschied ...

Jetzt blieb das Haus zurück. Andere Dächer schoben sich vorbei.

Das Luftschiff fuhr eine Schleife und entfernte sich langsam, Kurs Nord.

Unter seinem Heck flatterte die Kriegsflagge im frischen Frühlingswind.

*

L 44 fuhr über See nach England.

Die Rudergänger standen breitbeinig vor ihren Hand-rädern, den Blick voraus, wo die Sonne jetzt blutrot in das grüne Wasser sank. Mit einemmal waren die Farben un-gekannt kräftig. Eine feurige Straße lief zur Sonne hin.

Der F. d. L. ging die paar Schritte nach Backbord in der Führergondel, die, eine kleine Welt für sich, an Draht-seilen und Streben unter dem mächtigen, schwarzen Leib des neuen Riesenschiffes hing.

Auch die langgezogene Wolkenbank war jetzt grün unter blauem Himmel. L 42, immer noch voraus, glänzte golden. Der F. d. L. blickte stumm hinüber. Selbst Kapitänleutnant Stabbert, der immer Tätige, mußte hinsehen, und der be-wegliche Rothe, Wachoffizier auf L 44.

178

Das Leuchten war wie eine Straße fließenden Blutes. Man hatte das oft gesehen von Deck des stampfenden „Panther" herab, — aber jetzt war das irgendwie anders, denn diese blutrote Straße führte geradenwegs nach England. —

Stabbert steckte mit der ihm eigenen kurzen Bewegung die Hand von oben in die schräg eingeschnittenen Taschen seines kurzen Mantels. Er stand, wie immer, sehr gerade, den Rücken hohl, den Kopf ein wenig zur Seite geneigt.

Der Rudergänger in der Bugspitze drehte sein Rad, die Arme etwas gespreizt.

Der tiefrote Ball versank. Einen Augenblick schien sich die See an dieser Stelle nach oben zu wölben. Sie leuchtete weiß, wie flüssiger Stahl, und war im nächsten Augenblick doch stumpf und matt und kalt und tot. Der Himmel war noch ein paar Herzschläge lang von zartem Grün.

Dann wurde auch der Glanz des vorausfahrenden L 42 matt, — wurde grau, und ein paar Augenblicke später war aus dem goldenen Riesenfisch ein schwarzer, drohender Vogel geworden, der bombenschwanger einer Nacht des Grauens sich entgegenschob. —

Die Motoren dröhnten. Die Propeller peitschten das Schiff durch die rauschende Luft. Der F. d. L. fröstelte. Keiner sprach.

Die Nordsee war nun grau und ohne Ende, ohne Leben.

Stabbert beugte sich mit einem Ruck über die Karten. Auch der F. d. L. wendete sich ab. —

An Steuerbord stand ein kleiner, schwarzer Strich. Strasser nahm das Glas. Achtern noch mehr nach Norden ein zweiter, hoch über See. Er nickte zufrieden: Haben auch Kurs England!

Wie er das Glas absetzte, wurden die Schatten undeutlich, zerflossen im grünbläulichen Dämmerlicht.

„Auf 5000 Meter gehen!" sagte Kapitänleutnant Stabbert laut. Der F. d. L. wehrte sich innerlich gegen die
Härte dieser Stimme. Aber es war doch gut so! Man kann
nicht genug wach sein!

Der Rudergänger drehte ein wenig das Rad. „Auf
5000 Meter gehen", wiederholte er bedachtsam.

Der F. d. L. nickte. Hier dicht vor der englischen Küste
war mit überraschender Beschießung durch feindliche Schiffe
oder Flieger zu rechnen.

Der Kommandant klopfte am Barographen. Es war
kalt in der zugigen Gondel.

Wie ein ungeheurer, dunkeler Schatten furchte der
Luftschiffkörper durch die anbrechende Nacht. Schwarz lag
jetzt die See. Manchmal leuchtete noch eine Schaumkrone.
Die Sterne funkelten unwirklich nah und klar in der großen
Höhe.

„Starke FT-Störungen durch englische Stationen!"
meldete Oberleutnant zur See Rothe. Er klappte die Filz-
schuhe aneinander. „Windmessungen nicht zu entziffern!"
Der Kommandant winkte verächtlich ab. „Die Messung von
Brügge reicht ja doch nur bis sechzehnhundert!"

Peter Strasser nickte.

„Also wissen die Beefs schon, daß die Hunnen kommen!"
lachte Rothe. Der F. d. L. antwortete nicht. Seine Gedanken waren voraus und zurück und dabei doch seltsam gegen-
wärtig. In ihm war wieder die Spannung des Anmarsches
zum Angriff, immer wieder aber schoben sich Bilder frühe-
rer Erlebnisse dazwischen, gar nicht einmal immer solche
eigener Erlebnisse, denn die Bilder, die man sich malt nach
kargen, kaum entzifferbaren Funkworten sind oft viel ein-
drucksvoller und hartnäckiger: Neulich Kochs Ruf in der
Nacht: „Bin angeschossen." Keine 50 Meter von der deutschen Front entfernt hatte seinen L 39 der Flammentod er-

180

reicht, — und dann die Nacht, in der sie L 32 mit Lehmann
vergeblich suchten, den ein englischer Flieger auf Erkun-
dungsfahrt abgeschossen hatte. Und nun sah er mit einemm-
mal Kraushaars kleinen Fox vor sich, der seit dem Tode seines Herrn mit traurigen Augen jedesmal Oberleutnant Frey
nachsah, sobald der in sein Lederzeug stieg. Dann verkroch
er sich, um nicht mehr sehen zu müssen, wie das Luftschiff
abfuhr, das ja doch nicht wiederkam... Und wenn es dann
doch zurück war, wedelte Flick und bellte, durchschnüffelte
emsig jede Ecke nach seinem alten Herrn, den längst die See
zurückgegeben hatte und der nun unter Blumen seinen
ewigen Schlaf auf dem Friedhof von Hage schlief...

Der F. d. L. hob den Arm. Die Uhr zeigte jetzt halb
Zwölf. —

„Bitter kalt, so in seligen Höhen..." sagte Rothe und
schlug die Arme hin und her.

Dann war ein feiner, grauer Strich voraus im Dunkeln:
„Englische Küste!" meldete sofort der Seitenrudergänger.
Der F. d. L. hatte ihn schon gesehen. Weißschäumende Brandung wurde jetzt deutlich, ein zarter Silberstreifen, der den
Verlauf der Küste erkennen ließ. Felsige Schatten. Dahinter
einzelne Lichter. Ein Scheinwerfer zuckte nun auf, fingerte
über den Himmel, planlos, aufgeregt, suchte. Das Land lag
sehr tief. Jetzt stieg eine Leuchtkugel aus der Nacht, trieb
tief unten mit blendendem Schein. Die Lichter im Land verloschen. —

Der F. d. L. blickte wieder auf die Uhr: Immer noch
halb Zwölf!

Alles war jetzt abgeblendet.

Der Steuermann nahm Ortsbestimmung.

Die Alarmglocken schrillten durch das Schiff. Ueberall
zog es eiskalt herein, aber jetzt kümmerte das Niemanden
mehr. Langsam schob sich das Schiff heran.

Stabbert ging unruhig hin und her. Rothe kam lachend aus der Funkbude geschlurrt: „Zepp passing overhead!" funken die Beefs mit äußerster Energie!"

Der Kapitän fingerte an seinem Halstuch. Diese letzte Viertelstunde vor dem Angriff war immer die schlimmste! Jedesmal war das so!

Rothe stieg in den Laufgang hinauf. Durch die Luke zog es kalt herein. In diesem Augenblick flammte Licht weitab im Süden, teilte sich in einzelne Arme, die unruhig hin- und herpendelten.

Backbord voraus stand plötzlich ein Luftschiff taghell im Scheinwerferlicht. Jetzt jagten von allen Seiten kleine Lichter zu ihm hinauf, zersprangen zu blitzenden Bällen. Funken tropften herab, wurden ausgewischt von den leuchtenden Armen, die überall jetzt aus dem Dunkel heraufbrachen. Aber das Luftschiff drüben zog unbeirrt seine Bahn, brannte seinen Weg mit glimmenden Punkten in englische Erde. Funken umsprühten den silbernen Fisch, wie die glitzernden Sternchen an einem Schleifstein. Immer wieder stiegen Lichter von unten hoch, rasten heran, sanken wieder zurück, kamen neu herauf, — immer neu.

Der F. d. L. blickte zu dem Kampf hinüber, wie Stabbert hinsah, der nun auch schon manchen Englandangriff hinter sich hatte. Die Rudergänger standen wie Schatten. Nur Rothe lachte wieder, klappte die Luke zu und flüsterte zum Seitensteurer: „Endlich fängt der Krach richtig an. Die stummen Scheinwerfer sind viel zu einseitig!"

Peter Strasser hörte es. Wenn einer so lachte, der noch keinen Schuß gehört hatte, — aber Rothe? Dies war der 42. Angriff der Luftschiffe auf England!

Die Führergondel war dunkel, einfach ein enger Raum, in dem die paar Mann für sich an den Feind fuhren. Hinten kauerten noch ein paar Mann neben den Motoren, fünfzig,

182

hundert Meter zurück. In der stickigen Luft der Funkbude horchte der FT-Maat am Kopfhörer. Der Segelmacher im Laufgang hatte jetzt wohl den immer bereiten Cellontopf beiseite gestellt und öffnete sicher schon die Bombenklappen.

In jedem einzelnen schwang die große Spannung. Der F. d. L. grub sich die Fingernägel ins Fleisch. Der Rudergänger spuckte sich noch einmal in die Hände. Die bei den Motoren schoben sich vielleicht noch einen Priem zwischen Zahn und Backe. Stabbert rückte nur an der Mütze, und der kleine Rothe mußte halt wieder einen Witz loslassen, auf den er selbst nicht hörte! Ein Witz, vielleicht Sekunden vor dem Tod, — mag sein, daß nicht jeder so sterben will!

Der F. d. L. stand mit mahlenden Kiefern. Er sah das Sprühen dort draußen, das wieder einem seiner Schiffe galt, und lebte doch sehr wach in diesem kleinen Raum. Mag sein, daß nicht jeder so sterben will, aber das ist schließlich Sache des Menschen, Sache der Nerven, — und besser mit einem Witz auf den Lippen seine Pflicht getan, als mit hallenden Worten ihr ausgewichen!

L 44 fuhr dem Ziel entgegen! Der F. d. L. hatte keinen Befehl mehr gegeben, seit dem allgemeinen Angriffsbefehl. Die Kommandanten sollten nicht an Vorschriften gebunden sein, sollten frei entscheiden können, jeweils nach Lage der Dinge!

Er vergrub die Hände in den Taschen. Und wer, der von diesem Sterben guter Kameraden weiß, hat sich nicht seine Gedanken darüber gemacht, daß er selbst vielleicht der nächste ist?

Peter Strasser machte die Augen schmal. Wer auf deutschen Luftschiffen gegen England fährt, tut dies freiwillig! Jeder k a n n zurücktreten! Jeder m u ß zurücktreten, der an sich selbst denkt, und der die Qual eigener Wunden, eigenen Tod abwenden will! Aber keiner von diesen Männern tat das. Sie standen hier an ihren Rudern, kauerten frierend neben den Motoren, hoch über feindlichem Meer, über feindlichem Land. Sie hatten jedesmal noch ihr ganzes Wissen um die Entsetzlichkeit des Flammentodes zurückgestellt hinter der Forderung, die nichts aus ihrem Innern hatte herausreißen können.

Der weiße Brandungsstreifen lag längst hinter L 44. Die Motoren donnerten. Die Luft rauschte um das Schiff, das seinen Kurs gradenwegs ins Land fuhr. Stabbert wollte wohl von Westen aus unbemerkt über die Stadt, mit großer Fahrt im Rückenwind! Recht so! Die Scheinwerfer fingerten aufgeregt, ohne das Schiff zu fassen. Eine dünne Wolkenschicht hielt jetzt die Lichtbündel auf. Beim Näherkommen war die von unten beleuchtete Nebeldecke zu opalisierender Milch geworden. Nun war sie schon wieder zu Ende. Die Lichtbalken pendelten an ihr vorbei.

Noch fünf Minuten vielleicht, dann mußte L 44 mitten im Abwehrfeuer sein. Der F. d. L. hob ruhig den linken Arm, sah auf das Leuchtzifferblatt, nickte, ließ den Arm wieder sinken. Aber im gleichen Augenblick fiel ihm auf, daß er doch nicht erfaßt hatte, wieviel Uhr es war. Eigentlich war das ja auch sehr unwichtig, wann die Brandgranate zündete . . . Er biß sich die Lippe. Scham vor eigener Unruhe? — Er brauchte ja nur ein Wort zu sagen, dann unterblieb der Angriff! Er konnte zurückfahren und dem Flottenchef melden, daß er am Ende seiner Kunst sei! Daß es Selbstmord wäre, in dieses gegen früher verhundertfachte Abwehrfeuer, an 55 000 Kubikmeter Gas hängend, hinein zu fahren, mit einem Schiff von bald 200 Meter Länge und 27 Meter Dicke, das trotz der großen Fahrthöhen von den Scheinwerfern erwischt, von vielen Granaten erreicht werden konnte. Zwei neue Angriffe hatten das gezeigt! Kein Mensch mit ruhiger Ueberlegung würde ihm einen Vorwurf machen können, jeder mußte das einsehen!

184

Der F. d. L. starrte zu den beiden Luftschiffen hinüber, die, umsprüht von hundert Brandgranaten, jetzt taghell im Scheinwerferlicht ihre Bomben warfen. Jeden Augenblick glaubte man, die Flammen aus dem Schiffskörper lecken zu sehen, aber unbeirrt zogen die Kameraden ihren Weg!

Mit brennenden Augen starrte Peter Strasser hinüber. Die Engländer stellten ihn sich wohl vor als wilden Piraten, der seine Lust hatte an Tod und Verderben, der Menschen vernichten wollte und Menschengut!

Der Mann aber, der hier still in der Führergondel von L 44 lehnte, war nur Soldat. Einer von den Soldaten, die keine Rücksicht kannten gegen sich selbst, und denen es nicht genügte, Befehle auszuführen, sondern die selbst Wege bahnen mußten für den Sieg! —

„Backbordmotor ausgefallen, Herr Kapitän!" kam Stabberts laute Stimme. Der F. d. L. fuhr herum. Daß er selbst das nicht gemerkt hatte!

„Keine Antwort von der Gondel!" Stabbert suchte das Gesicht des Führers.

Abdrehen! könnte er sagen. Schleunigst nach Hause! Niemand könnte einen Vorwurf machen! Aber statt dessen warf der F. d. L. den Kopf zurück. Stabbert sagte in diesem Augenblick: „Wir drehen am besten sofort zum Angriff auf!"

Der Kapitän nickte, da rief Rothe: „Der zweite Motor steht!"

Blutige Brände lohten unten durch weiten Dunst. Rote und grüne Leuchtkugeln züngelten hoch. Scheinwerfer wischten. Krachend krepierte ein Schrapnell unter dem Schiff. Sein Luftdruck traf die Gondel wie ein schwerer Hammerschlag. Der F. d. L. mußte sich ans Fensterbrett klammern, um nicht umzufallen. Wieder zerkrachte eine schwere Salve vor dem Bug.

„Alle Motoren äußerste Kraft voraus!" Die Stimme
des Kommandanten überschlug sich. „Dreimal äußerste
Kraft!"

Statt dessen nur ein Schrei: „Dritter Motor ausgefallen!"

„Was ist denn los?" rief Kapitänleutnant Stabbert, da
hatte der Scheinwerferarm das Schiff erfaßt, daß es milch-
weiß erstrahlte. Dünne Schleier einer neuen Lage von
Schrapnells zogen dicht vorbei. Mündungsfeuer züngelten
tief unten, rot. Wieder und wieder.

„Kann 5000 nicht mehr halten!" rief der Rudergänger.
L 44 trieb fallend. Flammenberge schossen auf. Krachen und
Prasseln.

„Klar zum Bombenwurf?" fragte der Kommandant.

„Bombenklappen sind offen!" meldete Rothe.

Da ließ der Scheinwerfer wieder los, fuchtelte wild.
Von allen Seiten tasteten sie, weißgrüne Nebelarme kreuzten sich, blendeten nun wieder schreiend gegen den Schiffskörper.

L 44 trieb quer zum Wind über die Stadt, steuerlos,
Zielscheibe des sprühenden Kranzes von Batterien, die
fauchend Hunderte von Schrapnellen, von Brandgranaten
mit ekelhaftem Flammenzug hinauf steigen ließen. Platzten
sie eben noch unter dem Schiff, so blendeten ihre Blitze jetzt
schon in die Gondelfenster, nun gar über dem Schiff, —
immer wieder über dem Schiff, das unaufhaltsam herunter-
sank.

Das ist das Ende! schrillte es in jedem dieser Männer.
Mathy fiel so, Peterson und Schramm, Dietrich und Koch
und Frankenberg. Man kann sich leicht ausrechnen, wohin
das Schiff fallen wird! Selbst, wenn man das unglaubliche
Wunder für möglich hielte, daß diese hundert und aber hundert glühenden Splitter an diesem mit hochbrennbarem Gas

gefüllten Riesenkörper vorbeisprühen sollten, der steuerlos mit der Geschwindigkeit einer Schnecke durch diese tobende Hölle trieb.

Lichter glitten waagrecht vorüber, weiß und rot.

„Achtgeben auf Flieger!" rief Stabbert, aber der Ausguck oben auf dem Schiff antwortete nicht. War denn alles verhext in dieser Nacht?

Der F. d. L. stand ohne Wort.

„Runter mit den Bomben!" befahl Stabbert. Rothe war schon über das Zielfernrohr neben dem Seitenrudergänger gebeugt, Finger an den Tasten des Abwurfapparates.

L 44 stampfte unter Geschoßböen. Jetzt winselte die erste Bombe herab, versank im Bodenlosen. Alle Augen brannten. Die Zeit war zäh. Blindgänger? Ist denn wirklich alles verhext in dieser . . .

Da flammte tief unten ein kleines Licht, — und jetzt fingerte der W. O., daß Bombe auf Bombe niedergurgelt. Die Böen ihrer Explosionen rüttelten am Schiff, aber sie waren die Genugtuung, daß man nicht völlig wehrlos diesem Feind ausgeliefert war, — daß man sein Leben so teuer wie möglich verkaufte.

Brände schwelten jetzt neu auf, fraßen gierig um sich, aber da stiegen auch langsam, ganz langsam, helleuchtende Pünktchen von unten herauf, zogen am Schiff vorbei in die Höhe.

Rothe richtete sich hoch, lachte tatsächlich: „Die weißen Mäuse!" Er schnalzte mit der Zunge.

Da faßte der Scheinwerfer wieder, blendete grell, daß jeder Buchstabe in der Karte zu sehen war, daß die Gesichter fahl wurden und die Schatten an der Decke standen.

In diesem Augenblick sank der Seitenrudergänger lautlos um. Rothe taumelte auch, keuchte, schnappte nach Luft, aber lachte doch noch. Stabbert sprang nach vorn. Der Höhensteurer machte auch den Mund auf, als ob er etwas sagen wollte. Stabbert griff in die Luft, schrie überschlagend grell: „Was ist denn los?"

Da beugte sich der F. d. L. ein wenig vor: „Mensch! Schreien Sie doch nicht so!" Seine Stimme war kaum erhoben, als wenn das alles gar nichts wäre.

Der Rudergänger lag steif. Rothes Augen waren glasig. Der Mann am Höhensteuer umklammerte sein Rad, — klobig. Die Abwehr tobte um das steuerlos treibende Schiff. Da setzte der F. d. L. hinzu, mit dem Lächeln, das jeder kannte: „Die hören Sie unten ja!"

Der Kommandant starrte ihn fassungslos an. Wer kannte nicht dieses Lächeln des F. d. L.? Man wußte nicht recht, war es über den eigenen Witz, oder war es ein klein wenig Spott, — eigene Ueberlegenheit über die anderen? Jetzt strich er sich tatsächlich mit der bekannten, langsamen Bewegung über den Bart, so wie er das in Nordholz am Schreibtisch zu tun pflegte, ehe er eine Entscheidung traf.

Hörte er gar nicht das hundertfältige Fauchen der Batterien? Sah er nicht die „weißen Mäuse", die mit hellglühender Spitze auf unsere Gasfüllung Jagd machen?

Jetzt wendete sich der F. d. L. wortlos und stieg die Leiter hinauf zum Schiff. Seine Lederjacke flatterte. Er mußte fest zupacken, denn die Sprossen hatten Eis angesetzt. Einen Augenblick schwebte er frei zwischen Gondel und Schiffskörper. Sein Atem ging kurz. Beinahe 5 Meter mußte er hinauf. Dann stieß er die Luke los, zog sich in den Laufgang hinein, lehnte atemringend an einem Duralträger mit hämmernden Schläfen, tastete sich an dem dünnen Draht entlang über die geländerlose Planke (keinen Fuß war sie breit), die sie den „Laufgang" nannten. Neben den offenen Bombenklappen kauerte eine Gestalt, starrte hinunter in das tausendfältige Sprühen.

188

„Bombenklappen schließen!" befahl der F. d. L., aber der Mann rührte sich nicht. „Segelmacher!" schüttelte er ihn, doch der Mann blieb starr. Peter Strasser schlurrte weiter. Wenn das Schiff unter einer Geschoßböe sprang, mußte er sich festklammern, um nicht zwischen Benzinfässern und Ballastwasserhosen durch die Bespannung viertausend, dreitausend Meter, oder wie viel es noch waren, in die tobende Nacht hinunterzustürzen, mitten in das Pauken hinein, das kein Motorendonnern jetzt mehr überschrie.

Das Licht war fahl im Laufgang. Keine Lampe brannte im Schiff über dem Feind, nur das gelbe Licht der Scheinwerfer strahlte durch den Hüllenstoff.

Der F. d. L. zwängte sich zwischen Wassersäcken hindurch. Dann stieß er die Blechluke auf. Die Motorgondel hing unter ihm, wie eine winzige schwarze Insel in glitzerndem Strom. Vorsichtig stieg er die Leiter herab durch die Luft, durch die noch die Splitter surrten, auf das Dach der achteren Maschinengondel, deren Propellerflügel schwarz und reglos sich spreizten. Der Kapitän mußte seine ganze Kraft zusammennehmen, sich festzuklammern, denn seine Glieder waren seltsam schwer. Er wollte sich irgendwo hinhocken, ganz still dort sitzen bleiben, — es war ja doch gleich alles schon aus...

Aber er riß sich zusammen, öffnete die Luke, turnte mühsam in die kleine Gondel. Dicker Dunst von Benzin und Oel schlug ihm entgegen, obwohl die kleinen Fenster offen waren. Der Motor stand. Man könnte hier ersticken.

„Hallo!" rief der F. d. L., aber keine Antwort kam. Die beiden Maate hockten auf ihren Brettchen und sahen ihn teilnahmslos an. Auch das Sprühen der Abwehr, das Poltern der Detonationen schien ihnen gleichgültig zu sein. Es war wie der Blick in eine Hinrichtungszelle. Strasser tastete sich heran. Der eine hielt ein Oelkännchen in der Hand, aber die Flüssigkeit war auf die schmale Laufplanke neben dem Motor geflossen. Durch alle Ritzen der winzigen Gondel drang der Lichtstrahl grell. Die Abwehr knatterte ohne Unterlaß, dröhnte, paukte, riß an den Trommelfellen. Das alles war wie ein Spuk! Der Mann wurde auch durch Rütteln nicht wach, — und in den kleinen Seitengondeln schliefen sie auch.

Und von der Plattform kam keine Antwort. Das Schiff trieb fallend. Peter Strasser keuchte im Laufgang.

Nur 20 Meter waren es da hinauf zum First, für Leute, die leicht schwindlig wurden, allerdings kein angenehmer Weg die wacklige Leiter senkrecht hoch, aber wie oft war der F. d. L. nun da hinaufgeentert, hatte mit Ausschau gehalten im eisigen Fahrtstrom hinter dem Maschinengewehr. Diesmal jedoch gelang es ihm, sich nur wenige Sprossen in dem engen Schacht hochzuziehen. Er konnte einfach nicht weiter, konnte sich nur mit Mühe halten, um nicht die wenigen Sprossen wieder hinunter zu fallen. Sein Atem keuchte.

Und dabei sank das Schiff treibend über Feindesland, irgendwie mit dem Wind, leichtes Ziel für hundert Geschütze, für Abwehrflieger ...

Der F. d. L. raffte sich wieder auf. Mit aller Kraft hob er den linken Fuß, fand endlich die Sprosse, zog mühsam den anderen nach, tastete mit der rechten Hand höher, arbeitete sich langsam weiter. Es war wie ein Traum, das alles. Ja, — er träumte jetzt dieses Furchtbare. Gleich mußte er aufwachen — oder — nein —, er träumte nicht.

Was wollte er eigentlich auf dem Rücken des Schiffes? Wollte er sehen, wie der Flieger die bekannte weiße Leuchtkugel abschießt, damit die Erdabwehr schweigen solle? Wollte er sehen, wie dann die Phosphorkugeln gleich Perlen einer Kette in den wasserstoffgefüllten Schiffskörper hineinlaufen, — wie die Flammen dann züngeln?

190

Er mußte die Augen schließen, obwohl er sich dagegen
sträubte. Der rechte Arm war eingehängt in eine Sprosse,
der Rücken suchte die Wand des engen Schachtes. Die Knie
waren ungekannt weich. Jetzt sank die Stirn an das kalte
Metall der Leiter. Die Augen fielen ihm zu. Er hatte das
Gefühl, als hinge er nur an dieser dünnen Leiter, 5000
Meter über nächtlichem Abgrund. Er glaubte, die Leiter
entlang zu sehen, 1000 und 1000 und wieder 1000 Meter.
Und um die dünnen Holme, um die leichten Sprossen heulten die Splitter, paukten die Schrapnelle, jaulten die Brandgranaten, die der kleine Rothe mit letztem Lachen „weiße
Mäuse” genannt hatte, stiegen mit langsamer Beharrlich-
keit aus der wahnsinnigen Tiefe hinauf: Und dabei rann die
Kraft aus den Händen, aus den Armen! Man möchte noch
einmal tief atmen, ganz tief, — und dann sich fallen lassen.

Da schwieg die Abwehr. Plötzlich summte nur das Gas
in den Zellen irgendwie, — oder war es der Wind? Es war
mit einem Male völlig dunkel.

Der F. d. L. fuhr hoch, denn das konnte nur die weiße
Leuchtkugel des Fliegers bewirkt haben, — und jetzt mußte
das Rasseln seiner Maschinengewehre . . .

Er starrte mit brennenden Augen ins Dunkel, aber das
blieb undurchdringlich und still. Man könnte auf dieser Angriffsfahrt das Gruseln lernen, in diesem steuerlosen, schla-
fenden Schiff! Oder war nicht vielleicht dies alles doch nur
Traum, verwirrender, bedrückender Traum einer Ohnmacht,
Uebergang in das Nichts?

Doch Peter Strasser war nicht der Mann, der eine Sache
aufgab, solange er noch lebte. Er raffte sich hoch aus dieser
bleiernen Müdigkeit, kroch Stufe um Stufe hinab durch
den Schacht, schlurrte tappend über die dunkele Laufplanke,
vorsichtig, denn sie war ja nur einen Fuß breit. Durch die
offenen Bombenklappen sah er dunkles Land. Er mußte

sich vor Schwäche an einem Träger halten. Es zog bitter-
kalt. Nur ab und zu war ein Licht sehr fern. Dann ein
heller Streifen, der in weitem Bogen verlief: Brandung!
Dahinter schwarz, die See.

Das ist die Rettung! elektrisierte es ihn. Das Wunder
war tatsächlich geschehen, daß Hunderte von Abwehr-
geschützen und alle Flieger auf ein steuerlos im Winde
treibendes, völlig wehrloses Luftschiff vergeblich geschossen
hatten! Und das Wunder war geschehen, daß der Westwind, den der F. d. L. von vornherein seinem Angriffsplan
zugrunde gelegt, L 44 über die Küste hinaus auf See getrieben hatte. Bei soviel Glück durfte es ja gar kein Versagen mehr geben, kein menschliches Versagen jedenfalls!
Und mit den Maschinen mußte man auch fertig werden!

Jetzt durfte man nicht ruhen, ehe alle wieder wach wurden, bis die Motoren wieder liefen. Runter aus der Höhe
müssen wir zuerst einmal, um wieder den nötigen Sauer-
stoff für die Lungen zu haben, um Kraft zu sammeln und
um etwas aufzutauen!

Vorsichtig kletterte der F. d. L. wieder in die Führergondel und ruhte nicht, bis einer nach dem anderen aus
seiner Stumpfheit erwachte, bis wenigstens e i n Motor
wieder lief. Das war ein schweres Stück Arbeit, und die
Dämmerung setzte schon ein, aber dann gab das Knattern
des Motors, das Rauschen der Luftschraube neuen Mut.
Erst mitten in der Nordsee sprang nach mühseligen Versuchen der zweite Motor an. Nach wenigen Takten stand er
wieder. Die anderen drei Motoren waren überhaupt nicht
in Gang zu bringen. Das Kühlwasser war wohl eingefro-
ren, trotz aller Frostschutzmittel. Alle Mann waren an der
Arbeit, müde und stumpf mit matten Augen und kurzem
Atem, aber Peter Strasser stieg in jede Gondel, stand nicht
im Weg, griff manchesmal mit zu, sagte nicht viel, doch in

seinem Gesicht war wieder das Lächeln, das jeder kannte. Es war wirklich das Lächeln des unbelehrbaren Optimisten, das Lächeln des Stärkeren. Da lief endlich auch der zweite Motor, während der FT.-Maat Meldung an den Flottenchef gab. Mit der Geschwindigkeit eines alten Frachtdampfers fuhr L 44 langsam der Sonne entgegen über den blauen Wellen der Nordsee vor stetigem Wind. Wenn feindliche Flieger kämen, wäre nicht viel zu machen, auch englische Seestreitkräfte hätten leichtes Spiel gehabt, und es war noch manche Stunde bis zur schützenden Halle. Es war noch lange keine sorglose Fahrt, und doch schwang etwas Feierliches im F. d. L., — irgendwie eine tiefe Freude...

Freude? Nicht eigentlich über das noch einmal wiedergewonnene Leben, nein, Stolz über den Sieg, der doch noch einmal errungen worden war! — Nein, — auch das war es eigentlich nicht, — es war eher Freude darüber, daß er an dieser Fahrt selbst teilgenommen hatte, daß er auf diese Weise selbst die Schwierigkeit dieser ersten Angriffsfahrt in großer Höhe erlebt hatte. Denn e r war es ja, der neue Wege suchen mußte, auch dieses Hindernis zu überwinden.

Jetzt saß er in der Führergondel am Fenster, durch das die warme Luft frühen Sommers hereinströmte. Unten zogen langsam Minensperren vorbei. Dann furchte ein Torpedoboot das blaue Wasser, zog einen langen, weißen Schweif hinter sich her.

Stabbert machte Meldung über einen Winkspruch. Der F. d. L. dankte freundlich, aber er hatte gar nicht richtig hingehört. Er war in Gedanken schon bei dem neuen Atemgerät, das unbedingt und schnellstens geschaffen werden mußte. Das alte Ballongerät genügte selbstverständlich nicht, war viel zu schwer und zu unhandlich. Viel Gewicht durfte das neue Gerät überhaupt nicht haben, denn die Bombenlast durfte keinesfalls vermindert werden! Und vor

allem mußte es genügend Bewegungsfreiheit gewähr-
leisten!

Eilig glitt sein Stift über die Seiten seines Taschen-
buches, — und als die Klänge der Truppkapelle herauf-
klangen, „Alle Vögel sind schon da...", als endlich L 44
an den Katzen lief und von 500 Mann langsam in die Halle
eingefahren wurde, stand der F. d. L. wohl grüßend am
offenen Fenster, aber gleich darauf ging er mit großen
Schritten in seiner aufrechten, und doch biegsamen Art, zur
Schreibstube hinüber.

Schlafen? Mochten die anderen schlafen! Die Sache
„Höhenfahrt" mußte sofort in Angriff genommen werden.
Und inzwischen waren auch die ersten Meldungen der anderen Luftschiffe da. Ein Rudergänger, der den Höhenmesser
vor sich hatte, um das Steigen genau zu verfolgen, war
plötzlich zusammengebrochen und war nicht mehr aufzu-
wecken. Herzschlag hatte der Arzt festgestellt. Auch auf den
anderen Schiffen hatten sie schwer unter Höhenangst und
Höhenkrankheit gelitten. Der F. d. L. diktierte, telephonierte, telegraphierte noch, als längst die Posten durch die
laue Mainacht um die im Dunkel liegenden Hallen gingen.
Der Adjutant kannte diese Nächte, in denen fern in den
Büschen über die Heide, wie aus einer anderen Welt, eine
Nachtigall schlug, während hier gearbeitet wurde, ohne viel
aufzusehen. Aber er ertrug sie lieber, wie die vergangene
Nacht, die so lange keine Nachricht gebracht hatte von L 44.

*

„Der Mann ist über Bord gefallen, als er am Kühler
der BB-Gondel arbeitete."

„Wie hoch war Bockholt denn da mit seinem L 23?"
fragte der F. d. L.

194

„Ueber 5000 Meter."

„Alſo wohl höhenkrank. Der Saugſchlauch des Atem-geräts muß derart aufgehängt werden, daß man, ohne an-faſſen zu müſſen, den Mund direkt heranführen kann..." Er ſah ſein Gegenüber an. „...aber im weſentlichen ſind wir uns einig, Schütze! Die kommende Angriffsperiode muß trotz der Höhengefahr wieder voll ausgenutzt werden."

„Selbſtverſtändlich, Herr Kapitän!"

Der F. d. L. ging auf und ab.

„Hört ſich eigentlich...", warf Korvettenkapitän Schütze ein, „...verflucht einfach an, — und die Beefs werden uns hier ſich vorſtellen als grinſende Polypen, die hämiſch lächelnd ihr Gift miſchen, an dem vielleicht Hunderte zu-grunde gehen werden. — Wer Sie nicht kennt, würde Sie wohl für einen eiskalten Mann halten, den Blut nicht rühren kann..."

Der F. d. L. wandte ſich dem Kommandeur ſeiner Luft-ſchiff-Abteilung zu: „Es kommt ja nicht darauf an, für was man uns hält, ſondern nur darauf, was wir tatſächlich ſind. Aber Sie haben ganz recht, Schütze. Wir werden in der Be-urteilung unſerer Zeitgenoſſen und wohl auch all' derer, die nach uns kommen, wahrſcheinlich ſehr ſchlecht abſchneiden." Er blickte den Kameraden an. „Kann ja auch gar nicht aus-bleiben. An ihren Früchten ſollt ihr ſie erkennen..." Er war ſehr ernſt, als er fortfuhr: „Mich alſo wird man an den ſtummen und den wimmernden Menſchen erkennen, die unter den Trümmern inmitten der Londoner City begraben ſind. Und an dem letzten Röcheln der Mannſchaft, die ich in den ſicheren Tod geſchickt habe."

Ganz langſam ſprach er nun, wie zu ſich ſelbſt: „...und auch jetzt wieder ſchicken werde..." Er hielt inne.

Korvettenkapitän Schütze ſagte: „Muß man ſich das ſo ausmalen, Herr Kapitän?"

Peter Strasser setzte sich an seinen Schreibtisch, — nahm ein Blatt, — aber sah Victor Schütze über die Zeilen hinweg an: „Offiziell muß man das wohl nicht. Aber, wenn ich hier tagaus, tagein sitze und meine Pläne mache, dann kommen einem doch solche Gedanken. Man fühlt, daß man mit jedem Plan in das Leben von Hunderten von Menschen drüben und bei uns eingreift! Meine Angriffsbefehle sind natürlich knapp und kalt. Sollen ja auch nichts anderes sein, als nackte Befehle, ohne jedes Beiwerk! Aber ihr Ergebnis beschäftigt mich doch jedesmal im voraus. Wenn man selbst über der City steht oder über Grimsby oder Nottingham, ist das ja etwas anderes. Im Prasseln der Abwehr kämpft man ganz anders, als hier am Schreibtisch. Ueber dem Feind ist man ja eigentlich von seinen Opfern nur wenige tausend Meter entfernt. Hier aber viele hundert Kilometer und manchmal Wochen weit ist man ihnen trotzdem näher . . ."

„Weil man Zeit hat, alles zu überlegen . . .", warf Schütze ein.

„Ja, — und ich fände es kläglich, wenn ich, als der Verantwortliche aller Englandangriffe, diesem Nachdenken aus dem Wege gehen würde."

„Aber wo sollen wir dann hinkommen, Herr Kapitän, wenn wir jeden Toten sehen, — vorausfehen sogar?"

Der F. d. L. blickte ihn fest an: „Zu neuer und bestimmter Tat!" Er beugte sich vor: „Sehen Sie, Schütze: ‚Wo wollten wir hinkommen . . .', hat der große Friedrich gesagt, ‚. . . wenn unsere Soldaten zu denken anfingen!' Und hat damit auch wirklich recht gehabt. Dafür denkt eben der Führer, — und ich finde, der d a r f sich einfach nicht um das Denken herumdrücken. Ich muß die Vernichtung voraussehen, die auf meinen Befehl in Feindesland hineingetragen wird, — nicht, weil ich mich daran neronisch freue,

196

— das wäre nicht einmal das Schlimmste, denn dann würde ich ja schließlich einmal übersättig, würde nichts mehr von dem allem wissen wollen. Nein, — ich muß sie voraussehen, damit ich auf Grund der Erfahrungen die Wirkung verbessern kann, — das Unglück also noch erhöhe."

„Feind ist Feind!" warf Schütze achselzuckend ein.

Peter Strasser blickte verloren vor sich hin: „Man könnte auch sagen: Mensch ist Mensch, — und jede Kreatur hängt an dem bißchen Leben! Aber wir wehren uns ja wirklich nur! Und..." Er hielt inne. „Was mir viel mehr zu schaffen macht, sind die Kameraden, die ich da jedesmal in den reichlich sicheren Tod hineinbefehle."

Schütze wehrte ab: „Auch Ihr Befehl ist ja nur Ausführung eines Befehls von oben."

„Nein, — das ist es eben nicht! Wenn Ihr wüßtet, wie leicht es mir gelingen würde, keinen einzigen Englandangriff mehr anzusetzen zu müssen! Von Mal zu Mal, — von Verlust zu Verlust sind zäheste Kämpfe nötig, bis ich die Genehmigung für weitere Angriffe bekomme. Ein Wort von mir, und kein Mensch verlangt von uns noch einen einzigen Englandangriff." Er hielt kurz inne. „Das ist es ja eben! Die Infanterie wird zum Sturm befohlen! Der Flieger zum Luftkampf oder zum Bombenabwurf, — aber u n s befiehlt man allenfalls zur Aufklärung oder um einen draußen schwabbelnden Flieger aufzusuchen. — Was haben wir, was hat der gute, alte Graf erst kämpfen müssen, bis die hohen Herren endlich nachgegeben haben. Es ist ja tatsächlich doch eine Affenschande, wenn man bedenkt, daß in dem Augenblick, in dem Deutschland um seine nackte Existenz gegen die ganze Welt ringt, die erbarmungslos unsere Frauen und Kinder verhungern läßt, — daß in diesem Augenblick im Großen Hauptquartier ein Befehl ausgeheckt wird, daß bei den Angriffen Museen und königliche Schlösser des

Feindes zu schonen seien! Als wenn es sich hier um Ausgrabungen auf Korfu handeln würde, oder um die Nichtgefährdung verwandtschaftlicher Beziehungen! Und so geht das nun die ganze Zeit weiter! Bei jedem Schiff, das brennend runterkommt, wird mir vorgehalten, daß es eben ein Unding wäre, mit all dem Wasserstoffgas über dem Kopf zwischen Tausenden von Brandgranaten rumzufahren! Als wenn ich das nicht selbst wüßte! Und als wenn es weniger gefährlich wäre, U-Bootskrieg zu führen oder ein paar Gräben aufzurollen, oder mit einer Ladung Brisanzgranaten unter dem Hintern durch das Sperrfeuer zu fahren! Oder sich sonst wo einzusetzen in diesem Krieg! — Ich gebe ja zu, daß unsere Aussichten nicht allzu groß sind, alt zu werden bei dieser Luftschiffahrt, aber es kommt doch nur auf Deutschland an und nicht auf uns!"

Der Korvettenkapitän nickte: „So denken wir alle!"

Der F. d. L. ging durch die Stube.

„Und weil wir alle so denken..." beharrte Schütze, „...vom Kommandanten bis zum letzten Mann..."

„...ist die Sache doppelt schwierig für mich!" fuhr der F. d. L. dazwischen.

„Nein, — leichter, — Herr Kapitän! Sie sind damit doch restlos entlastet! Sie treiben uns ja nicht in den Tod! Wir gehen alle freiwillig!"

Peter Strasser blieb stehen und legte dem Kameraden die Hand auf die Schulter: „Das stimmt, Schütze! Ich habe noch keine Besatzung zu einem Angriff antreiben müssen! Jedes-, — aber auch jedesmal war es wirklich ein Kampf mit denen, die aus irgendeinem Grunde zurückbleiben mußten!"

„Und es vergeht doch kein Klarmachen zum Angriff, ohne daß ein paar von den braven Kerls ankommen und händeringend betteln, nicht zu Hause gelassen zu werden.

198

Herr Kapitän sind also wirklich nicht schuldig am Tod auch nur eines einzigen!"

Der F. d. L. wehrte ab: „Lassen Sie nur diese gutgemeinte Entlastungs-Offensive, lieber Schütze! — Wenn man schon über solche Dinge nachdenkt, dann soll man sich auch keinen schönen Dunst vormachen. Sonst ist das Ganze Zeitverschwendung! Ich befehle gewiß nur, weil ich zum Befehlen befohlen bin, — und kein einziger von euch muß lange angetrieben werden, meine Befehle auszuführen. Aber genau so, wie ich mühsam die Erlaubnis durchsetze, daß wir angreifen dürfen, genau so könnte ich die g e g e n t e i l i g e Erlaubnis erzielen."

„Es kommt eben darauf an, Herr Kapitän, — was man als Führer will im Krieg. — Ob man seine oberste Aufgabe darin sieht, die einem anvertraute Mannschaft mit möglichst geringen Verlusten wieder heim zu bringen, — oder den Feind so viel zu schädigen wie nur irgend möglich."

„Warum: Entweder — oder? Mein Ziel ist, beides miteinander zu vereinigen. In erster Linie kommt es dabei natürlich darauf an, den Feind niederzuringen!"

Victor Schütze nickte.

„Dafür muß ich Verluste mit in Kauf nehmen können. Aber die Tatsache bleibt bestehen, daß ich dadurch das Schicksal all dieser Menschen in der Hand habe."

„Aber Sie haben es ja nicht allein in der Hand, — Sie machen es zum eigenen Schicksal, indem Sie unbeirrt immer wieder selbst Angriffe mitfahren!"

Strasser nickte. Dann sagte er: „Wissen Sie, Schütze, — wenn ich das nicht tun würde, könnte ich, — glaube ich, — gar nicht F. d. L. sein. So einfach befehlen und selbst hinten bleiben . . ." Er schüttelte sich.

„Nun, — keiner von uns würde das Herrn Kapitän übelnehmen. Wir wissen jetzt längst, daß Sie nichts von uns verlangen, das Sie nicht jederzeit selbst zu geben bereit sind! Und deshalb ist es nicht einfach so ein Gerede, sondern ich weiß genau, daß jeder einzelne von uns sich darüber freuen würde, wenn der F. d. L. bei der nächsten Angriffsperiode zu Hause bleiben würde."

Strasser kniff ein Auge zu und lächelte: „D a s kann ich mir denken, daß euch keiner auf die Finger guckt! Von wegen FT-Disziplin und so!"

Schütze mußte lachen: „Nee, — das nicht, — nur wegen Ihrer Gefährdung. Denn daß der F. d. L. die Seele von der ganzen Marine-Luftschiffahrt ist, weiß doch wirklich jeder von den Besatzungen. Wir alle sind ersetzbar, — aber S i e nicht..."

Strasser sah ihn ernst an: „Kein Mensch ist unersetzbar!" sagte er kurz und wandte sich ab.

Aber Schütze beharrte: „Nein, — nein, — wo findet man noch einmal Front-Soldatentum mit Bürozähigkeit, Verhandlungsgeschick und Weitblick so vereint... Nein, — bitte fassen Sie das nicht als Kompliment eines Untergebenen auf, der sich nur in gute Erinnerung bringen will..."

Da streckte ihm Strasser die Hand hin: „Wir kennen uns ja lange genug, — sonst würde ich auch über all das gar nicht mit Ihnen reden. — Sehen Sie, ich wäre ein Phantast, wenn ich nicht auch den Fall mit einkalkuliert hätte, daß gerade das Schiff, mit dem ich fahre, runterkommen kann. Ich habe mich bemüht, alles soweit festzulegen, daß Sie für diesen Fall die Sache weiterschmeißen können. Der Adjutant weiß ja mit allem Bescheid. Und wie ich mir die Fortführung des L.-Krieges denke, wissen Sie ja. — Im übrigen," dies sagte er kurz, ohne daß seine Stimme schwang, „... werde ich genau so zu sterben wissen wie jeder anständige Soldat." Und ohne Pause fuhr er fort: „Andererseits ist es meine Pflicht, mich nur soweit einzusetzen, wie

200

ich nützen kann! Ich weiß sehr wohl, daß wir Fallschirme
nicht mitnehmen, um für ihr Gewicht mehr Bomben schlep-
pen zu können. Und daß ich an Bord eigentlich überflüssiges
Gewicht bin. Also darf ich nicht nur mitfahren, um mich
innerlich zu befriedigen, sondern nur, wenn ich damit einen
Zweck erfülle. Dementsprechend kommt in jeder Angriffsperiode mindestens ein Angriff in Frage, damit ich den
neuesten Stand der englischen Abwehr kennen lerne und
Stichproben über die Frontbrauchbarkeit der Besatzungen
mache. Das Risiko, bei diesen Angriffen zu fallen, muß ich
eben auf mich nehmen. Für die anderen Angriffe muß ich
zu Hause bleiben, denn Sie wissen ja, welche Arbeitslast
auf mir liegt und welcher Energieaufwand dazu nötig ist,
um unsere Waffe weiter zu verbessern..."

Sie schwiegen beide. Dann wendete sich der F. d. L. mit
einem Ruck, daß es war, als wolle er einen Strich unter
dieses Gespräch ziehen. „Englische Zeitungen haben sich
übrigens mit der Bewährung der deutschen Luftschiffe beschäftigt. S i e kommen dort auch vor, Schütze, wenn auch
nicht mit Namen."

„Bei meiner bescheidenen Tätigkeit..."

„Nee, nee, mein Lieber! Ihre wichtige Rolle in der
Skagerrak-Schlacht ist drüben erkannt."

„Eigentlich war für uns Luftschiffer ja die Seeschlacht
ein ziemlicher Hereinfall. Daß ausgerechnet in diesen Tagen
Nebel und starker Querwind..."

„Scheer hat sich, beweglich, wie er ist, ja dadurch ge-
holfen, daß er aus einer Seeschlacht vor Sunderland eine
solche vor dem Skagerrak gemacht hat."

Korvettenkapitän Schütze hielt das Blatt ins Licht: „Um
4 Uhr morgens schossen britische Zerstörer auf ein Luftschiff,
wahrscheinlich das gleiche, das eine Stunde später von einer
englischen Flotte gesichtet wurde, die zwischen der norwe-

gischen Küste und Jütland nach Süden dampfte. Das
muß L 24 gewesen sein . . ."

„Ja, — Koch war das. Und seine Meldung war sehr
wichtig für Scheer. Aber ihre Ergänzung blieb aus, weil
Wolkenbänke sich dazwischen schoben. L 24 ist bis auf
800 Meter heruntergegangen, ohne durchstoßen zu können.
Aber Martin Dietrich ist der erste gewesen, der mit dem
Feind Fühlung bekommen hat. Er hat mit L 22 schon
um 3 Uhr gesehen, wie englische Torpedoboote im
Scheinwerferlicht Nachtangriffe fuhren. Er stand auch ge-
rade über unserem Linienschiff ‚Pommern‘, als es in die
Luft flog."

„Ja, — er hat mir erzählt, daß es schaurig-schön aus-
gesehen hätte, als dann die brennenden englischen Schiffe,
wie Fackeln leuchtend, den Weg der deutschen Flotte nach
Süden gekennzeichnet hätten. — Derweil krebsten wir über
dem Nebel herum, ohne etwas zu erkennen. Aber es war
doch allerhand Sache, als wir dann um 5 Uhr 10 einen starken feindlichen Verband von 12 Großkampfschiffen mit
vielen leichten Streitkräften aufspüren konnten. Ich hängte
mich mit L 11 an, gab schleunigst meine FT-Meldung ab
und schlug ab und zu Kreise nach Osten. Und hierbei stieß
ich dann eine halbe Stunde später auf ein zweites Geschwader von 6 englischen Großkampfschiffen mit leichten Streitkräften auf nördlichem Kurs. Und 10 Minuten später erwischte ich noch 3 englische Schlachtkreuzer mit leichten
Schiffen, die von Nordost kamen, südlich von uns herum-
schwenkten und sich zwischen uns und das feindliche Gros
schoben. Die Sicht war leider sehr schlecht, selbst aus
1100 Meter Höhe."

„Ja, — von dieser Begegnung schreiben die Engländer
auch. Sie heben besonders das starke Feuer hervor, mit
dem sie L 11 bedacht hätten."

202

Schütze lachte: „Das war auch wirklich nicht von schlechten Eltern! Der Feind feuerte mit allen Schiffen Schrapnelle und Granaten. Sogar die schweren Türme feuerten Breitseiten. Die Aufschläge lagen nach der Seite gut und stets dicht beieinander. An dem Mündungsfeuer konnte die Linienpeilung auch dann noch erkannt werden, wenn der Verband selbst schon im Dunst untergetaucht war. Unser L 11 hat zeitweise im Feuer von 21 großen und vielen kleinen Schiffen gestanden. Getroffen haben sie uns ja Gott sei Dank nicht, aber die Erschütterungen im Schiffsgerippe durch die Laufbahnen der schweren Granaten und die krepierenden Schrapnelle waren doch so groß, daß ich für das Schiff fürchtete. Bei dem unsichtigen Wetter sind wir bis auf 500 Meter heruntergegangen und mußten uns dabei natürlich genügend seitlich halten, um nicht abgeschossen zu werden. Leider konnte ich dann trotzdem nicht Fühlung halten. Das wurmt mich noch heute.“

„Das war eine reine Wettersache, Schütze. Hauptsache ist, daß Kochs und Ihre Meldungen Admiral Scheer zeigten, daß der Feind schleunigst erhebliche Verstärkungen heranführte. Und Admiral Jellicoe sah seine Pläne durch Sie entschleiert, so daß er die Schlacht abbrach. — Ganz ähnlich ist es ja später im August 1916 wieder gewesen, als Sie und Mathy vor Humber und Thne Teile der englischen Flotte erkundeten. Denn weder die englische Lesart stimmt, wonach den Luftschiffen der Erfolg vor dem Skagerrak zu verdanken war, noch die deutsche, wonach die Luftschiffe keine Rolle gespielt hätten. Sie wird vielmehr absichtlich in Dunkel gehüllt, weil unsere Feinde darüber im unklaren gehalten werden müssen. Aber soviel Schmeichelhaftes, wie mir damals der Admiral Scheer vor versammelten Admiralen und Kommandanten bei der Besprechung der Seeschlacht sagte, habe ich selten gehört.“

„Damals, im August 16, gab aber Proelß den Ausschlag mit seiner L-13-Meldung, daß er 30 Einheiten der
englischen Flotte gesichtet habe. Doch auch er konnte auf die
Dauer nicht Fühlung halten, wegen der Sicht. Und der
Engländer drehte schleunigst ab."

Peter Strasser nickte: „Es hätte eine große Sache werden können, größer als die Skagerrak-Schlacht, aber wir
hatten zu wenig Luftschiffe. Mit Mühe konnten sie einigermaßen die ihnen zugewiesenen Abschnitte abpatrouillieren,
doch ausgerechnet innerhalb des von ihnen überwachten
Gebietes, für das ich kein Luftschiff mehr übrig hatte,
steckte der Feind. Künstlerpech! Aber wie der Engländer uns
Luftschiffer einschätzt, sieht man doch daraus, daß er jedesmal sofort türmte, sobald er sich entdeckt sah. Schon 15 hat
er das gemacht und Weihnachten 14 auch." Er ging ein
paarmal auf und ab. „Sie können die Zeitung mitnehmen,
Schütze," sagte er dann ruhig, „ich möchte noch arbeiten."

Es wurde auch an diesem Abend spät im Arbeitszimmer
des F. d. L.

*

Wann wünschen Ew. Exzellenz, daß Kapitänleutnant
Ehrlich..."

Admiral v. Scheer blickte zum Fenster: „Man könnte
sich vorher noch etwas die Füße vertreten!"

Sie schritten über die Backsteintreppe. Die Herren folgten in leisem Gespräch. Der Flottenchef ging mit jungem,
elastischem Schritt. Der F. d. L. mußte mit halbem Blick
das blaue Schmelzkreuz mit den vier goldenen Adlern streifen, das ungewohnt an seinem eigenen Hals hing. Sofort

nahm er den Kopf wieder gerade. War es denn nicht ober-
flächlich, sich über eine Auszeichnung zu freuen, — und
wenn es auch die höchste war? Gab es denn eine größere
Auszeichnung als das eigene gute Gewissen, — als das
Bewußtsein, alles getan zu haben, was man tun konnte?

Und doch war eine Welle der Freude über ihm zusam-
mengeschlagen, als der Flottenchef ihm vorhin völlig uner-
wartet den Orden „Pour le mérite" am breiten, schwarz-
silbernen Band um den Hals gehangen hatte.

Jetzt blickte Admiral Scheer zur Seite, blieb stehen, sog
an seiner Zigarre und sagte: „Das war soweit der ver-
gnügliche Teil dieses Tages, lieber Strasser! — Daß es
endlich mit dem ‚Pour le mérite' so weit war, hat mich
aufrichtig gefreut." Er blinzelte. „So ganz einfach war das
nämlich nicht. Höheren Orts ist man auch heute noch sonder-
barerweise nicht allzugut auf die Luftschiffahrt zu sprechen."

Strasser lächelte verstehend: „Die königlichen Schlösser..., und dann schien der alte Graf auch nicht gerade
allzu beliebt..."

„Wie soll auch ein aufrichtiger Kämpfer, ein Feuergeist,
den Hofleuten gefallen?" Der Admiral tippte mit ärger-
lichem Finger die Asche ab. „Aber ich möchte Ihnen hier
noch einmal so unter uns sagen, daß mir Ihre Offiziere und
Besatzungen ausgezeichnet gefallen haben." Er nahm seinen
Gang wieder auf... „Doch es freut mich wirklich, daß ich
Ihnen damals, wie Sie es verlangten, volle Ellenbogen-
freiheit gegeben habe." Er sah den F. d. L. von der Seite
an. „Sehr leicht ist mir das seinerzeit nicht geworden. Das
Risiko war doch nicht gering..." Er schwieg kurz. „Aber
nun noch eine andere Sache: Mit Ihren weiteren Angriffs-
plänen bin ich ja gern einverstanden. Es ist allerdings
nicht immer ganz einfach, die Genehmigungen dazu oben
durchzudrücken. Die großen Verluste, — und dann vor allem

auch hier wieder die Rateidee, daß man den Feind nicht reizen dürfe. Na, — wir kennen diesen Mist ja nachgerade! — Aber was ich jetzt wollte..." Er betrachtete den Aschenkopf seiner Zigarre. „Sie haben da in der letzten Angriffsperiode wieder selbst mitgemacht..."

„Zu Befehl, Exzellenz!" Straffers Blick wich nicht von den Zügen des Admirals. Scheer biß sich auf die Unterlippe.

„Ja, — und das hört jetzt auf! Mein lieber Straffer!" Er zog die Augenbrauen zusammen. „Sie sind die Seele der ganzen Luftschiffahrt..."

Peter Straffers Gesicht war unbewegt.

„...Sie müssen erhalten bleiben, — dürfen nicht auch noch draufgehen!" Einen Augenblick schwiegen beide. Dann sagte Straffer, und sein Blick war kalt: „Exzellenz wollen mich zum Heimatkrieger machen?"

Scheer machte eine besänftigende Handbewegung.

„...zum Schreibtischsoldaten..." Der F. d. L. konnte diesmal nicht still sein.

„Warum gleich so kraß, mein lieber Straffer? Was sollte i ch dann erst sagen?"

„Exzellenz sind schließlich Exzellenz!" Straffer sah den Sieger der Seeschlacht durch die Stirn an. Dann war ein kleines Lächeln um seine Augen, „...und vor dem Skagerrak blieben Exzellenz auch nicht zu Hause..."

Der kleine Herr wischte mit dem goldbetreßten Arm durch die Luft: „Aber bester Straffer, Sie können doch nun unmöglich jeden Angriff mitfahren! Wo soll das denn hin? Sie leben dann ja kein halbes Jahr mehr, — und bedenken Sie doch, wie unersetzlich Sie für uns sind!"

Der F. d. L. verbeugte sich knapp und sagte dann mit schmalen Lippen: „Unersetzlich sollte niemand sein, Exzellenz! Das ist nur eine Personalfrage."

Scheer lachte: „Danke für die Lektion!"

206

„Verzeihung, Exzellenz, aber..."

„Nee, — laſſen Sie nur, — ganz recht!" Er ſog an der Zigarre. „Wir hätten ja natürlich manchen anderen Mann mit Energie, dem wir die Luftſchiffe in die Hand drücken könnten..." Jetzt ſah er den F. d. L. wieder an. „...aber das iſt halt doch kein Piter!" Er beugte ſich lachend vor. „Eigentlich ja unverantwortlich von mir als Flottenchef, einem jüngeren Kameraden derart den Hof zu machen!" Er blieb ſtehen, — mit ſtrengen Augen: „Himmeldonnerwetter! Hier haben Befehle ausgeführt zu werden! Verſtanden!"

Peter Straſſer ſah den Vorgeſetzten geradenwegs an, nickte keine Beſtätigung, ſagte nichts. Stand ſteif. Nur ſeine Backenknochen mahlten.

So könnte der ſeinen Angriff auf London fahren! Der Admiral muſterte ihn. Da mögen ſie ſchießen mit immer neuen Raffineſſen, der Piter fährt ſeinen Angriff unberührt! — Und wie er das fühlte, wußte er, daß er dieſen Mann niemals würde von der Front ganz zurückholen können.

„Schon gut, Straſſer!" nickte er ihm zu, obwohl der nichts geſagt hatte.

Doch nun: „Exzellenz wiſſen ja, daß das Luftſchiff auch heute noch eine Waffe iſt, die eigentlich keine iſt, — als Waffe möchte ich ſagen: ein Unding! Deshalb darf der Führer ſie nicht einfach ſo einſetzen, wie man das mit einer anderen Waffe tut. Um einigermaßen Erfolg zu haben, muß er immer wieder aus allereigenſter Anſchauung ſich ein Bild darüber machen, welchen Fortſchritt die Abwehr drüben macht. Ich kann mich daher unmöglich auf die Berichte meiner Kommandanten verlaſſen. Man k a n n nun einmal nicht alles berichten, wenn man ſelbſt kämpft, Exzellenz, — ich muß manches eben ſ e l b ſt erleben..."

Der Flottenchef wiegte den Kopf hin und her.

„Und dann, Exzellenz, — es ist doch keine Kleinigkeit, die Kameraden in den Tod zu schicken und selbst zu Hause zu bleiben. Ich kann doch nur von ihnen einen Einsatz verlangen, den ich selbst nicht scheue."

Der Admiral musterte ihn mit hellen Augen. Ehrgeiz? Nein, — Ehrgeiz war das nicht. Hatte ein Mann, wie dieser Straffer, auch gar nicht nötig. Dem galt nur die Sache! Und Recht hatte er dazu! Einsatz läßt sich schlecht von hinten befehlen ...

Er fuhr mit der Hand über die Stirn. — ... oder doch, bei d i e s e n Soldaten. Muß nicht auch i ch mich immer wieder damit begnügen, von der sicheren Schreibstube aus Männer in den Tod zu schicken? — Und doch hat der Straffer recht!

Er nickte vor sich hin.

Und doch werde auch ich bei jeder Gelegenheit mit meinem Flaggschiff mit dabei sein!

Er sah dem F. d. L. in die Augen, — fühlte dessen unerschrockenen Blick, den er in seiner offenen Wachsamkeit immer geschätzt hatte.

„Aber Sie müssen mir versprechen, in dem Augenblick die England-Angriffe einzustellen, in dem Sie merken, daß die Wahrscheinlichkeit des Abgeschossenwerdens zu groß wird!"

„Zu Befehl, Exzellenz!" sagte Peter Straffer nur.

Gar nichts sonst!

Ein Mann, der seinen Weg gehen wird! —

Und dann fuhr Admiral Scheer auf L 35 mit. Stolz ließ Kapitänleutnant Ehrlich an die Flotte funken: „Uebungsfahrt. Hochseechef an Bord."

Es war ein Festtag auf dem Luftschiffhafen Ahlhorn, dieser 4. September 1917.

*

Luftschiffhafen Hage aus L 15 (Kptlt. Breithaupt). L 13 (Kptlt. Mathy) fährt ein

Luftschiffhafen Alhorn nach der Explosion am 5. Januar 1918

L 59 (Kptlt. Bockholt) fährt nach Afrika am 3. November 1917

Fot. Luftschiffbau

L 9 (Hauptm. Stelling) landet

Als der F. d. L. nach dem Morgenritt vom Schimmel sprang, wartete der Oberleutnant zur See schon.

„Ich habe Sie kommen lassen, lieber Kamerad..." sagte der F. d. L. freundlich und ließ sich in den Stuhl fallen, „...aber ich möchte nicht, daß Sie das, was ich Ihnen jetzt sagen will, als ein dienstliches Gespräch auffassen."

Der junge Offizier saß mit rotem Kopf vor seinem Befehlshaber. Oh, ja, — er war beliebt, der F. d. L., er verstand manchen Leutnants-Spaß und wußte sicher auch, daß sie ihn manchmal einfach den „Piter" nannten, aber im Dienst war er unerbittlich streng, ließ eine Schlamperei unter keinen Umständen durchgehen, — und wenn er einen so rufen ließ... Verflucht nochmal... Ein etwas schlechtes Gewissen gehört nun mal zur Dienstausrüstung eines echten Leutnants...

Aber der F. d. L. war wirklich sehr freundlich und ganz ohne Spott.

„Ihren Unterlagen nach..." sagte er jetzt, „...habe ich keine Möglichkeit, Ihnen die Heiratskonsens zu verweigern. Ich schätze Sie als sehr brauchbaren..." Er zog die Augenbrauen etwas hoch, „...wenn auch manchmal etwas eigenmächtigen jungen Kameraden. Aber diese Eigenmächtigkeit ist ja schließlich eine Kriegseigenschaft. Sie haben ja nur zu oft in Sekunden Entscheidungen zu treffen, die dem gereiften Mann im Frieden wochenlang schlaflose Nächte kosten würden." Er rückte etwas den Stuhl.

„Die Sache wäre somit glatt, — und es steht mir nicht zu, nach dem Grad der Liebe zu fragen, die Sie zu geben und zu erwarten haben." Sein Gesicht war ernst. „Nur eines möchte ich Ihnen zu bedenken geben: Ihr Dienst erfordert jetzt im Kriege einen ganzen Mann, entschlossen und hart. Wir Luftschiffer haben das Unglück, mitten aus

der Heimat heraus, eigentlich mitten aus dem Frieden,
Krieg führen zu müssen. In Trichtern, inmitten völliger
Zerstörung, immer nur von Kameraden umgeben, ist das
einfacher." Er sah den Jungen ruhig an. „Wenn Sie eine
Frau bekommen, die Sie lieben, wird der Frieden, aus dem
heraus Sie sich voll einsetzen müssen..." er stockte, „...ich
möchte sagen: vertieft."

Er blickte zum Fenster.

„Es ist schön, einen Menschen zu wissen, der mitträgt.."

Der andere nickte.

„Aber man muß sich seiner Kraft bewußt sein."

Er schwieg und trat zum Fenster, sah auf die Hallen in
der weiten Heide. Da war noch ein alter Schafstall mit
kleinen Birken stehen geblieben, als habe ihn der Bau-
meister vergessen, mitten zwischen Technik und Militär. Der
F. d. L. wandte sich wieder um:

„Sie sind von Anfang an mit dabei?"

„Zu Befehl, ja, Herr Kapitän!"

„Haben an die hundert Aufklärungsfahrten, einen hüb-
schen Pack Englandangriffe, Fliegergefechte, Gewitterfahrt,
Notlandung und was bei uns so alles vergeben wird..."
Er blickte dem jungen Offizier ruhig in die Augen. „Bei der
Flotte warten Hunderte von Kameraden sehnsüchtig darauf,
daß bei uns eine Stelle frei wird, auf der sie sich bewähren
können..."

Der Oberleutnant stammelte: „Herr Kapitän..." Sein
Kopf glühte.

Aber der F. d. L. ließ sich nicht unterbrechen: „Sie
haben das E. K. I, den schönsten Orden, den ein junger
Offizier bekommen kann, — noch dazu redlich verdient. Ich
könnte Sie abkommandieren, auf einen ruhigeren..."

„Nein, Herr Kapitän..." Das war gewiß unmilitärisch,
aber...

210

Doch der F. d. L. winkte ab: „.. Poften. Ich würde dem eine Form geben, die in keiner Weife belaftet." Er nickte freundlich.

Der andere ftand fteif: „Bitte Herrn Kapitän ganz gehorfamft, mir das nicht anzutun!" Er machte einen Schritt vor. „Von meiner Befatzung weg! Das kann ich nicht! Solange Krieg ift, bleib ich vorn!"

Der F. d. L. klopfte ihm freundlich auf die Schulter: „Sie brauchen und follen fich jetzt nicht entfcheiden. Befchlafen Sie die Sache in aller Ruhe. Sprechen Sie mit Ihrem Fräulein Braut darüber und fagen Sie ihr bitte meine Empfehlung." Er reichte dem Kameraden freundlich die Hand.

Dann klappte die Tür. Der F. d. L. ging die paar Schritte zum Schreibtifch zurück. Er hatte mit einemmal das Gefühl, fehr müde zu fein. Ich hätte ihm noch fagen follen, welche Laft er diefem Mädchen auflädt, wenn es als feine Frau auf ihn warten muß! — Und er fah Kochs Frau vor fich, mit dem kleinen Kind. Loewes Frau. Mathys Frau. Peterfons junge Frau ... Einen Augenblick ftützte er den Kopf in die Hand, dann fetzte er fich fteil auf, nahm wieder die Akten vor und arbeitete ohne aufzufehen. —

Da war diefer dumme Landungsunfall. Laut Bericht des Kommandanten war der Mafchinentelegraph für die achteren Motoren einwandfrei auf „Abftellen" gelegt worden. Trotzdem liefen die Motoren weiter, und der Heckpropeller zerfplitterte bei der Landung. Dafür konnte der Kommandant nichts. Die beiden Motorenmaate waren tot. „Kohlenoxydgas-Vergiftung" hatte der Arzt feftgeftellt. Und das Schiff kam aus großer Höhe. Niemand war feitdem in der Gondel gewefen. Alfo wohl wieder einmal Ohnmacht durch dünne Luft, und in diefer Bewußtlofigkeit hatten fie ...

Da meldete sich Kapitänleutnant Bockholt. Es war nicht ganz leicht, sich sofort aus den Gedanken loszureißen. So musterte der F. d. L. erst den Kommandanten von L 54, ehe er sagte: „Würden Sie sich zutrauen, ein Luftschiff nach Deutsch-Ost-Afrika zu fahren?"

Der junge Offizier tat unwillkürlich einen Schritt zurück, ohne ein Wort hervorzubringen. Der F. d. L. mußte über diese Ueberraschung lachen.

„Zu Befehl, Herr Kapitän!" beeilte sich Bockholt jetzt.

„Es ist allerdings eine ordentliche Reise, lieber Bockholt. Sehen Sie mal, — da ist ein Oberstabsarzt Prof. Dr. Zupitza, der im vorigen Jahr aus der Gefangenschaft in Togo zurückgekommen ist. Dieser Mann hat verschiedentlich dem Kommando der Schutztruppen nahegelegt, einen Zeppelin zu Lettow-Vorbeck zu schicken mit Waffen und vor allem Medikamenten. Anfangs schien das völlig unmöglich. Nun hat aber Lehmann (Sie kennen ihn ja wohl auch, das „Kapitänchen") mit dem LZ 120 eine Dauerfahrt von 101 Stunden durchgeführt, die er nach seinem Bericht sogar noch auf etwa 130 Stunden hätte ausdehnen können. Damit ist bewiesen, daß grundsätzlich der Plan durchführbar ist. Ich habe schon in Friedrichshafen entsprechend verhandelt. L 57 wird für dieses Unternehmen in Jüterbog hergerichtet. Von Bulgarien aus wird die Fahrt durchgeführt."

Das Gesicht des jungen Kapitänleutnants glühte vor Freude.

„Es ist also ein ehrenvoller Auftrag, — um den sich alle Kommandanten reißen würden, wenn er nicht ganz geheim wäre. Es ist aber auch ein Unternehmen, das sehr schwierig ist, denn Sie müssen ungefähr 7000 Kilometer zurücklegen, kommen also mit reichlich ausgefahrenem Schiff an . . ." — Er stockte. „. . . das heißt, wenn es ihnen gelingt, einigermaßen ungesehen durchzukommen und über die zu erwartenden klimatischen Schwierigkeiten Herr zu werden. Denn noch niemand ist ja bisher mit einem Luftschiff in den Tropen gefahren. Aber auch wenn Sie Ihren Auftrag ausführen, können Sie nicht zurück, aus Mangel an Gas und Betriebsstoffen. Das Luftschiff muß deshalb an Ort und Stelle abgewrackt werden, Gerippe und Bespannung sollen dann noch zu irgendwelchen anderen nützlichen Dingen verwendet werden. Lettow-Vorbeck muß ja in dieser Hinsicht ganz findige Leute haben, sonst hätte er sich nicht so lange halten können." Und nun besprachen sie den Plan noch im einzelnen.

Als Kapitänleutnant Bockholt nach Stunden den F. d. L. verließ, blieb dieser noch lange in Gedanken zurück. So einen Auftrag hätte man als junger Offizier bekommen sollen! Kein Wunder, daß dieser Bockholt wie im Traum war, das wäre wohl jedem anderen geradeso gegangen. Und die Auswahl war auch wirklich nicht leicht, denn eine gute Besatzung war bei den Anforderungen des Aufklärungs- und Angriffsdienstes schwer zu entbehren. Für dieses Unternehmen aber war nicht nur ein erfahrener Kommandant nötig, sondern auch ein Mann mit eigenen Gedanken, mit Phantasie. Und die hatte Bockholt ja bewiesen, damals, als er mit seinem L 23 einfach einen Segler gekapert hatte. Unwillkürlich kratzte sich der F. d. L. hinter dem Ohr. Bei aller Anerkennung hatte der Bockholt damals ja einen Anpfiff bekommen. Denn das Risiko war zu groß für eine Wasserlandung auf hoher See. Mit Leichtigkeit konnte da das schwerfällige Luftschiff in Brand geschossen werden. Aber immerhin, genügenden Unternehmungsgeist schien dieser Bockholt zu haben ...

Menschen gingen durch Großstadtstraßen. Die Auslagen der Schaufenster blinkten. Aus einem Café klang Musik. Straßenbahnen klingelten.

Peter Strasser ging aufrecht wie immer. Manche Frau sah ihn an, den Offizier mit dem ruhigen, entschlossenen Gesicht und dem blau-gold-blinkenden achtzackigen Kreuz am Kragen.

Gewiß: hier der Kraftwagen klapperte mit Spiralreifen. Und diese Frau war schwarz gekleidet. Und manches Gesicht zeigte Kummer, Not und unstillbaren Hunger. Aber es war doch Friede. Und wenn man nun die Menschen auf den Bänken der Anlagen sitzen sah, — es war doch Friede. Hier prasselten nicht die Bomben nieder, rissen nicht Häuserblocks um, hier fauchte und hämmerte nicht die Abwehr, die Menschen wußten kaum etwas von alledem . . .

Peter Strasser ging sehr gerade, wie das seine Art war. Aber es war, als triebe ihn irgend etwas in diesen Großstadtverkehr, obwohl er ihn kaum sah, — obwohl ihn die Großstadt nichts anging.

Er ging mit großen, eiligen Schritten, aber er hatte kein Ziel. Erst als er das Brandenburger Tor durchschritten hatte und unter den Bäumen des Tiergartens war, kam es ihm zum Bewußtsein, daß er hier planlos ging, — daß er auf einer Flucht war . . .

Flucht?

Er verhielt den Schritt.

Flucht?

Da hatte man ihm den Bericht hingeschoben, den der Leutnant zur See Mieth, W. O. auf L 48, aus der englischen Gefangenschaft geschickt hatte. Es war ja nicht der erste Bericht, den deutsche Luftschiffer von drüben gaben, wo sie nach ehrenvollem Verlust ihres Schiffes hinter

Stacheldraht faßen. Und es war nicht die erste Schilderung...

Der F. d. L. blieb vor dem kleinen Teich stehen, auf deffen Spiegel bunte Blätter schwabbten. Er blickte hin, aber er fah fie nicht.

„Gerade trete ich aus dem FT.-Raum heraus, als es taghell wird. Mein erster Gedanke ift, daß uns von neuem Scheinwerfer gefaßt haben, als ich nach oben blicke und jetzt das Unerhörte, Unfaßbare fah: Das riefige Schiff ift eine einzige gewaltige Feuerfäule. Ueberall fchlagen die Flammen hervor, lecken, tanzen, fpielen. Weiß fchält fich das Aluminiumgerippe aus dem Feuer heraus, und ätzender Brandgeruch dringt zu mir in die Gondel hinein. Das ift alfo der Tod, dem man fo manchmal gleichgültig ins Auge gefehen hat, und wenn er zupackt, ift es doch nicht recht..."

So hatte Mieth gefchrieben und hatte in feiner nüchternen Art genau gefchildert, wie er die Flammen an feinem Kopf gefühlt und die Befinnung verloren hat. So find fie alle wohl geftorben, Mathy und Peterfon, Max Dietrich...

„Herr Kapitän müffen fich den Mantel ausziehen, wir kommen aufs Waffer runter!" rief er vorher Victor Schütze zu. Aber Schütze ftand neben ihm, ruhig, bewegungslos. Den Blick nach oben gerichtet, fah er feft in die Flammen und erwartete den Tod. Feft klangen feine Worte, als er fich wie beruhigend an die anderen wendete: „Es ift gleich aus!" —

Langfam ging Peter Straffer unter den Bäumen.

Das war jetzt Monate bereits her. Victor Schütze ruhte längft mit feinen Kameraden in englifcher Erde. Und man hatte fich längft daran gewöhnt, nicht mehr mit dem Freund alles befprechen zu können. Man hatte im Krieg manchen

Schlag verwunden. Aber diese wenigen Worte heute, zwischen Sitzungen und Verhandlungen, hatten einen plötzlich zutiefst aufgewühlt. Dieses Bild des gefaßt sterbenden Kameraden! Man mußte allein sein. Einen Augenblick wenigstens, ehe es weiterging in Arbeit und Kampf. Denn daß es weiterging, blieb auch jetzt nicht einen Atemzug lang zweifelhaft. Trotz dieses Feuertodes!

Trotz? — Nein, — wegen!

Denn muß uns solches Vorbild nicht zutiefst verpflichten?

*

Nebel stand reglos über der weiten Heide.

Die riesigen Tore der Luftschiffhalle waren weit offen, als warteten sie. Seit vielen Stunden standen sie nun so, — obwohl kein Grund mehr zum Warten war. Denn wäre noch eines der Schiffe unterwegs gewesen . . .

Leutnant zur See der Reserve Gruner blieb sinnend vor der Halle stehen, — ging langsam, wie in Gedanken, zurück. Sein Schritt hallte laut durch den hohen Raum, in dem L 41 auf Böcken lag. Der Heimat-Trupp war schon wieder an der Arbeit. Die Zellen wurden auf Schußlöcher untersucht, Ballastwasser aufgefüllt, Zündkerzen gewechselt, Betriebsstoff gemannt.

Die Leute waren heute sehr still bei dieser Arbeit. Nicht einmal Harm Seilers pfiff, wie er das sonst immer tat. Sie hatten diese Nacht des Schreckens zwar nicht selbst mitgemacht, die Leute vom Pflegetrupp, aber sie hatte doch ihre dunkelen Schwingen auch über die daheim gebreitet. Und der Hallengenosse fehlte immer noch. Wieder und wieder war einer von den Männern vor das Tor gegangen, aber immer war es nur der Wind gewesen, der um die Halle wehte...

Der kleine Gruner ging mit langen Schritten, machte mitten in der Halle plötzlich kehrt und ging wieder hinaus, ein Stück in den Nebel, an den Schienen entlang, auf denen sonst die Katzenwagen liefen. Er hatte den Kopf etwas gesenkt. Jetzt blieb er stehen und starrte wieder in das undurchdringliche Grau.

Es ist immer dasselbe... dachte er... über dem Feind ist es einfach. Man hat die Hände voll zu tun, — aber dann nachher, wenn das alles wiederkommt...

„Bruno ohne Kuno!" sagte eine Stimme hinter ihm lachend.

Gruner wendete sich. Fischer stand da, der Wachoffizier von L 47.

Der kleine Gruner sah an dem Kameraden vorbei zu den im Nebel verschwimmenden Luftschiffhallen, deren Oeffnungen alle wie schwarze Höhlen gähnten. Langsam sank die Herbstnacht über den sonnenlosen, weinenden Tag.

Ja, — Leutnant Fischer hatte gelacht, — irgendwie mußte doch gegen diese Trostlosigkeit angegangen werden, — doch jetzt, wie er so die Hallen in sinnlosem Warten stehen sah, konnte er auch kein leichtes Wort mehr finden.

Er hatte ja vorher schon keines gefunden, — war ebenso wie Bruno Gruner durch seine Halle gewandert, in der jetzt nur sein L 47 lag, — ebenso ruhelos, denn es war doch keine Kleinigkeit, wenn man bald ein halbes Jahr die Halle mit L 50 teilte, und nun auf einmal allein zurückkam...

Sie standen einen Augenblick ohne Wort, dann sagte Fischer: „Gehn wir ins Kasino rüber! Hier ist doch nichts mehr zu tun! Der Fahrtbericht ist fertig. Meiner jedenfalls, — und mein Alter hat mich doch jetzt nicht mehr nötig."

217

„Ach!" antwortete Leutnant Gruner, als lohne sich das nicht. Fröstelnd schob er die Hände in die Taschen, aber dann ging er doch neben dem Kameraden.

Die Nebelschleier wallten kalt und grau. Das Heidekraut raschelte unter ihren Schritten.

„Eigentlich allerhand Dusel, daß w i r überhaupt heimgekommen sind!" sagte Leutnant Fischer nach einer Weile.

Gruner nickte: „Kuno Manger gab auch keine fünf Pfennig mehr für unseren „Zossen", wie er das nennt."

Fischer lachte wieder: „Was will man von einem Fünfundachtziger! Wie der sich überhaupt zu uns verirrt hat..."

Gruner blieb stehen: „Hab' ich erst auch gedacht. Weißt du, uns Seeleuten liegt das Fahren mit einem großen Kahn ja mehr oder weniger im Blut und eine richtige Landratte als Käpten können wir uns nicht recht vorstellen. Da kam mir mein Kommando als W. O. ausgerechnet zu einem Armee-Hauptmann mehr oder weniger wie ein totes Gleise vor. Denn, daß bei der Geschichte keine besonderen Lorbeeren zu ernten waren, schien mir selbstverständlich. Und dann stellt sich auf einmal heraus, daß der gute Kuno eine ganz ausgekochte Marke von einem Schiffer ist."

Fischer sah den Kameraden von der Seite an. Gruners Uniform war etwas groß. Der Rock sehr hoch geschlossen, als fröstelte er. Aber so trug er ihn auch in der ärgsten Hitze, die etwas reichliche Mütze nicht ganz gerade gerückt. Fabelhafter W. O., dieser Gruner! Hauptmann Manger ließ nichts auf ihn kommen, sicherer Navigateur, sauberer Bombenwerfer, — aber da war immer irgendeine verdeckte Trauer in seinem Jungengesicht...

Sie gingen jetzt weiter durch den triefenden Abend.

„Heute war er mal wieder...", sagte Gruner langsam, „ganz große Klasse. Wie dieser unerwartete Nordsturm wehte, hatte er sofort seinen Plan..." Er blieb wieder

218

stehen. „Heute! sag' ich, — und dabei war's doch gestern."
Er schüttelte den Kopf. „Weiß du, das ist eigentlich immer
das Unfaßbarste: Man denkt und denkt und denkt und vergißt dabei ganz, wie die Zeit läuft. Jetzt muß man schon
von gestern sprechen, denn gestern um d i e Zeit standen wir
vor der englischen Küste. Und auf einmal haben sich dann
noch mehr Tage dazwischen geschoben, — Wochen, — Monate . . ."

Er starrte in das Grau.

„Laß gut sein, Bruno!" nahm Fischer seinen Arm.

Föhren zeichneten sich dann dunkel ab im Grau.

„Mal wieder sauber angepeilt!" sagte Leutnant Fischer.
„Gar nicht so einfach bei der Ausdehnung dieses Platzes
und dem Nordseenebel."

„Na, wenn wir's nicht bald können!"

„Sag' das nicht! Der gute Doktor ist neulich die halbe
Nacht im Kreise rumgetippelt, bis er sich schließlich zur
Gasanstalt verholte, statt zum Kasino. Wir haben unseren
„Wärmchenmann" nicht schlecht angepflaumt. Ihr wart
damals ja grade auf Erkundungstörn."

Jetzt zeichnete sich ein niedriges Gebäude ab, dann erkannte man endlich die Backsteinmauer mit den weißen
Fenstern.

Die Türen klappten. —

Händewaschen. Ein Blick in den Spiegel.

Leutnant zur See Frey saß schon da, der Wachoffizier
von L 46, und Oberleutnant zur See Friemel, der Kommandant von L 52, erzählte gerade, daß er eben mit Wittmundhafen gesprochen habe. „Die warten auch noch auf
L 49. Aber das ist ja ausgeschlossen, daß der noch heim-
kommt. Hat doch längst keinen Tropfen Benzin mehr!"

Er drückte die Zigarette mit dem Daumen aus. „Ja,
so sind diese ‚Parterreakrobaten'. Fragt mich der Gute

allen Ernstes, warum ich nicht die paar Kilometer weiter gezuckelt wäre mit meinem Schwan. Als ob ich etwa vergessen hätte, daß ich in Wittmundhafen stationiert bin, und nicht hier bei euch in Ahlhorn." Er lehnte sich lachend in den Sessel zurück.

„Dabei haben sich uns allen auf L 52 die Haare sachte durch den Hut gesträubt, als wir so gute sechs Stunden keinen Dunst mehr hatten, wohin uns dieser verdammte Nordsturm überhaupt abgetrieben hatte."

Er nickte in Gedanken vor sich hin. „Als wir dann kurz nach Sonnenaufgang südlich Frankfurt/Main die Orientierung wiederfanden: Kinder, Ihr ahnt ja gar nicht, wie uns da war! In Null-Komma-Nichts hatten wir einen sauberen Kurs auf Ahlhorn abgesetzt. Und dann haben wir nicht schlecht doch noch auf der Nase geschwitzt, denn gegen diesen Kuhstrom war ja kaum anzukommen." Er schüttelte wieder den Kopf, ohne den Blick von der Tischdecke zu lösen. „Ein paar Liter Benzin, — sag' ich euch! Mehr haben wir nicht mit her gebracht!"

Leutnant Frey sah dem blauen Rauch seiner Zigarette nach: „Ist uns nicht viel anders gegangen. Bei Sonnenaufgang merkten wir, wie der Wind immer mehr nördlich drehte. Um elf Uhr zwanzig nachmittags standen wir an der Nordküste von Norfolk, genau nördlich Norwich und entschlossen uns daher, diesen Platz anzugreifen. Während wir bis jetzt kaum vom Fleck gekommen waren, raste L 46 nun mit Südkurs wie vom Teufel besessen, vor dem Winde durch die Luft. Die Entfernung von 20 Seemeilen von der Küste bis Norwich hatten wir in 10 Minuten zurückgelegt. Ehe die Abwehr überhaupt zur Besinnung kam, hatte ich bereits meine ganzen Bomben in die Stadt geworfen. Rasendes Abwehrfeuer jagte hinter uns her, doch es erschien uns in unserer Lage weniger gefährlich, als der

220

unheimliche Sturm, der uns den Heimweg zu verlegen drohte ..."

Gruner saß versunken da.

Friemel trommelte mit den Fingern auf die Stuhl-lehne, — blinzelte in den Rauch.

„Wir steuerten NO.-Kurs nach Kompaß, aber segelten dabei nach Südwesten weg, ohne Raum nach Osten zu ge-winnen. So trieben wir über die Downs unter heftigem Feuer der englischen Seestreitkräfte. Weiter im Süden schien die wahre Hölle zu sein. Hunderte von Scheinwerfer-kegeln wischten am Himmel entlang ..."

„Haben wir auch gesehen!" bestätigte Gruner.

„... aus tausend Feuerschlünden blitzte Mündungsfeuer auf ..."

Friemel winkte müde ab.

Leutnant zur See Frey war einen Augenblick still, — blickte vor sich hin, als sähe er dieses Bild noch einmal ab-rollen. Dann sagte er: „Einer von uns wird wohl den Wit-terungsumschlag nicht rechtzeitig erkannt haben und ist ins Innere vorgestoßen, und dann von dem Sturm über London verschlagen worden. Wir sind dann schleunigst über Holland zurück. Mochten die zetern über Neutralitätsverletzung und schießen ..."

Flick, der kleine Fox, der einmal Kapitänleutnant Kraushaar gehört hatte, schnupperte am Tischbein.

„Na, ja, — wenn mein Kommandant ausgerechnet Holländer geheißen hätte ...", lachte Leutnant Fischer, und die anderen lachten auch. Aber in ihrem Lachen war etwas Krampfhaftes. Dann fand auch keiner ein Wort.

Es war halbdunkel im Raum.

„Ja, — ja — eine ganz üble Unglücksnacht ..." sagte Gruner vor sich hin.

„Der schwerste Schlag," meinte Frey. —

„'n Abend, die Herrn!" sagte Hauptmann Manger in der Tür. „Raucke, wo steckst du denn wieder?" Aechzend warf er sich in einen Sessel: „Kinder, Kinder, ich sehe duster bei diesen irrsinnigen Verlusten."

Die Bulldogge ließ sich schnaufend zu seinen Füßen nieder. Freys Flick kümmerte sich nicht um sie.

„Man rechne sich das nur mal aus: Dreizehn Luftschiffe bekommen Angriffsbefehl. Zwei fallen sofort aus wegen Querwinden. Fünf kommen nicht wieder und die restlichen sechs auch nur mit den letzten Tropfen Benzin."

Er legte schwer die Faust auf den Tisch: „Und was davor so sachte fällig war: L 48 und L 39 in diesem Jahr, L 22..." Er zählte jetzt mit den Fingern: „L 19, L 15, L 20, L 11, L 32, L 33, L 31, L 21, L 34 allein im Jahre des Unheils 1916 und 1915 L 12. — Und das alles nur bei Englandangriffen!"

„Da fehlen noch die Armeeluftschiffe!" warf Frey ein.

„Und die Kähne, die so nebenbei hops gingen bei Aufklärung..." fügte Oberleutnant Friemel hinzu.

Hauptmann Manger hob wieder den Finger: „Die kriegt man gar nicht alle zusammen: Mit L 3 und L 4 fings an, damals im Februar 15 im Schneesturm an der dänischen Küste..."

„Kruse, der damals W. O. auf L 4 war, hat mir das mal erzählt. Das Luftschiff war auf das Meer niedergedrückt worden..." sagte Gruner halblaut. „Sie waren alle in die Brandung gesprungen und mühsam zum Strand gewatet. Graf Platen ruft die Namen auf. Vier Mann fehlen. Vier aus der Achtergondel. Platen wirft sich sofort noch mal in die eisige Brandung. Keiner hat noch einen Pfennig für das Leben des Kommandanten gegeben. Aber so ist der Platen ja. Er wollte zurück, die Gasventile ziehen. Ein paar Meter ist er noch von der

Vordergondel entfernt, da hebt sich das Schiff, — haut ab ..."

Ein paar Atemzüge lang war es ganz still im Raum.

„Wie ein gespenstiger Schatten, hat Kruse gesagt. Schneesturm verwischte ihn gleich, löschte ihn aus. — Das waren die vier ersten Toten der Marine-Luftschiff-Abteilung in diesem Krieg ... Irgendwo in der weiten Nordsee oder draußen im Atlantik werden sie wohl ertrunken sein ..."

Sie schwiegen, bis Hauptmann Manger wieder an zu zählen fing: „Na, also: L 3 und L 4, — L 5, L 7, L 8 holten die Beefs herunter, — L 15, das war Breithaupt. Der hatte noch Glück, daß sie ihn rausfischten mit allen Mann ..."

„Aber zu lachen hat er sicher nichts in Gefangenschaft ..."

„Dafür sind wir auch L-Männer," sagte Friemel trotzig. „Je schlechter man behandelt wird, desto mehr hat man geschadet! Den U-Leuten geht's auch nicht besser!"

„Und dann ..." zählte Manger weiter. „... L 23, L 38 in Kurland, L 43 ..."

„Und da fehlen noch L 6, L 9 und die anderen Schiffe, die der Tücke des Objekts zum Opfer fielen, — als da sind: Brand in der Halle, Einhallmanöver und derartige Lächerlichkeiten, wie L 57 vor 14 Tagen. Weiß der Himmel, was der Bockholt in Jüterbog zu tun hatte ..."

Leutnant Fischer zündete sich eine neue Zigarette an.

Es war jetzt ganz dunkel. Man sah das Flackern des roten Scheines einen Augenblick auf seinem jungen Gesicht. Dann verlosch das Streichholz wieder.

„Wo gehobelt wird, fallen Späne! sagt Piter immer," warf Friemel ein.

Mehr sagte er nicht, in diesen Worten lag höchste Anerkennung des Frontsoldaten Manger.

Die Dogge Naucke schnarchte.

„Ich muß immer an diesen Angriff auf Grimsby denken," sagte Frey. „Wir hatten einen Affenwind entgegen. Dazu war's irrsinnig warm, so daß wir das Schiff nur dynamisch auf 5500 Meter halten konnten. Und so kamen wir nicht vom Fleck und verbrauchten einen Liter nach dem anderen."

„So ähnlich, wie letzte Nacht," sagte Friemel. „Großartiges Ziel für Abwehr und Flieger."

„Der F. d. L. hatte auch diesmal wieder nicht in die Schiffsführung eingegriffen. Das tut er ja grundsätzlich nicht. Er hat während der ganzen Zeit fast kein Wort gesprochen, sondern stand in der Führergondel, den Blick unverwandt auf das Ziel gerichtet. Die ganze Erscheinung war der menschgewordene Wille zum Sieg." Er hielt inne. „Nach dreistündigem Ausharren hatten wir schließlich soviel an Lub gewonnen, daß wir zum Angriff vor den Wind gehen konnten. In wenigen Augenblicken detonierten die ersten Bomben in den Werftanlagen Grimsbys und über Strassers Gesicht zog ein zufriedenes Lächeln." —

Ab und zu leuchtete eine Zigarette auf.

„Das ist ganz der Piter!" sagte Hauptmann Manger nachdenklich. „Kein Wort zu viel, aber Wille und nochmals Wille! Solche Männer sind nötig, um eine Waffe, wie die unsere, an den Feind zu bringen! — Und wenn er einen auch mal anhaucht . . ."

„Anhaucht, ist eigentlich schon zu viel gesagt," warf Friemel ein.

„Ja, — ja!" sagte Manger. „Er hat so eine stille Art, sieht einen dabei durch und durch mit seinen klaren Augen, die Arme über der Brust verschränkt . . .

Die Wachoffiziere lachten.

„Ja, — lacht ihr nur, ihr jungen Dächse! Geht euch ja gerade so. Wißt ihr noch, wie Buttlar damals mit dem

224

Die Besatzung des L 59 nach der Afrikafahrt 18. bis 24. November 1917

In der Mitte: Kptlt. Bockholt †, mit Oblt. z. S. Mass †, Fwlt. Grussendorf †, Steuermann Wald † und Oberstabsarzt Prof. Dr. Zupitza

SL 5 schwer havariert

Fot. Scherl

L 9 (Kptlt. Mathy) steigt auf

funkelnagelneuen £ 30 ankam. Der olle Zossen war doch
damals das reine Wunderschiff, — und wir hatten uns
alle sauber aufgebaut als „Landungskommission“. Und der
Buttlar ausgerechnet, — (versteht doch wirklich was von
der Sache), — aber in diesem Falle, wie gesagt, kommt er
ausgerechnet zu schwer angefahren und muß vorn drei,
achtern zwo Hosen ziehen. — Viel hat der Piter nicht gesagt, nur: „Sie kommen ja an wie ein Sprengwagen!“
Und, alles was recht ist, man kann ja nicht gerade sagen,
daß Horst Freiherr Treusch von Buttlar-Brandenfels pp.
pp. so ganz auf den Mund gefallen wäre...“

Lachen.

„...auch nicht, daß er gerade an Depressionen litte,
aber der ‚Sprengwagen‘ hat doch scheinbar lange auf
seiner Seele gelastet.“

„Ja, man muß es dem Piter lassen, er hat uns in der
Hand, denn man merkt, wie er ganz in der Sache, für
u n s e r e Sache aufgeht. Man kann sich doch einfach gar
nicht vorstellen, daß der Piter, — wollen wir mal sagen, —
ordentlich im Urlaub über den Strang haut. Ich meine so,
daß er den ganzen Schwindel hier vergißt...“

„Ja, das ist undenkbar...“

„Einer kann ein prima Soldat sein, aber im Urlaub kann
er doch, und wenn’s nur für Stunden ist, alles einmal ab-
schütteln. Vielleicht ist es sogar nötig, daß er’s tut. Aber
der Piter... Die Waffe, die er schuf, ist ihm eben alles.“

„Ja“, sagte Leutnant Gruner. „Und deshalb muß es
doppelt traurig sein für ihn, nun den Niedergang unserer
Waffe erleben zu müssen...“

„Niedergang?“ war plötzlich Peter Strassers Stimme
im Raum.

Keiner hatte ihn kommen hören.

Alle sprangen auf.

„Bleiben Sie nur sitzen, meine Herrn!" sagte der
F. d. L. freundlich. „Aber Licht könnte man schon machen,
sonst riecht das zu sehr nach Trauerversammlung."

Sie blinzelten alle in den hellen Schein, während der
Kapitän sich ruhig in einen Sessel niederließ. Auch die
schwarze Zigarre kam jetzt zum Vorschein, die zum F. d. L.
nach dem Dienst gehörte.

„Also Niedergang, meine Herrn?" Und da war irgendwie wieder sein altes Lächeln. „Sie meinen wohl nach
diesem trostlosen Ergebnis der gestrigen Nacht? — Es steht
ja jetzt so ziemlich fest: L 44 ist über der Westfront von
Fliegern in Brand geschossen worden. Es ist leider nicht anzunehmen, daß unsere lieben Kameraden Stabbert, Rothe
und die anderen lebend in Gefangenschaft geraten sind. —
Kölle ist mit L 45 scheinbar im Durancetal gelandet.
Jedenfalls haben das die Franzosen gemeldet. L 45 scheint
vernichtet, die Besatzung wenigstens gerettet zu sein. —
Gayer ist ebenfalls in Frankreich gelandet. Wie der Eifel-
turm behauptet, ist L 49 unversehrt in die Hand des Feindes gefallen."

„Das ist ja allerhand!"

„Von L 50 war bisher nichts zu erfahren. Jedenfalls ist
das Schiff bestimmt verloren. — Ja, — und um L 55 sieht
es leider auch trübe aus. Als heute Morgen das Telegramm
eintraf: ‚Standort Aachen, erbitten Befehl L 55', dachte
ich bestimmt, daß Flemming es noch schaffen würde. Aber
Sie wissen ja, daß wir vergeblich gewartet haben. Ich habe
kreuz und quer in der Gegend rumgefunkt: ‚L 55, L 55,
L 55', aber keine Antwort. Und kein einziger Luftschiffhafen
weiß Bescheid! Buttlar hat gesagt, bei ihm in Tondern
wäre Platz frei. Er hatte sich auch schon eine Hilfsflottille
entgegen bestellt, dann aber doch noch mit dem letzten Benzin den Hafen erreicht . . ."

226

Der F. d. L. schwieg und strich sich wie immer ein paarmal nachdenklich über den Bart.

„Die Warterei ist jedesmal am schlimmsten!" sagte
Manger und trat Naucke liebevoll in die Seite. Der Hund
blinzelte nur, ohne die stumpfe Nase zu heben. „Man malt
sich die Sache wer weiß wie aus."

Der F. d. L. runzelte die Stirn: „Ausmalen? Sie haben
ganz recht, lieber Manger. Dieses Ausmalen hat aber nur
einen Sinn, wenn es uns die Gründe erkennen läßt, die zu
einem Mißerfolg führten. Das andere Drum und Dran
sollten wir jetzt zurückstellen. Das können wir...", er hielt
inne, „uns meinethalben später einmal ausmalen, wenn der
Krieg zu Ende ist. Aber bis dahin gibt es keinen Niedergang..."

Die Tür wurde aufgerissen.

Alle fuhren herum.

„Herr Kapitän! Telephon! L 55!" Der Läufer war
ganz außer Atem.

Manger sprang hoch. Nauckes Haare waren gesträubt.

Der F. d. L. stand ruhig auf, nicht langsam, aber doch
so ruhig, als wenn er solche Ferngespräche täglich führte,
und ging an dem Matrosen vorbei.

Manger ruckte mit dem Kopf.

Der Läufer schluckte ein paarmal verlegen, dann sagte
er halblaut:

„Der Herr Kapitänleutnant Flemming war selbst am
Apparat."

„Und von wo?" Friemel haute dem Matrosen lachend
die Hand auf die Schulter.

Der Mann grinste: „Weiß ich nicht, Herr Oberleutnant.
Was der Herr Kapitänleutnant ist, der hatte es scheints
mächtig eilig..."

Frey klopfte seine Zigarette von beiden Enden.

Gruner hatte die Hände in die Taschen gesteckt und schüttelte nur den Kopf.

„Na, — jedenfalls gerettet, — scheinen sie zu sein," lachte Hauptmann Manger und ließ sich wieder in den Sessel fallen.

Naucke sah seinen Herrn verständnislos an, drehte sich dreimal um sich selbst und ließ sich plötzlich zu seinen Füßen fallen, wie vom Schlag gerührt. Dann seufzte er tief.

„Wär' auch ein Jammer gewesen: Flemming-Kohlhauer und diese ganze, ausgezeichnete Besatzung."

Naucke schnarchte schon wieder.

Gruner schüttelte den Kopf: „Aber diese Ruhe des F. d. L.?"

Frey nickte und setzte sich auf die Stuhllehne: „Wie neulich auf unserer Angriffsfahrt, am 21. August. Da fiel doch Hollender aus, weil das neue Sauerstoffgerät nicht funktionierte. Er war schon, als wir über die Humbermündung gingen, sehr teilnahmslos. Dann fiel auch der Seitenrudergänger um, der Steuermann döste und die zwoten Nummern an den Motoren fielen sämtlich aus."

„Das war also bald so ähnlich, wie damals bei Stabbert? Da war ja ausgerechnet auch der F. d. L. an Bord. Verflucht, gerade dann aufzufallen!" meinte Manger.

„Kapitänleutnant Hollender ist ein ausgezeichneter Kommandant und die ganze Besatzung geht für ihn durchs Feuer. Aber diesmal war's eben eine hundsgemeine Gasvergiftung, gegen die er machtlos war."

„Aber der F. d. L. und Sie?"

„Wir hatten glücklicherweise kaum was von dem Zeug geschluckt. Hollender hatte aber besonders viel genommen, um bestimmt frisch zu bleiben. Er hatte ja noch die Energie, sich wenigstens aufrecht zu halten und zu nicken, wenn ich etwas fragte. Aber nach dem Angriff konnte er nicht einmal

228

mehr dem F. d. L. seine Meldung machen, obwohl ich ihm die wenigen Worte wiederholt vorsprach. Der F. d. L. war auch in dieser mulmigen Lage nicht aus seiner Ruhe zu bringen. — Der Kommandant erwachte erst bei der Landung und machte mir Vorhaltung, wie ich dazu käme, das Schiff zu landen. Vom eigentlichen Angriff wußte er nichts mehr. Dabei war damals doch allerhand fällig. Die ‚Bleichgesichter‘ fingen ja in 5000 Meter an zu torkeln und plumpsten den Beefs wieder drauf, aber die rotglühenden Brandgranaten gingen bis etwa 8000 Meter. Und auf 6000 Meter Höhe wurde unser Schiff noch merklich durch den Luftdruck der Detonation unserer 300-Kilo-Bombe erschüttert.“

„Ja, — ja“, — sagte Friemel. „Das haben wir auch gemerkt.“

„Wo die hinfällt, wächst kein Gras mehr,“ meinte Fischer.

„Wir haben im Schein unserer Leuchtfallschirme ganze Häuserblocks unter der 300er zusammenklappen sehen,“ bestätigte Gruner.

Manger fügte hinzu: „Was die Beefs nicht hindern wird, von den üblichen 3 Greisen und 2 Kindern zu sprechen, während der Sachschaden sich auf einige gesprungene Fensterscheiben beschränkte.“

Da kam der F. d. L. zurück.

Alle sprangen auf. Aber Straffer winkte ab.

„Flemming ist notgelandet.“ Er setzte sich. „Im Thüringer Wald. Hat sich auf irgendwelche magische Weise versegelt, — und hat dann das vollkommen ausgefahrene Schiff auf einen Acker bei Tiefenort gesetzt. Dabei hat es einigen Bruch gegeben, aber er meint, er kriegt das Schiff her, wenn wir ihm umgehend Wasserstoffgas schicken. Das ist sofort veranlaßt.“ Er legte die Hand kurz an die Augen.

„Wenigstens alle Mann gerettet," sagte er dann ohne aufzublicken.

Es war ganz still im Raum, bis auf Naudes Schnarchen. Auch Flick schlief.

„Ueber die Westfront?" fragte Hauptmann Manger.

Der F. d. L. nickte: „Dazu am hellen Tage!"

Manger beugte sich vor: „Das ist ja allerhand!"

„Ausgeschlossen!" fuhr es Gruner heraus, aber er hielt sich erschrocken sofort die Hand vor den Mund.

Der F. d. L. lächelte, wie er diese unwillkürliche, jungenhafte Bewegung sah.

„Ganz recht, Gruner! Man sollte meinen, ausgeschlossen. Und es ist auch beinahe unmöglich, denn sie sind dazu auf siebenfünf gestiegen!"

Friemel faßte sich an den Kopf: „7500 Meter!"

„Das geht doch eigentlich gar nicht!" stellte Fischer fest. „Wenigstens haben sie uns das neulich in Friedrichshafen gesagt. 6000, vielleicht auch noch sechsfünf, dann platze das Schiff auseinander."

„Daran hat Flemming in der Hitze des Gefechtes wohl gar nicht gedacht. Außerdem kam's ja auf eins raus, ob sie zerplatzten in siebenfünf oder in fünf heruntergeschossen werden ..."

Der F. d. L. blickte ruhig von einem zum anderen. Dann sagte er: „Soweit also die Episode. Nun müssen wir schonungslos mal hinter die Gründe dieser Verluste leuchten." Er sah im Kreis umher.

Keiner sprach.

Dann strich er sich flüchtig durch den Bart und kniff in Gedanken ein Auge zu: „Also mal frei von der Leber weg! Erst mal der Jüngste!"

Fischer rutschte etwas unruhig hin und her. Verflucht noch mal, dachte er. Gerade ich soll anfangen!

230

Strasser nickte ihm ermutigend zu. In seinen Augen war Verstehen.

„Wir wußten nichts von dem Nordwind!" begann Fischer. „Und haben ihn viel zu spät erkannt. Eigentlich erst, als die Karre schon verfahren war..." Er fingerte unruhig an seinem Aermel.

„Auch meine Meinung!" sagte Gruner.

Und Frey nickte.

Friemel sagte: „Tja, Herr Kapitän, daß ausgerechnet die wichtige Ostende-Abendmeldung fehlen mußte!"

Manger meinte: „Ueber Viertausend herrschte Nordsturm. Unbegreiflicherweise haben davon die uns übermittelten Vier-Uhr-Meldungen von Ostende nichts erzählt!"

Er blickte ein wenig vorwurfsvoll. „Und auch die Messung von 7 Uhr befaßte sich unverständlicherweise nur mit Höhen bis zu 1700 Meter." Er hielt einen Augenblick inne. „Auch das wäre aber immer noch nicht derart katastrophal gewesen, wäre nicht die 10-Uhr-Meldung vollkommen ausgeblieben."

Er schwieg und sah vor sich hin.

Der F. d. L. mahlte mit den Kiefern. „Wie beurteilten Sie die Wetterlage vor dem Angriff?" Er blickte zu Manger hin.

„Ideal, Herr Kapitän."

„Hätten Sie mit Ihrer Kenntnis unserer Wetterkarte den Angriff angesetzt?"

„Unbedingt, — zumal sich im Westen umfangreiche Wolken bildeten."

„Dann hätten oder vielmehr wären also die starken Nordwinde schuld. Oder hätten Sie den Angriff auch angesetzt, wenn Sie von ihnen gewußt hätten?"

„Ich hätte ihn auch dann angesetzt. Wir hätten entsprechend vorhalten können. Entscheidend wurde erst, daß uns wohl sämtlich der Nordsturm, wenn man nicht von einem Orkan sprechen will, viel zu spät auffiel."

„Warum zu spät?"

„Weil wir wohl alle in oder über den Wolken fuhren."

Der F. d. L. nickte: „Das ist auch meine Meinung," sagte er fest. „Die Wettervoraussage oder -beurteilung, die letzten Endes ja bei mir liegt, hat versagt. Ich gebe offen zu, keine Ahnung von den starken nördlichen Winden gehabt zu haben." Sein Gesicht war sehr ernst.

Hauptmann Manger sagte: „Unsere ganze deutsche Wetterbeurteilung krankt in diesem Kriege ja daran, daß wir nur auf unsere eigenen Messungen angewiesen sind. Demgemäß ist jede Beurteilung durch uns gewissermaßen ein Vabanque-Spiel. Es ist ein Wunder, — und...", er beugte sich etwas vor, „...wenn ich mir das erlauben darf, hier festzustellen, von uns Besatzungen stets sehr bewundert worden, wie sicher Herr Kapitän bisher stets die Wetterlagen rechtzeitig erkannten..."

Der F. d. L. winkte ab: „Erstens: Vergessen Sie unseren „Pabst" nicht, mit seinem Wetterriecher, — und zwotens" — er war wieder ernst: „Ich bin mir von Anfang an darüber klar, welche Verantwortung ich auf mich nehme, mit unlösbaren Gleichungen zu arbeiten. Aber, es geht nun mal nicht anders in diesem Krieg."

Er sah umher: „Schon das ist ein Grund, weshalb ich selbst jede Möglichkeit ergreife, mitzufahren! Und Ostende muß entsprechend angepfiffen werden. Und zwar ganz energisch! Ich bitte die Herrn Kommandanten um kurze Berichte über ihre Ansicht betr. dieses Versagens des Wetterdienstes, damit ich mit handgreiflichen Unterlagen der Front arbeiten kann."

„Zu Befehl, Herr Kapitän!"

Er nickte.

232

Dann machte er das rechte Auge schmal, blickte langsam vom einen zum anderen: „Sonst ist keinem der Herrn ein Fehler aufgefallen?"

„Doch!" sagte Gruner. „Mangelhafte Funkdisziplin!"

Der F. d. L. nickte ihm freundlich zu: „Es freut mich, daß dies ein W. O. sagt, der doch schließlich . . ." Er lächelte vielsagend. „Sie haben recht, Gruner. Es war eine große Schweinerei! Alles ging drüber und drunter! Und das, o b w o h l ich immer und immer wieder auf sorgfältige FT.-Disziplin hinweise. Auch im Angriffsbefehl habe ich dies getan!"

Stille.

Jeder machte ein schuldbewußtes Gesicht.

Der F. d. L. fuhr fort: „Sie werden natürlich denken, der Alte hat gut reden. Aber uns stand das Wasser am Hals!" Er lächelte: „Das Bild ist natürlich falsch, aber Sie wissen ja, wie ich's meine. Doch, wie sollen wir den einzelnen Schiffen unsere Antworten durchgeben, wenn eine derartige Funkpanik herrscht? Ganz abgesehen, daß es für den Feind geradezu ein Hochgenuß gewesen sein muß, aus diesen Funkrufen, — sogar S. O. S. hat ein L-Schiff gerufen, — zu erkennen, wie es um uns stand, — ganz abgesehen davon, war doch praktisch jedem Schiff die Möglichkeit genommen, seinen Funkspruch durchzubringen."

Stille.

Dann wieder der F. d. L.: „Ich sehe ein, daß diese Disziplin in den letzten Augenblicken vor dem Tode ungeheuer viel verlangt, aber wir sind Soldaten."

Er schwieg und sah still vor sich hin.

„Wir hätten damit schon zwo wichtige Fehlerquellen. Eine weitere liegt darin, daß es uns zwar gelungen ist, die menschliche Leistung in den durch die starke Abwehr heute nötigen großen Höhen einigermaßen konstant zu erhalten,

— daß aber die Geschwindigkeiten unserer augenblicklichen Luftschiffe in diesen Höhen bei weitem nicht ausreichen."

„Das ist eine Motorenfrage," warf Manger ein. „Die Motorleistung fällt, wie man sich leicht ausrechnen kann, mit zunehmender Fahrthöhe durch die Abnahme der Luftdichte. Das ist eine Tatsache, gegen die man vielleicht gar nicht ankann ..."

„Man m u ß dagegen ankönnen," sagte Straffer bestimmt. „Ich werde alle Hebel in Bewegung setzen, daß dies geschieht."

Schweigen.

Dann Gruner: „Aber eins verstehe ich immer noch nicht."

Er brach ab.

Der F. d. L. nickte ihm zu.

„... hat eigentlich nichts hiermit zu tun, aber ... ich meine, wie kommt L 55 in den Thüringer Wald? Von Aachen aus hätte es doch Ahlhorn finden müssen?"

Straffer strich sich über die Augen: „Das Telegramm lautete: ‚Standort Aachen'. Warten Sie mal." Er griff in die Tasche und zog einen Zettel heraus. „Standort Aachen, erbitten Befehl. L 55."

Gruner stand auf: „Ein richtiges Posttelegramm?"

„Ja, — offenbar versagte der Sendeapparat. Da werden sie das Telegramm über Aachen abgeworfen haben."

„Dann müßte es von Aachen aus telegraphiert worden sein? Hier steht aber Telegramm aus Darmstadt."

Tatsächlich!"

„Karte ran!" rief Manger.

„Sollten sie Darmstadt für Aachen gehalten haben? Dazu gehört allerdings einige Phantasie ..."

„Das schlechte Wetter ...", entschuldigte Straffer, „... und dazu die Uebermüdung. Vierundzwanzig Stunden

234

alle Mann im Dienſt ohne Ablöſung. Schwere Feuernacht und lange Höhenfahrt."

Fiſcher kam mit dem großen Atlas.

Sie blätterten. Aſien, Amerika, da war endlich das Blatt.

„Alſo hier iſt Aachen und hier iſt Ahlhorn."

„Und da unten iſt Frankfurt und dort Darmſtadt. Aber jetzt Tiefenort? Wo liegt denn das Kaff?"

„Bei Gotha irgendwo, hat Flemming geſagt."

„Gotha? Ach ſo, — ja, da iſt das Neſt."

Der F. d. L. zog einen Strich: „Tatſächlich genau der gleiche Kurs..."

„Aber auf der falſchen Linie...", ſagte Gruner.

Straſſer lehnte ſich zurück. Er ſchüttelte den Kopf: „Ich bin nie ein Freund geweſen...", ſagte er dann, „...von der ſo beliebten Verkettung unglücklicher Umſtände. Hier aber jedenfalls liegt eine Verkettung verſchiedener Fehler vor: Erſtens: L 55 meldete einen falſchen Standort. Zwotens: Das Poſtamt Darmſtadt berichtigte die falſche Standortangabe nicht durch einen Ergänzungsvermerk. Drittens: Ich erkannte nicht die Ortsdifferenz Aachen— Darmſtadt."

Er ſah die Kameraden offen an. „Keiner von dieſen Fehlern iſt entſchuldbar. Aber mit Willen haben wir alle nicht gefehlt..."

Gruner ſchüttelte den Kopf: „Auch wenn Herr Kapitän bemerkt hätten, daß Kapitänleutnant Flemming über Darmſtadt hing, hätte das den L 55 nicht gerettet, denn der Weg von Darmſtadt nach Ahlhorn iſt länger..."

Straſſer winkte ab: „Ich pflege, eigene Fehler nicht zu bemänteln, — und bin damit immer gut gefahren. Aber es iſt natürlich müßig, immer auf einmal gemachten Fehlern herumzureiten. Der unbedingte Wille, es das nächſtemal beffer zu machen, ift mehr wert. Ich werde das Meine tun, — und von Ihnen hoffe, — nein, w e i ß ich das gleiche."

Wärme war in feinem Blick, als er nun fagte: „Wir find alle Menfchen und machen deshalb Fehler. S i e aber, meine Herren, haben mit Ihren Befaßungen Ihre Pflicht getan, — wie auch die Kameraden, die diesmal wieder geblieben find ... Ich werde aber nach diefen Erfahrungen zunächft keinen neuen Angriff anfeßen, bis fich überfehen läßt, ob ich weitere Angriffe verantworten kann."

„Dann ift es alfo doch Effig!" plaßte Gruner los.

Der F. d. L. blickte auf: „Effig?" und lachte: „Ach, Sie meinen den Niedergang, von dem hier vorhin gefprochen wurde?"

Gruner nickte etwas fchuldbewußt.

Straffer ftrich fich ein paarmal über den blauen Tuchärmel: „Sie denken wohl alle ähnlich?"

„Unbedingt!" fagte Hauptmann Manger überzeugt.

Der F. d. L. fah auf: „Sehr anftändig von Ihnen, meine Herren, — aber..." Er fuchte nach einem paffenden Wort. „... erftaunlich wenig felbftbewußt und — verrät leider nur geringen militärifchen Blick!"

Er fagte das ohne alle Schärfe. Jeßt war fogar das Lächeln wieder um feine Augen. „Sie fcheinen der Anficht zu fein, daß der Wert einer militärifchen Tätigkeit fich danach richtet, ob fefte gefchoffen wird oder nicht!"

Naucke räkelte fich verfchlafen.

„Diefe Anficht ehrt Ihren Schneid, aber zur Sache muß ich doch erklären, daß unfere Englandangriffe nur einen kleinen Teil unferer militärifchen Arbeit ausmachen. Die Hauptfache ift und bleibt doch die Aufklärung. Muß ich an die Worte des Flottenchefs erinnern? Es ift keine falfche Großfpurigkeit, wenn wir fragen, was aus der deutfchen Seekriegsführung geworden wäre, ohne die dauernde Ueberwachung der Nordsee durch die Luftschiffe. Denn wir wollen uns doch darüber klar sein, daß das Seeflugzeug bei aller Einsatzfreudigkeit der Seeflieger nur einen verhältnismäßig kleinen Teil des nassen Dreiecks unter Augen halten kann. Die Flugzeuge sind eben in vielem noch nicht so weit wie unsere L-Schiffe."

Er strich sich den Bart und schmunzelte: „Sie sprechen zwar gern von einem ‚verfluchten Mistzeug‘, wenn ich Sie nach einem vermißten Flugzeug suchen lasse, doch ich weiß, daß auch Sie diese Leistung unserer Kameraden hoch anerkennen. Es wäre aber falsch, deshalb das eigene Licht unter den Scheffel zu stellen. Bisher ist das Ziel, die deutsche Küste gegen unvermutete Beschießung, Landung und sonstige Kampfhandlungen zu schützen gegen die mindestens anderthalbmal so starke Grand Fleet voll und ganz erreicht worden. Ihre Ueberwachung der Minenfelder, der Ausfahrtstraßen, Ihre Sicherung der Suchflottillen mag langweilig auf die Dauer sein, sie ist aber anstrengend und durchaus nicht ungefährlich. Denken Sie an unseren lieben Kameraden Dinter und an Kraushaar..." Er blickte zu dem kleinen Terrier Flick hinüber, der jetzt wieder auf Freys Knien schlief. Der Leutnant strich ihm gerade über das Fell.

Der F. d. L. hielt inne und sagte dann nachdenklich: „Allerhand von Frau Kraushaar, daß sie den Fox hergegeben hat, an dem ihr Mann so hing."

Frey blickte hoch: „Sie hatte Angst, daß zu Hause Flickchen vor Trauer eingehen würde. Er fraß ja nichts mehr und wollte immer zum Platz. Aber wenn er dann in der Halle vergeblich seinen L 43 suchte, war's ganz aus. Jetzt hat er sich etwas beruhigt im Laufe der Monate, aber wenn er mich im Lederzeug zum Schiff gehen sieht, ist er für keinen Scherz mehr zu haben."

Manger gab seinem Naucke verstohlen in aller Liebe

237

einen Tritt. Der blinzelte zufrieden, seufzte tief und schnarchte weiter.

Oberleutnant Friemel zündete sich eine Zigarette an. Gruner saß etwas zusammengesunken und hatte auf einmal Rothes Lachen im Ohr. Der ist doch tot, seit heute Nacht! dachte er und schüttelte sich.

Peter Straßer sah zu ihm hin ohne den Kopf zu bewegen. Dann richtete er sich plötzlich steif auf: „Kraushaar und Zimmermann, Hempel und Wenke, Dinter und Hamann, Hirsch und Sticker..." Er wischte mit der Hand durch die Luft. „... sind bei der Aufklärung abgeschossen worden, — ganz abgesehen von den Opfern von Sturm und Nebel. I h n e n aber", seine Stimme klang vorwurfsvoll, „ist diese Tätigkeit zu leise! Vergessen Sie nicht, wie viele junge Kameraden von der Flotte Sie um diesen Dienst mit brennenden Herzen beneiden. Wie viele mit dem besten Willen zu wirklichem Einsatz, kommen auf den großen Kähnen langsam an den Rand der Verzweiflung! Aber S i e schießen sich doch immer wieder mit der englischen Flotte herum! S i e haben verantwortliche Tätigkeit, — eine außerordentlich anstrengende, und auch der strategische Wert Ihrer Arbeit ist erwiesen. Denken Sie an die erfolgreiche Aufklärung von L 22, L 11 und L 24 während der Skagerrakschlacht..." Der F. d. L. hielt inne.

Keiner sprach.

„Von einem Niedergang der Marine-Luftschiffahrt kann also gar keine Rede sein, selbst wenn wir die Englandangriffe künftig vollkommen einstellen sollten. Wohlgemerkt, ich will sie an sich nicht einstellen, denn außer dem sicher nicht geringen Schaden, den sie drüben anrichten, binden sie (vorsichtig geschätzt) mindestens ½ Million Mann mit gewaltigen Mengen an Geschützen und Munition, Scheinwerfern und so weiter."

238

Er steckte die rechte Hand in die Rocktasche, — preßte die Lippen zusammen und sah über sie alle weg, als wäre da nicht die Wand. Jetzt sagte er: „Solange ich da bin, wird die Marine-Luftschiffahrt nicht eingestellt, — und wenn das Heer auch seine Luftschiffahrt aufgibt. Das Luftschiff gehört eben vor allen Dingen über See!"

Er nahm die Hand wieder aus der Tasche, — und in seinem Gesicht war jetzt ein fernes Lächeln, ohne daß er den Blick wandte: „Wir Luftschiffer halten diesen Krieg schon durch! Heute nach drei Jahren noch betteln unsere Kerls vor jedem Angriff, daß man sie nicht zu Hause lassen möge. Das ist ein Zeichen für den inneren Gehalt unserer Waffe."

Nun legte er die rechte Hand vor beide Augen, als schmerze ihn das Licht. Dann sagte er aber lachend: „Und wenn das Herumschippern über der Nordsee so ganz unkriegerisch aussieht, dann denken Sie daran, daß nach diesem Krieg ja auch mal wieder Friede kommen soll. Und dann wird aus der gefürchteten Waffe ein Verkehrsmittel!"

Seine Augen leuchteten. „Ein Weltverkehrsmittel natürlich, das nicht Städte und Länder, sondern Kontinente miteinander verbinden wird. Lehmann hat mit seiner 101-Stunden-Fahrt ja gezeigt, daß wir schon heute eine Reichweite haben, die erstaunlich ist. Graf Zeppelin arbeitete mit Dürr ja bei Kriegsausbruch gerade an einem 70 000-Kubikmeter-Schiff, mit dem er 1915 nach Amerika fahren wollte. Wir sind noch lange nicht am Ende der Entwicklung, meine Herren! Seien Sie froh und seien Sie stolz darauf, daß Sie nicht allein Kämpfer sein dürfen, auf die Deutschland stolz ist, sondern zugleich Schrittmacher einer neuen Zeit!"

Noch lange saßen sie beisammen in dieser Nacht, die auf eine Schreckensnacht folgte. Die Verluste waren schwer, aber geschlagen waren sie noch lange nicht. Geschlagene Männer sehen anders aus.

*

Manchen Dienstbericht hatte der F. d. L. im Laufe dieses Krieges gelesen, kaum einer aber hatte ihn so ergriffen wie der Kapitänleutnant Bockholts über die Afrikafahrt seines L 59. Immer wieder mußte Peter Strasser absetzen. Immer wieder mußte er über die Grausamkeit des Schicksals nachdenken, das erst L 57 vernichtete, schon fertig beladen mit Medikamenten, die es in Deutschland kaum noch gab. Bockholt hatte wirklich keine Schuld, denn sein Schiff konnte in einem der schwersten Herbststürme nicht in die Halle gebracht werden und wurde auf dem Platz zerstört. Ueber 1 Monat ging dadurch verloren, bis L 59 vergrößert worden war. Dann schlug der erste Versuch von Jamboli aus fehl, weil die Türken das Luftschiff leckschoffen. 32 Stunden war Bockholt unterwegs gewesen. Erst am 20. November 1917 konnte der neue Versuch gemacht werden, und man mußte sagen, Bockholt hatte seine Aufgabe hervorragend gelöst. Trotz Gewitter und tropischer Hitze brachte er L 59 über Mittelmeer und Wüste zu den Nilkatarakten. Als dann zwei Drittel des Weges zurückgelegt waren, obwohl ein Motor ausgefallen war, kam dieser Funkspruch, der das ganze Unternehmen über den Haufen warf. Stundenlang war die FT-Maschine unklar gewesen. Als endlich aber der Funker den Empfänger wieder versuchen konnte, mußte er den chiffrierten Funkspruch auffangen, den Leutnant z. S. Maß entziffert hat: „Feind hat besetzt größten Teil Makonde Hochland. Stop. Nevale genommen. Stop. Unternehmen abbrechen. Zurückkehren. Admiralstab."

Der F. d. L. stützte sinnend den Kopf in die Hand. Das war ein klarer Befehl. Und Soldaten haben bedingungslos Befehle auszuführen!

240

Er lehnte sich mit einem Ruck zurück. Ja, — das haben sie!

Aber... — Er schob das Blatt von sich.... Wenn Bockholt nun diesen Funkspruch nicht erhalten hätte? Diesen tatsächlich anfechtbaren Befehl. Keiner wollte ja jetzt für ihn verantwortlich sein. Und die Meldung über die Kriegslage war falsch. Das wußte man nun. Bockholt war umsonst gefahren. Seine Gesamtleistung von 6757 Kilometern ohne Zwischenlandung in 95 Stunden meist über feindlichem Gebiet, über drei Kontinente, war größer als eine einfache Fahrt nach Ostafrika. Und noch für weitere 64 Stunden und 6000 Kilometer Strecke Brennstoffe hatte L 59 bei seiner Landung an Bord gehabt. Die Besatzung hatte sich als hervorragend bewährt. Ein ganz großer Erfolg, und doch nun gar kein Erfolg! Wieder einmal hatten die Nichtkämpfer der Front einen großen Sieg aus der Hand gewunden ...

Der F. d. L. lehnte sich im Sessel zurück, blickte verloren zum Fenster hinaus, vor dem jetzt müde der kurze Wintertag versank. Da und dort blinkte schon ein Licht.

Gut, daß die Aufklärer wieder zurück waren. So ganz ruhig war man vorher doch nicht, schließlich hat diese Tätigkeit ja auch schon allerhand Verluste gekostet!

Die große Halle stand als dunkler Koloß im dünnen Schnee. —

Es klopfte.

„Herein!“

Die Tür ging.

„Sie, Schütze?“

Der Korvettenkapitän trat einige Schritte näher: „Störe ich, Herr Kapitän?“

Der F. d. L. bot ihm einen Stuhl: „Ich bin doch immer für Sie zu sprechen!“

„Im Vorbeigehen sah ich Herrn Kapitän durchs Fenster am Schreibtisch sitzen. Da wollte ich vielleicht gleich einiges Dienstliche besprechen."

Der F. d. L. nickte ihm zu. Seine klaren Augen hatten bei aller Zielbewußtheit etwas sehr Freundliches: „Na, Rex?" Er klopfte Schützes großem Schäferhund die Flanke.

„So, — nun leg dich!" befahl Schütze und knöpfte sich den Pelzmantel los.

Der Hund ließ sich mit einem Seufzer an der Heizung nieder.

„Ich wollte ohnehin die Frage der FT-Disziplin noch einmal mit Ihnen besprechen."

Korvettenkapitän Arnold Schütze nickte: „Das Problem liegt darin, daß an jeder Peilung vier Landstationen und ein Luftschiff beteiligt sind. Das erfordert natürlich Zeit."

„Vor allem liegen Tondern, List und Nordholz dicht beieinander, so daß die Peilungen bei den Englandfahrten spitze Winkel ergeben."

„Ausschlaggebend ist die Peilung von Brügge ..."

„Die aber leider nur zu oft ausbleibt! Aber das alles ginge noch, wenn nicht die Disziplin seitens der Schiffe so mangelhaft wäre."

Arnold Schütze biß sich die Lippen. „Viel liegt daran, daß die Funker einfach übermüdet sind. Mehr als einen kann man doch nicht an Bord haben bei den Angriffsfahrten, und da ist es natürlich keine Kleinigkeit, 20 Stunden mit dem Kopfhörer zu schreiben."

Der F. d. L. nickte: „Davon oft 11 und mehr in über 5000 Meter! Ich nehme es menschlich da wirklich keinem übel, wenn er die Nerven verliert. Aber vorkommen darf es trotzdem nicht! Ein nervöser Mann bringt das ganze Geschwader in Durcheinander mit seiner wilden Funkerei."

„Ja, wenn wir so mit zehn oder zwölf Schiffen unter-

242

wegs sind, dann dauert es Stunden, bis man mit der Peilung an die Reihe kommt. Die Engländer funken auch noch dazwischen, und dann steckt der Kommandant oder der WO. alle paar Minuten den Kopf durch die Tür, weil sie doch unbedingt wissen müssen, wo das Schiff steht. Und statt einer vernünftigen Peilung hört der arme FT-Gast nur immer: „Bitte warten!" Und derweil treibt einen der Wind irgendwo hin. Dazu kommen dann noch die üblichen Maschinenschäden, ganz abgesehen von Brandgranaten, Scheinwerfern und Fliegern."

„Es ist ein bitterer Dienst in der winzigen Bude, und ich verstehe die armen Kerle schon, daß sie während des Angriffs nach vorn kommen, um „zur Beruhigung", wie der Wilken immer sagt, sich das Abwehrfeuer anzusehen. Aber wir müssen uns die FT-Maate einmal besonders vornehmen, müssen ihnen klar machen, was es heißt, auf derart wichtigem Posten zu stehen. Sie sollen nicht nur die Last sehen, die auf ihnen liegt, sie sollen stolz darauf sein, daß man ihnen einen derart verantwortungsvollen Posten gegeben hat. Die Kameraden vom L 15 und L 19, die noch während des Absturzes funkten, sollen ihnen Vorbild sein!"

Die beiden Offiziere blickten in Gedanken zu den schwarzen Wällen der Hallen hinüber, um die sich schon die frühe Nacht norddeutschen Winters senkte. Von den Kasernen funkelten Lichter herüber. Die spärliche Schneeschicht über der Heide war wie ein schmutziges, zerrissenes Laken.

In diesem Augenblick stieg aus dem Dach der Halle 1 eine helle Flamme, wuchs steil auf, wurde breit, strebte unaufhaltsam höher, entfaltete sich nun wie eine riesenhafte Lilie ...

Die anderen Hallen leuchteten blutig rot im Widerschein.

„Was ist denn das? fuhr Arnold Schütze hoch.

Da sank die feurige Lilie zusammen, — verlosch. Entfetzlicher Knall peitschte auf. Luft tobte durch zerklirrende Scheiben. Neuer Feuerschein stieg aus Halle 2. Donner prasselte, — und wenige Herzschläge später riß neues Krachen die Nacht auf.

Der Hund war mit einem Satz am Fenster. Schütze griff in der unwillkürlichen Bewegung des Soldaten zur Mütze. „Mein Schiff!" würgte er. „Mein Schiff!" Da zerklirrte eine neue Explosion in grellem Flammenschein.

Der F. d. L. saß ein paar Herzschläge lang ganz ruhig. Jetzt erhob er sich langsam, als wäre er gelähmt. Ein paar Herzschläge lang, ein paar wahnsinnige Herzschläge lang . . .

Mit einem Satz war er dann aus der Tür.

Fliegerangriff!

Die frühe Nacht lohte.

Er blieb stehen. Kein Motor zu hören, kein flatternder Propeller, nur das gierige Prasseln der wilden Flammen, das scharfe Knattern explodierender Maschinengewehr-Munition, das immer neue Versten der heute frisch gefüllten Benzinbehälter. Luftdruck peitschte wie ungeheure Wellen.

Aber kein Motororgeln! Also Sabotage!

Männer hasteten vor flackerndem Licht, — aufgescheucht, — rannten den Hallen zu, zu retten, was zu retten war . . .

Der F. d. L. war von unfaßbarer Ruhe. Er lief nicht hin, denn der Führer muß immer erreichbar bleiben. Er befahl Alarm, ließ nach dem Stabsarzt schicken, ordnete Sanitätstrupps an: „1. Kompanie zur Hallengruppe 1! 2. und 3. Kompanie zur Hallengruppe 2!" Seine Stimme war laut, aber unverändert.

Feuer zuckte grell. Qualm schleifte vor lodernden Flammen. Grün zischten jetzt Leuchtkugeln aus Halle 2, — rote folgten, — weiße: Die neue Leuchtmunition von L 58!

Schreie gellten, übertönt vom Poltern zusammenbre-

244

chender Eisenträger. Nun wimmerte das Alarmsignal, — schrie auf, — ging unter im Tosen neuer Explosionen, im Stöhnen der Verwundeten, — brach wieder durch, — brach immer wieder durch. Kommandos hallten …

Und ist doch alles umsonst!, dachte der F. d. L. dumpf. Man kann den Riesenplatz gar nicht so dicht umstellen, daß niemand zum Wald dort drüben sich würde durchschlagen können! Man kann auch nichts löschen! Und gerade jetzt vor der neuen Angriffsperiode!

Der F. d. L. stand, die Arme verschränkt, vor dem Stabsgebäude. Er stand ganz still. Hier versank sein Werk in Gluten, — sein Werk, an dem er Jahr um Jahr gearbeitet hatte, um das er Tag und Nacht gekämpft, gegen die immer neuen, erst offenen und dann hinter vielen Komplimenten versteckten Widerstände der Bürokraten, Politiker und Besserwisser. Um jede Halle hat mühselig gefeilscht werden müssen, um jedes Schiff waren Sitzungen über Sitzungen nötig gewesen. Die Ingenieure hatten immer wieder erklärt, der F. d. L. habe den Boden unter den Füßen verloren, die ewigen Forderungen der Front seien unerfüllbar, aber dann hatten sie es doch geschafft! Und jetzt fährt L 58 doch schon mit 32 Sekundenmetern!

Fährt? Der F. d. L. lachte rauh auf. Fährt? Die Flammen haben dieses Schiff gefressen, noch ehe es über den britischen Inseln gestanden hat, — wie SL 20, L 51, L 47, L 46 …

Der F. d. L. machte die Augen schmal. Flammen geisterten über das weite Feld, — Rauchwolken, — Schatten arbeitender Männer, — dazwischen wieder Poltern irgendeines Zusammenbruchs, — jetzt wieder paukendes Bersten eines Behälters, und hier das Wimmern der Verwundeten, die sie auf herausgerissenen Türen, auf Matratzen zum Lazarett hinüber schaffen.

Der F. d. L. blickte reglos in diese Nacht des Schreckens. Man war ja längst gewohnt, Flammen in mondloser Nacht lodern zu sehen, Flammen beim Feind und um das eigene Schiff!

Er warf den Kopf zurück, — atmete tief. Das war es ja nicht! Kampf ohne Wunden ist kein Kampf! Aber hier, — irgendwie aus dem Hinterhalt, — einfach meuchlings an einem Winterabend...

„Der Stabsarzt ist nicht aufzufinden!" Hacken klappten.

„Danke!" Die Stimme war fest. „Aerzte und Sanitäts-personal aus Oldenburg anfordern!"

Der Widerschein der Flammen flackerte in den Augen.

„Fernschreiber außer Betrieb! Anscheinend Draht durchgebrochen!"

Ein Schatten hob die Hand: „Telephon noch für mehrere Stunden gebrauchsfähig, solange der Strom der Batterien ausreicht! FT. in einigen Minuten wieder empfangsbereit!"

Erregung klang aus der jungen Stimme, Atemlosigkeit! Aber der Oberleutnant zwang sich zur Ruhe: „Eine ge-brochene Antenne wird vom Funkpersonal gerade ausge-bessert. Wegen Unterbrechung des Stromes jedoch augen-blicklich keine Sendemöglichkeit!"

Der F. d. L. sagte kurz: „Danke!" Seine Stimme klang jetzt doch rauh, aber dann wieder wie sonst: „Lassen Sie mir sofort eine Telephonverbindung mit dem Flottenchef in Wilhelmshaven herstellen! Außerdem mit größter Beschleu-nigung ärztliche Hilfe aus Oldenburg herbeirufen und dort Lazarettplätze für zahlreiche Verwundete bestellen!"

Hackenklappen: „Zu Befehl, Herr Kapitän!"

Oberleutnant Vaffenge platschte laufend davon. —

Der F. d. L. stand wieder völlig einsam in dieser Nacht. Er kannte das längst. Bei den Englandfahrten war das ja ebenso. Da stand man in der Führergondel und blickte aufs

246

Ziel! War eigentlich ja nur Ballaft! Völlig unnötiger Ballaft! Denn der Kommandant konnte es auch ohne den F. d. L., und jeder Mann im Schiff konnte es. Jeder einzelne tat auch ohne den F. d. L. an Bord seine Pflicht. Daran war gar kein Zweifel! Mehr ihre Pflicht tun wie meine Leute kann keiner! Dieser Gedanke war wie ein warmer Hauch, wie irgendeine lebende Nähe ... Ich bin ja auch nicht Polizist, nicht Antreiber, — sondern Führer! Und Führer von hinten?

Er schüttelte sich. —

Platschende Schritte, — Hacken klappten: „Befehl ausgeführt!"

„Fahren Sie jetzt schnell zu den Hallen, Baffenge! Und erstatten Sie mir Meldung über die Lage dort!"

„Zu Befehl, Herr Kapitän!" Der Offizier rannte um das Haus, jetzt klirrte das Rad, ein paarmal hob sich seine gebückte Gestalt gegen den flammenden Hintergrund. —

Der F. d. L. stand immer noch an der dunklen Mauer. Die Winternacht war kalt und feucht. Er merkte es nicht. Seine Gedanken waren um sein Werk, wie immer. Seine Kiefer mahlten, die Augen verfolgten aufmerksam das Bild dieser vollkommenen Zerstörung.

Vollkommen? Er kniff das rechte Auge zu. — Tote? Gewiß! Tote hatte es gegeben, aber nicht a l l e waren tot! Tote hatte es in dieser Nacht noch mehr gegeben an den deutschen Fronten! Tote hatte es schon früher gegeben in diesen 41 Monaten Weltkrieg! Immer aber fanden sich neue deutsche Soldaten, die genau so ihren Mann standen, obwohl es oft eigentlich erst Knaben waren! Auch h i e r lassen sich Lücken ersetzen! Und für die vier zerstörten Schiffe wird Friedrichshafen vier neue bauen! Ein paar Monate werden darüber hingehen, — gewiß, — aber dafür werden die neuen Schiffe noch schneller werden, noch tragfähiger, noch besser steigend! Ich werde mit Dürr sprechen! Heute noch wird telephoniert. Bei dem ist das Zeppelinsche Erbe in sicherer Hand, — für den gibt es auch nichts, als den Gedanken, das Luftschiff an die Front zu bringen! — Aber die Hallen? Das dauert mindestens ein Jahr...

Der F. d. L. verschränkte die Arme. Kommt gar nicht in Frage! Hier werden keine Segel gestrichen! Hier wird auch nicht gewartet, bis vorgesetzte Dienststellen beraten und die Köpfe geschüttelt haben! Hier gibt es keinen Instanzenweg! Außer Ahlhorn habe ich ja auch noch andere Luftschiffhäfen! Wie wars denn für den alten Grafen bei Echterdingen und sonst so manches Mal? Nur nicht auf Entscheidungen anderer warten! Das ist es: Selbst entscheiden! Selbst verantworten! S e l b s t f ü h r e n !

Die Flammen flackerten zwar noch, und immer noch war der Zug der Bahren, der Tragen mit Stöhnenden und mit Stummen. Und in den Augen der Vorübertorkelnden war noch Verzweiflung, Schmerz, Erschöpfung, Grauen, — doch als jetzt der Adjutant um das Haus stapfte durch den platschenden Schnee: „Verbindung mit Flottenchef hergestellt, Herr Kapitän!", da ging der F. d. L. mit langen, sicheren Schritten hinein.

Das muß sein, wie wenn man einem Vater mitteilt, daß sein Kind gestorben ist!, dachte der Adjutant und hielt den Atem an. Aber der F. d. L. sprach mit einer Sicherheit, die man einfach nicht begreifen konnte, mit einer Selbstverständlichkeit, die nichts von einem tödlichen Schlag wußte, — die längst neue Pläne hatte. „Jawohl, Exzellenz! Selbstverständlich wird die für morgen befohlene Aufklärung durch drei Schiffe durchgeführt. Jawohl! Von Tondern über Hornsriff nordwärts zur norwegischen Küste, von der deutschen Bucht nach Nordwest, und das dritte kreuzt zwischen Terschelling und Doggerbank Feuerschiff! Zu Be-

248

fehl, Exzellenz! — Nein, über die Schuldfrage ist noch nichts zu sagen! Sabotage scheint mir durchaus möglich! Würde ja auch in den Rahmen der vielen Sabotageakte hineinpassen, die in den letzten Monaten in Deutschland vorgekommen sind..." —

Der Wind fauchte kalt durch die zerbrochenen Fenster.

Dann waren die Aerzte aus Oldenburg da. Meldungen kamen, Augenzeugen wurden vernommen, — standen mit großen, müden Augen in zusammengefallenen, schwarzen Gesichtern, mit zerrissenem blauen Zeug, — ohne Mützen, — die Haare blutverschmiert: „Ich sah einen Feuerschein in der Halle, ohne sagen zu können, woher der Schein kam. Ich bin dann sofort, nachdem ich meinem Kameraden zugerufen hatte: „Jetzt wird's Zeit, daß wir aus der Gondel kommen!" zum Gondelfenster hinausgesprungen. Dabei bin ich am Kopf und an beiden Händen verbrannt worden. „Er zeigte die dürftigen, schmierigen Verbände vor. „Ich mußte durch das von unten kommende Feuer durchspringen. Ich war dann einen Augenblick besinnungslos, bin aber alsbald wieder aufgesprungen und unter L 47 hindurch zur seitlichen Hallentür gelaufen..." Der Obermatrose atmete schwer.

Der F. d. L. lehnte stumm an der Wand. Seine Augen musterten den Mann. Und jetzt stand ein Matrose von der Schiffspflegegruppe L 51 da: „... der Knall fiel mir auf, weil es völlig ruhig in der Halle war... Ich sah Flammen unter der hinteren Gondel. Ich sprang von L 51 weg und lief unter L 47, der noch vollständig intakt war, und an dem noch nichts zu sehen war, zur Nottür. Ich bin noch nicht einen Schritt von der Halle weggewesen, als sich plötzlich ein starker Wind erhob, jedenfalls hatte ich das Gefühl, daß ein starker Luftdruck wie bei einem Sturme auf mich eindrang und mich zurückdrückte gegen die Kaserne. Im selben Augenblick flogen die Fensterscheiben und alles mögliche von der Halle weg. Einen Knall habe ich nicht gehört. Im Augenblick, als ich das Mannschaftsgebäude betreten wollte, bekam ich von hinten einen Luftstoß. Dann bin ich hinter die Mauer gesprungen. Aus Angst. Als ich dann in die Stube hineinsprang, waren dort Fenster und Türen auf. Ich bekam wieder einen Windstoß und sprang dann in einen Schrank hinein, mit dem Gesicht gegen die Wand, um mich vor Splittern zu schützen. Als wieder ein Windstoß kam, bin ich zum Fenster hinausgesprungen..."

Der F. d. L. stand an die Wand gelehnt, die Hände auf dem Rücken, mit wachen Augen, ohne Wort.

Die Adjutanten schrieben.

Ab und zu rasselte der Fernsprecher.

Langsam kam ein grauer Wintermorgen über Trümmern.

*

Sie schliefen ringsum, aber im Arbeitszimmer des F. d. L. brannte noch Licht. Die Tür klappte. Der Adjutant hielt einen Zettel.

"Nachricht von L 42, Loßnitzer?" Der F. d. L. blickte von den Papieren auf.

"Nein, Herr Kapitän! Nur aus Wittmundhaven: Alles klar!"

"Und von Dietrich immer noch nichts?"

"L 52 und L 56 wissen nichts von ihm!"

"Aber er muß doch unseren Rückruf erhalten haben! Zeigen Sie mir doch noch mal den Funkspruch her!"

Kapitänleutnant v. Loßnitzer reichte dem F. d. L. das Blatt.

„Alle Luftschiffe einlaufen! Gefahr über Nord rechts-
drehender Winde!" Der F. d. L. machte die Augen schmal,
blickte über das Blatt hinaus, als wäre da die weite, graue,
kalte See.

„Das ist doch wirklich unmißverständlich!" Er trommelte
mit der Hand auf die Tischplatte. „Wen hat der Dietrich
als Junker an Bord, — doch den Wilken?"

„Zu Befehl, Herr Kapitän, den FT-Obermaat Wilken!"

„Der ist zuverlässig!"

„Jawohl, Herr Kapitän! Dietrich lobt ihn als ausgezeichnet, — wie seine ganze Besatzung!"

Der F. d. L. stand auf: „Gefechtsmeldung ist auch nicht
da! Und der Dietrich kann doch nicht einfach von der Bild-
fläche verschwunden sein? — Ist der Spruch genügend oft
wiederholt?"

„Jawohl, Herr Kapitän! Aber L 42 antwortet nicht!"

„Danke!" Der F. d. L. setzte sich und beugte sich wieder
über seine Papiere. L 63 und L 64 hatten ihre ersten Fahrten gemacht. 56 000-Kubikmeter-Schiffe! Waren wirklich zu
gebrauchen, nach diesen schwarzen Tagen. Ihre Abnahme-
berichte machten tatsächlich einen guten Eindruck. Ernst A.
Lehmann, „das Kapitänchen", nach drei Jahren Frontkom-
mandant, jetzt Verbindungsoffizier beim Luftschiffbau, war
geradezu begeistert, — und Dietrich hätte auch langsam
ein neues Schiff verdient, als einer der Erfolgreichsten.

Der F. d. L. stützte den Kopf in die Hand. Es war doch
jedesmal das Uebelste, hier im Heimathafen zu sitzen und zu
warten, ob die alle wiederkommen oder nicht! Wenn man
so dachte, wieviel Nächte man so verwartet hat!

„Loßnitzer!"

Der Adjutant sah auf: „Herr Kapitän?"

„Wann haben wir die zweite Linie zurückgerufen?"

„7 Uhr abends, Herr Kapitän!"

Der F. d. L. ſtarrte vor ſich hin: „Und es war wirklich
nötig! Der nach Oſt drehende Wind muß den Schiffen gefährlich werden, wenn ſie nicht augenblicklich kehrt machen!"

„Herr Kapitän haben wieder mal recht gehabt mit der
Wetterlage!" beſtätigte der Adjutant. „Das hat ja ſogar
der Flottenchef geſagt!"

Die Uhr ſchlug langſam zwölfmal: Mitternacht!

Loßnitzer ſchwieg. Straſſers Kiefer mahlten.

Man ſtarrt auf die Uhr! Zwingt ſich zu irgendeiner
Arbeit und nach zwei Minuten ertappt man ſich doch wieder
beim Nachgrübeln! Man ſitzt hier am Schreibtiſch, umhüllt
von dieſem runden Schein, der unter dem grünen Schirm
hervorquillt! Hat vor ſich Wettermeldungen, Windmeſſun-
gen, Laſtpläne und wer weiß was! Ein paar hundert Meter
weiter wohnen Menſchen, die von dem allen nichts wiſſen.
— Front mitten in der Heimat! Man ſchickt von hier ein
Schiff nach dem anderen an den Feind! Und das klingt dann
ſehr ſachlich und einfach und harmlos, ſo ein Befehl:

„Angriff England Mitte, nach Maßgabe des Windes
auch Nord." Alles genau durchgeſprochen, und dann ſchlip-
pern die los. Man ſteht unten, winkt noch mal, bis ein
Koloß nach dem anderen im Dunſt verſchwimmt. Vielleicht
wäre das viel einfacher, wenn man ſelbſt nicht wüßte, wie
das ſo weiter geht: Stundenlanger Anmarſch über See,
Feuer vom Ueberſchreiten der Küſte ab ... Hört ſich verdammt einfach an: „Leitung Nordholz F. d. L." Wer das
ſo hört, könnte meinen, daß hier an meinem Schreibtiſch alle
Strippen zuſammenlaufen! Tun ſie vielleicht auch, aber
man kann nicht einfach ſo an dieſen Strippen entlang ſehen,
wie an einer Drachenſchnur, denn dieſe Strippen laufen in
undurchdringliche, weite Nacht hinein, — ſind eigentlich ja
überhaupt nicht da, bis einmal wieder ein Funkſpruch
kommt, der das Dunkel für einen Augenblick aufhellt, —

252

der ein winziges Teilbild dieser Angriffsfahrt gibt, von der dann wieder alles in ungekanntes Dunkel versinkt. Und diese Dunkelheit liegt jedesmal wie ein Alp auf einem, bis nach 15 oder 20 Stunden die Schiffe wieder über die Inseln kommen, heim...

Man sitzt und wartet! Wie viele zerwarten so ihre Nächte in diesem Deutschland, gegen das die ganze Welt nun bald 4 Jahre anrennt, — wie viele Mütter warten, Väter, Frauen, Bräute, Kinder... Sie warten auch in Dumpfheit und mit verkrampften Händen auf den Schlag der Pantherpranke, die auf einmal auch den treffen wird, an den sie denken...

Der F. d. L. lehnte sich zurück.

Kapitänleutnant v. Loßnitzer war hinausgegangen.

Gut, daß ich allein bin, dachte Strasser. Es schadet nichts, wenn man einmal diesen Gedanken nachgeht, und was ist besser dazu, als so eine Nacht, in der man doch keinen Schlaf finden kann? Man geht auf und ab, starrt immer wieder auf die Wetterkarte, überlegt zum hundertsten Male, ob die Schlüsse richtig sind, die man gezogen hat. Und währenddem zischt vielleicht eine Phosphorkugel einem von den Schiffen in den wasserstoffgefüllten Bauch, oder eine Brandgranate zerplatzt in der Nähe, und wirft nur einen einzigen ihrer tausend kleinen Splittersterne in den Schiffskörper! Wenn man Glück hat, kommt noch irgendein verstümmelter Funkspruch an, ein letzter Schrei, — und dann folgen Monate der Ungewißheit, der leise glimmenden Hoffnung, daß doch nicht alle gefallen sind. Denn wir Menschen können doch das Hoffen nicht ganz lassen...

Der F. d. L. barg einen Augenblick sein Gesicht in der Hand.

Man hofft und wenn es meistens auch umsonst gewesen ist. Koch und Nathusius, Rothe, Stabbert, Sticker, Victor

Schütze auch brennend über England, Max Dietrich... einer nach dem anderen... Und nun dieser Martin Dietrich! Wenn man die Augen schließt, sieht man ihn vor sich mit lachendem Blick und schmalen Lippen, im ältesten „Päckchen", die alte, kleine Mütze mit dem schon angeschwärzten Eichenlaub ein wenig schief, — versteht sich bei Dietrich (denn Front ist Front). Dafür aber wachen Blick, und wenn die Gelegenheit sicher unpassend ist, dann kommt so ganz nebenbei auch noch ein Zitat von Wilhelm Busch zum Vorschein... Eigentlich einer, der immer durchkommt, weil er was kann und vor allem den Humor nicht verliert, wenns auch noch so brenzlig wird.

Der F. d. L. setzte sich mit einem Ruck gerade: Das kann doch einfach gar nicht sein, daß d e r auch draufgegangen ist!

Loßnitzer kam wieder: „Und schließlich war doch Buttlars Meldung heut' mittag sehr vergnügt!", als ob er die Gedanken des F. d. L. gelesen hätte. „Viel schlimmer kann's doch gar nicht kommen; L 54 kriegt das Gerippe kaputt geschossen..." Der F. d. L. nickte nur, ohne ihn anzusehen. „...und ausgerechnet in der Mitte..." fuhr Loßnitzer fort, „....und dann binden diese unverwüstlichen Kerle, der Buttlar und der Schiller, die beiden Hälften mit dem Ankertau zusammen und schippern heim."

Das klang sorglos, aber der F. d. L. biß sich die Lippen. „Werde Buttlar zum Pour le mérite eingeben. Die anderen sind auch dicht dran: Proelß, Manger, Dietrich." Er griff die Lehnen seines Schreibtischstuhles. „Schreiben Sie doch gleich mal..."

Loßnitzers Bleistift eilte über den Block. Der F. d. L. strich sich ein paarmal zufrieden seinen kleinen Bart. „...hat 15 Englandfahrten durchgeführt, davon viermal London angegriffen. Bei der letzten Angriffsfahrt am..." Er stockte.

„12. März," half Loßnitzer nach.

„... hatte er sich gleichfalls ausgezeichnet, indem er mit L 54 den Angriff auf Grimsby trotz Ausfalls eines Motors ... Haben Sie das?"

„... eines Motors ..."

„... durchführte und das Luftschiff mit einer anscheinend durch Schrapnellfeuer vollständig leergelaufenen Zelle sicher nach Tondern zurückbrachte ..." In seiner Stimme schwang Anerkennung, schwang Liebe zu seinen Leuten, zu alle denen, die sich ebenso rücksichtslos für den Sieg einsetzten. Und wer tat das nicht von allen Besatzungen?

„Die Eingabe soll nicht verzögert werden, Loßnitzer!"

„Zu Befehl, Herr Kapitän! Damit er sich noch drüber freut ..." Der Adjutant brach jäh ab, etwas erschreckt, daß er den Vorgesetzten, den eisernen „Piter", in sein Inneres hatte sehen lassen.

Aber der F. d. L. nickte nur in Gedanken: „Man soll in solchen Dingen nicht lang fackeln! Ganz besonders nicht im Krieg. Damals mit Mathy war das ein Fehler von mir. Ueber 120 Kriegsfahrten, 13 Englandangriffe, darunter siebenmal über London, drei U-Boote versenkt, mehrmals Volltreffer im Luftschiff, das war doch wirklich Grund genug zum P. l. m.! Aber ich meinte, es müßten runde 15 Englandfahrten sein. Wir Menschen sind ja immer wild auf runde Zahlen ..." Er starrte verloren vor sich hin. „... oder war's der verdammte Widerwille gegen die 13?" Tonlos und leise sagte er das, — lachte dann jäh auf: „Aberglaube!" Er machte die Augen schmal, als sähe er durch die Wände in irgendeine unbestimmte Ferne. „Und dann kam eine Nacht, wie diese hier ... Gerade so tickte damals die Uhr, als wenn sie das gar nichts anginge, daß über London L 31 zu dieser gleichen Stunde nach den Schüssen des englischen Kampffliegers herunterkam." Er hielt inne,

255

atmete ein paarmal, sagte dann: „Und ehe es Tag war, war dann der Funkspruch da ...“

Loßnitzer schrieb ohne aufzusehen. Er hörte jedes Wort, er fühlte jedes Wort, er wollte die paar Schritte zum F. d. L. hinübergehen, ihm die Hand auf die Schulter legen, oder irgend etwas anderes, ganz unmilitärisches tun. Aber statt dessen schrieb er nur eilig, als müsse das Schriftstück noch in dieser Nacht zur Post, die doch erst mittags abgeht. Und vielleicht war das gerade richtig so, — vielleicht soll man in solcher Stunde nur nahe sein, ohne dem Führer später das bedrückende Gefühl zu geben, dem Untergebenen einen Blick ins Herz erlaubt zu haben, zu einer Stunde, als dieses um Kraft rang!

So sah er den Mann nicht an, der ihm doch nahe war. So schrieb er, als wenn er unbeteiligt wäre.

Dann konnte er aber plötzlich nicht anders, er sagte: „Herr Kapitän! Mit Mathy war das schlimm, schon allein wegen der jungen Frau. Und mit Peterson und mit Koch, mit Korvettenkapitän Schütze neulich ...“ Er machte eine Handbewegung, als wische er etwas weg. „Aber, eigentlich ist das für sie doch das Schönste, mitten im Angriff, im Sieg zu fallen ... viel schöner, als dieses Warten von uns Zurückgebliebenen, — schöner auch, als das Uebrigbleiben ...“

Der F. d. L. sah den jungen Kameraden an und nickte dann langsam. Loßnitzer fuhr eifrig fort: „Und sind doch schließlich alle ersetzbar ..., nur für den F. d. L. gibt es k e i n e n Ersatz, — und das denke ich immer, wenn Herr Kapitän so mit sind, — und wenn ich hier sitze, weil ich nicht mit darf, als wenn i ch überhaupt nichts taugen würde ... Das ist doch kein Soldatentum, das ist doch ...“

Peter Strasser sah ihn an mit seinen wachen, klaren Augen, um die jetzt leises Lächeln spielte: „Das ist doch bestenfalls ein F. d. L.-Dasein!“ endete er den Satz. Loß-

L 30 (Oblt. z. S. v. Buttlar=Brandenfels)

Zellen ungefüllt im Inneren eines Zeppelin=Luftschiffes

Der F. d. L. mit erfolgreichen Kommandan
Alhorn 1917

Von links nach rechts: Hptm. Manger †, Kptlt. v. Freudenr
Kptlt. Schwonder. Korv.=Kpt. d. R. Proelss †, Kptlt. Bockho
Freg.=Kpt. Strasser †, Kptlt. Gayer, Kptlt. Stabbert †, K
Ehrlich †, Kptlt. Martin Dietrich, Kptlt. Hollender, K
Dose, Oblt. z. S. Friemel

Schiffsflagge L 9, L 22, L 38, L 42, L 71
(Kptlt. Martin Dietrich)

nitzer schnappte nach Luft, wie ein ertappter Junge stand er da, wollte widerrufen, etwas beteuern, aber der F. d. L. winkte ab: „Laffen Sie nur, Loßnitzer! Sie haben schon recht: 'ne halbe Sache ist das hier mit diefer verfluchten Warterei! Wenn's gut geht, kann man sich drüber ärgern, daß wieder mal die FT-Disziplin zu wünschen übrig ließ, — aber bis es soweit ist, — und dann, so jetzt, wo der Dietrich einfach spurlos verschwunden ist..." Er beugte sich vor. Das Licht spielte auf den goldenen Adlern des blauen Kreuzes an seinem Hals. „Ich bin n u r F. d. L., Loßnitzer!" Er betonte das „nur". „Kommandant sein oder Wachoffizier oder einfach einer von der Besatzung wäre schöner, wäre einfacher, klarer. Das wäre ein Krieg, den man mit vollen Zügen auskosten könnte, statt hier stummer und ohnmächtiger Zeuge davon zu sein, wie sich Schicksale erfüllen." Er zuckte die Achseln. — „Aber das Schicksal hat es anders m;t mir gemeint. Es hat mich früher in die Welt gestellt, so daß ich jetzt aus dem Alter heraus bin, in dem „etatsmäß'g" der Heldentod gestorben wird. Ich will ihn so wenig sterben, wie ihn andere sterben wollen! Aber da, wo..., — ach, was!, also vorn..., da ist nun mal auch mein Herz trotz der vier Aermelstreifen. Und deshalb beurlaube ich mich in jeder Angriffsperiode auf wenigstens eine Nacht nach vorn. Sie wissen ja, Loßnitzer, wie oft mir das schon einen Anpfiff eingetragen hat. Aber der Flottenchef sieht ja ein, daß der Führer wissen muß, wie es im Kampf aussieht." Er lachte bitter. „Doch im Reichsmarine-Amt halten sie das für übertriebene Ruhmsucht, — weil sie das n;cht kennen, was wir hier auf Schreibstube erleben! In Wirklichkeit aber sind diese 20 Stunden Kriegsfahrt jedesmal geradezu eine Erholung für mich, in denen ich Kraft sammele für diesen Papier- und Sitzungskrieg, ohne den unsere Luftschiffwaffe zugrunde geht!"

„Andere geh'n in die Heimat, auf Urlaub ..."

„Andere!" sagte der F. d. L. verächtlich. „Was kümmern mich andere!" Wer ihn so sah, der glaubte ihm aufs Wort. „Aber das mit Ihnen stimmt auch, Loßnitzer! Sie sollen auch ein Frontschiff bekommen, das haben Sie redlich verdient!"

Der Adjutant strahlte.

„Aber vorher ist ein neues Schiff für Dietrich fällig. Der schlägt sich schon ungebührlich lange mit seinem alten L 42 herum ..." Er brach jäh ab. Loßnitzer sprach auch kein Wort. Beide dachten das gleiche, und die Uhr tickte plötzlich unerträglich laut.

Draußen war schon irgendein Schimmer Tages, obwohl die Winternacht noch Hallen und Heide verschwimmen ließ. —

Der F. d. L. fröstelte. Der Adjutant faßte an die Heizung, aber Peter Strasser wehrte ab: „Das ist so diese Stunde ..." Er vollendete den Satz nicht, und der andere verstand ihn so. Die Tür ging damals auf, — und der Läufer legte stumm den Funkspruch auf den Schreibtisch, daß L 48 vernichtet war mit Schütze, Eichler und Mieth und ihrer guten Besatzung ... Nein, wozu darüber reden?

Da ging die Tür. Der Läufer hatte ein Blatt in der Hand. Der Adjutant sprang auf.

Unabänderlich! dachte der F. d. L. Unabänderlich! Man möchte den Funkspruch hier in diese Schublade legen, den Schlüssel herumdrehen, — denn wie soll man das nochmals ertragen, wenn man doch jeden einzelnen kennt, wenn man die grauen Nordseewellen kennt! Ein paarmal lecken sie, — schwappen, — reißen dann unabänderlich alles auseinander, — und dann treiben schwarze Punkte, zwischen Wellenbergen, heben sich, senken sich, heben sich wieder ...

Er preßte die Zähne aufeinander. Das war alles nur

258

ein paar Atemzüge lang, ein paar Schläge, die das Herz aussetzte, dann hatte er sich wieder ganz in der Gewalt. Der Läufer hatte die Tür inzwischen geschlossen, die Hacken zusammengeknallt. Loßnitzer war von seinem Schreibtisch fünf Schritte durch den Raum ihm entgegengegangen, fünf schnelle Schritte, — und doch war ihm, als schritte er durch tiefes Wasser, so mühsam war jeder einzelne Schritt.

Aber der Läufer hatte das wohl nicht gemerkt, wie er auch nicht ahnte, was im F. d. L. vorgegangen war. Vielleicht machte er sich aber doch ein wenig Gedanken darüber, was da so auf dem FT-Zettel stehen mochte.

„Geben Sie her!" sagte der F. d. L. und streckte die Hand hin. Sie zitterte nicht.

Und dann stand auf dem Zettel: „Haben 9 Uhr 30 abends Hartlepool angegriffen. L 42."

Der F. d. L. ließ das Blatt sinken. Sein Herz klopfte zum Zerspringen. Wortlos reichte er den Zettel Loßnitzer hin. Der Läufer war derweil aus dem Zimmer.

Der Adjutant haute mit der Hand auf den Tisch, rief lachend: „Das ist ganz Dietrich!"

Aber da wendete sich der F. d. L. mit jähem Ruck weg.

„Frech ist dieser Dietrich immer gewesen!" wollte Loßnitzer gerade sagen, da knirschte der F. d. L.: „Komischer Funkspruch! 9 Uhr 30 greift er an, — und jetzt ist es bald," er blickte auf das Zifferblatt, „4 Uhr. Reichlich spät dieser Funkspruch!" Er knipste mit den Fingern. „Da stimmt was nicht!" und wendete sich zur Wetterkarte an der Wand: „Den Rückruf muß er bekommen haben, — und zwar ehe er über England stand!"

„Unbedingt!" bestätigte der Adjutant.

„Also: Prinz von Homburg!"

Der Kapitänleutnant nickte. Er mußte immer noch lachen über diesen frechen Kerl, aber das Gesicht des

F. d. L. schien sehr böse zu sein. Man konnte es zwar nicht sehen, — und es war auch böse, gerade, weil er merkte, wie das dem Loßnitzer auch noch Vergnügen machte. Ist ja auch allerhand! Man schickt einen Mann buchstäblich doch in die Hölle, wenn man ihn heutzutage mit einem Luftschiff auf England ansetzt! Und dann ruft man ihn im letzten Augenblick zurück, gibt ihm den dienstlichen Befehl, — gibt ihm noch einmal Aufschub, den Tausende mit Begeisterung annehmen würden, aber der Kerl denkt gar nicht daran, sich vor der Hölle noch einmal retten zu lassen! Grinst über so eine Zumutung, — und ist dabei nicht etwa so ein junger Kriegsfreiwilliger, der sich noch nicht die Finger verbrannt hat, — sondern kennt das Bild des brennend abgeschossenen Kameraden, hat manchen Luftkampf hinter sich, ist vom Blitz getroffen worden und schon mal auf russischem Wald gestrandet, mitten im tiefsten Winter, — aber das alles langt noch immer nicht!

Der F. d. L. starrte auf die Wetterkarte.

Und dazu lacht dieser Loßnitzer auch noch, als wäre das der beste Witz!

Er fuhr herum: „Etwas muß sich doch dieser Dietrich dabei gedacht haben! Einfach so nebenbei läßt man doch nicht einen klar gegebenen Befehl unter den Tisch fallen!" Er musterte ärgerlich den Adjutanten. Der stand etwas unschlüssig. Aber der F. d. L. ruckte mit dem Kinn, da mußte man schon antworten:

„Damals mit dem L 59", begann Loßnitzer vorsichtig, „da hat der Bockholt den Befehl ausgeführt, der ihn über dem Ende von Aegypten zurückrief."

„Das war seine Pflicht!" blitzte der F. d. L. den Adjutanten an. „Befehle werden gegeben, um ohne Widerspruch ausgeführt zu werden!"

„Zu Befehl, Herr Kapitän!" Er zögerte. „Aber, gesetzt

260

den Fall, daß Bockholt nun weiter gefahren wäre, doch einfach weiter nach Deutsch-Ost-Afrika hin ..."

„Dann hätte er vor ein Kriegsgericht gehört, — dann hätte er außerdem Lettow-Vorbeck doch nicht gefunden, der irgendwo durch den Urwald tobte mit seinen paar Mann ..."

„Jawohl, Herr Kapitän, gefunden hätte er ihn wohl kaum, aber ..."

„Aber?"

„Aber, selbst wenn er den Kahn da unten zu schanden gefahren hätte, daß ihn die Beefs erwischt hätten ..."

„Die paar Millionen spielen bei meinen Herrn Kapitänleutnants scheinbar keine Rolle, — die Millionen, die so ein Luftschiff kostet, das dann so nebenbei als „Kahn" bezeichnet wird!"

Loßnitzer stand mit rotem Kopf, — jetzt machte er aber eine knappe Verbeugung: „ ... dann wäre der Verlust dieses Schiffes ...", er betonte das Wort „Schiff" ohne das Gesicht zu verziehen, „ ... ein Propagandaeinsatz gewesen, — denn von dieser Fahrt eines deutschen Zeppelins von der Heimat nach Ostafrika hätte man noch nach Jahrzehnten gesprochen ..."

Der F. d. L. blickte dem Adjutanten scharf in die Augen: „Das ist die alte Sache von den jungen Herrn, die alles besser wissen, als der Admiral!"

Eigentlich hätte man jetzt schweigen sollen, wenn man vor seinem Kommandeur stand, und wenn man an seine Laufbahn dachte, aber Loßnitzer mußte doch noch etwas sagen: „Es hat auch mal 'nen Admiral gegeben, der setzte im entscheidenden Augenblick sein Fernrohr vor das Glasauge, um einen Winkspruch nicht zu sehen!"

Der F. d. L. musterte den Kapitänleutnant von Kopf bis zu Füßen, — wandte sich dann wortlos ab, drehte sich weg, damit der andere nicht die Falten fähe, die um feine Augen lachten, — die einfach lachen mußten, — weil diefe frechen Kerls doch recht hatten!

Er ging mit ein paar Schritten durch die Stube, die Hände auf dem Rücken: „Wird dazu noch irgendeinen von feinen hundert Buschverfen losgelaffen haben!" Er blieb wieder vor der Wetterkarte stehen. „Natürlich wieder einen, der nicht paßt!"

Loßnitzer blickte zu ihm hin mit einem Lächeln, in dem fich Freude und Verehrung mifchte. Das war fo ganz der Piter, der feine Leutnants anhauchte, wenn einer Schulden gemacht hatte, — der aber fo viel Verftändnis für eine leere Leutnantskaffe hatte, daß er fich von feinen jungen Dächfen Sperre legen ließ, fo gegen Monatsende, — um dann ganz zufällig die Finanzierung eines ordentlichen Abendeffens zu übernehmen! Er war im Herzen eben immer noch jung, trotz feiner dicken Aermelftreifen!

Aber jetzt zwirbelte der F. d. L. doch wieder fein Bärtchen, und man fah ihm die fchweren Sorgen an: „Wie haben wir gefunkt, Loßnitzer?" Er wendete fich nicht um.

„Alle Luftfchiffe einlaufen, Gefahr über Nord rechts drehender Winde!"

Der F. d. L. wendete fich jetzt: „Wiffen Sie, was das bedeutet?" Sein Geficht war mit einem Male alt.

Loßnitzer fah ihn an: „Der drehende Wind kann auf der Rückfahrt gefährlich werden!"

„K a n n ift zart gefprochen!" Die Augen flackerten. „W i r d! M u ß!" Er maß den anderen. „Und das bedeutet?"

„Unter Umftänden, den Verluft des Schiffes . . ."

„Den Verluft von 23 meiner beften Leute!" fagte der F. d. L. dumpf.

Der Märzwind rüttelte an den Läden. Es war kalt und die Uhr tickte plötzlich wieder laut in der Stille.

Der F. d. L. atmete schwer: „23 ausgesuchte, hundertfach bewährte Männer..." Er machte die Augen schmal. „Und wir haben keinen zu viel!"

Recht hat er, dachte Loßnitzer, aber ist nicht auch Martin Dietrich zu verstehen?

„Zu verstehen?" fragte der F. d. L., als könnte er Gedanken lesen. „Von ‚Verstehen‘ wird keiner sprechen, wenn's schief gegangen ist! Dann gibts nur Kriegsgericht!"

Der Kapitänleutnant nickte ernst:

„Nur hundertprozentiger Erfolg kann so eine Sache rechtfertigen!"

„Rechtfertigen?" Der F. d. L. schüttelte den Kopf, „Man kann ein Auge bestenfalls zudrücken! Aber drei Tage sind fällig! Drei Tage mindestens!" Er ging mit ein paar Schritten durch den Raum, — saß dann wieder vor seinen Akten. —

Draußen dämmerte der Morgen, — kam der Tag.

Die Arbeit riß nicht ab, war nie abgerissen in diesem Krieg, — und überhaupt in Straffers Leben. Damals an Bord S. M. S. Moltke in Ostasien ging's ja noch, — und bei der Blockade von Venezuela, — aber dann als Artilleriesachverständiger im Reichs-Marine-Amt, — und erst recht als F. d. L., — und es war nicht leicht, all diese Verluste auszugleichen, — allen Kleinmut, der sich immer breiter machte in der Heimat...

Stund' um Stunde arbeitet er jetzt, ohne aufzusehen, — überflog nur immer die einlaufenden Wettermeldungen, aber er fragte nicht nach L 42, — wußte ja, daß Dietrich nicht mehr melden würde, — daß der den Kopf jetzt voll hatte, bei diesem immer mehr auffrischenden Wind. L 42 würde mehr oder weniger auf der Stelle treten, daran konnte kein Zweifel sein...

Während er Akten unterzeichnete, sah er den Dietrich vor sich, wie er vorn in der Führergondel stand und sehnsüchtig nach Land ausschaute, und diesen himmelschreienden Leichtsinn verfluchte, der ihn in dieses Abenteuer getrieben hatte. Und er sah den Maschinisten Heyn, wie er mit brennenden Augen das unaufhaltsame Abnehmen des Betriebsstoffes feststellte. —

Dann endlich rasselte der Fernsprecher. Loßnitzer, übernächtigt, griff zum Hörer. Der F. d. L. tat, als hörte er nichts. Wie oft war heute morgen nicht auch schon angerufen worden, in wer weiß was für Dingen, — aber sein Herz schlug doch jedesmal.

„Ueber der Jade? Jawohl! L 42 fährt langsam mit Kurs auf Nordholz! Jawohl! Danke!"

Der F. d. L. nickte nur kurz und arbeitete weiter. Nur einmal: „Der Wind steht quer zur Halle. Zu böig zum Einbringen! In der Drehhalle muß Platz gemacht werden!" —

Dann endlich um 10 Uhr 30 heulten die Sirenen über den Luftschiffplatz. Man hörte das Poltern vieler schwerer Stiefel. Die ringsum verstreut arbeitenden Haltemannschaften liefen herbei. Der Adjutant blickte zum F. d. L. hinüber, doch der schüttelte nur den Kopf: „Gehn S i e hin!"

Loßnitzer nahm die Mütze vom Nagel.

Flagge „Anna" wehte schon zum Zeichen, daß ein Luftschiff landen wollte. L 42 hing wie ein Riesenballon da draußen, schob sich jetzt langsam näher heran, war schon ausgewogen. Die Landemannschaften waren bereits in Keilform aufgestellt. Die Spitze zeigte Wind und Wetter an. Signale wurden gewinkt. Batteriepfiffe gellten. Jetzt fuhr das Luftschiff in die Reihen, so wie das sein mußte.

Aus den kleinen Gondelluken sahen lachende Gesichter. Kapitänleutnant Dietrich stand in der Tür, — winkte, — sah sich um, — doch etwas unsicher.

264

Loßnitzer hob die Hand zum Mützenschirm. Auch Leutnant Eisenbeck grüßte aus der Führergondel. Dann war das Schiff in der Halle.

Dietrich war doch nicht ganz so unbekümmert, wie sonst: „Der F. d. L.?" fragte er, denn sonst war Peter Strasser immer auf dem Platz, wenn ein Luftschiff vom Angriff zurückkam.

„Der hohe Herr ist kolossal eingeschnappt!" antwortete der Adjutant. „Und will Sie drei Tage einsperren!"

Der Kommandant war doch recht abgespannt, das mußte ja auch an den Nerven gerissen haben, dieses Kämpfen mit dem Gegenwind! Aber jetzt blieb er stehen und sah den Adjutanten lachend an: „Drei Tage?"

Der nickte. Da haute ihm Dietrich auf die Schulter: „Loßnitzer, drei Tage, — das ist mir dieser Angriff wert!" Er ging ein paar Schritte, etwas wiegend und steif, wie ein Seemann geht, wenn er 21 Stunden unterwegs gewesen ist. Dabei gab er schon wieder Anordnung, das Schiff schleunigst fahrtbereit zu machen, mitten drin blieb er aber stehen: „Wenn ich drei Tage brummen soll, — dann werd' ich vor allem erst mal schlafen!" —

Aber am Nachmittag stand er dann doch vor dem F. d. L.

Der war sehr kühl, sah ihn nur ernst an, reichte ihm nicht die Hand, blickte dann zum Fenster.

Also die drei Tage scheinen amtlich zu sein! dachte Dietrich. Denn man tau! Und er berichtete knapp und sachlich, wie sich das gehörte, von dem feindlichen Verband von 16 Einheiten, der sie lange beschossen hatte. „Und dann kam der Funkspruch, und wir hatten schon kehrt gemacht und wollten eben noch schnell den dicken Geleitzug angreifen . . . Ausgerechnet in diesem Augenblick kam die englische Küste in Sicht, so klar, wie wir sie selten sahen . . ."

265

Der F. d. L. interessierte sich scheinbar gar nicht für das alles.

„In diesem Augenblick meldete der Maschinist Heyn: ‚Motoren laufen gut, alles in Ordnung!‘, und hinter ihm kam der Segelmacher Siem: ‚Zellen in Ordnung, verlieren kein Gas! Eis am Ventilteller abgewischt. Ventile schließen gut‘!"

Der F. d. L. war zum Fenster gewendet, — verschränkte nun langsam die Arme.

Dietrich berichtete weiter über den Angriff und eine neue Geschoßart, eine Art glühender Kugeln, die im Kulminationspunkt in unendlich viele kleine Splittersterne zerplatzten, — und von den Fliegerverfolgungen bis 40 Meilen über See. Und er gestand auch, daß ihm verdammt im Magen war bei diesem steifen Gegenwind, der prompt einsetzte, als das Benzin immer mehr abnahm.

Der F. d. L. war immer noch stumm.

„Aber ein paar Liter Benzin haben wir noch mitgebracht!" sagte dann dieser Mann auch noch! Dieser Mann, der nicht einmal eine Entschuldigung vorbrachte, der sich nicht rausredete, der einfach drauflossagte, was er getan hatte!

Da wendete sich der F. d. L. um.

Drei Tage prasseln jetzt! dachte Dietrich und nahm noch gradere Haltung an.

Der F. d. L. strich über seinen kleinen Bart, musterte mit steinernem Gesicht diesen Sünder aufmerksam, aber der blickte ihm geradenwegs in die Augen.

Jetzt lächelte der F. d. L. etwas eigenartig und sagte dann nur: „Count of Hartlepool!"

Kapitänleutnant Dietrich stand straff.

Da fühlte er den festen Druck seiner Hand.

*

266

Wie stark die Rosen dufteten ...

Sie lehnte im Sessel zurück.

„Sie sind nicht sehr aufmerksam, Kapitän ...“ Ein leises Zittern war in ihrer Stimme.

Peter Strasser riß seinen Blick aus irgendeiner Ferne — und sah diese Frau, die neben ihm saß, in seiner offenen Art an, — die Art, die keinen Hinterhalt kannte und kein Versteckspielen.

„Ja!“ sagte er ruhig und bestimmt. „Und Sie finden das gewiß langweilig.“ Er schwieg und setzte dann langsam hinzu: „Und das mit Recht!“

Die Frau lächelte: „Sie sind sehr ehrlich, Kapitän.“

Ihre Hand glitt wie liebkosend über den weichen, glatten Stoff ihres Kleides. „Aber Sie dachten wohl sicher wieder an Ihre Luftschiffe oder an irgendeinen scheußlichen Angriff ...“

Strasser hob den gesenkten Kopf und blickte aufmerksam in das ebenmäßige Frauengesicht mit dem schönen, wartenden Mund und den jungen, glänzenden Augen.

Diese Frau da war schön! Und sie las diese Bestätigung in seinen Augen.

Es war still im Raum. Nur das Pendel der kleinen Barockuhr schwang hin und her.

Da legte die Frau ihre Hand auf die Lehne seines Stuhles.

So nahe lag diese schmale Frauenhand neben der Hand des Mannes, — berührte diese fast.

Das Pendel schwang.

Es war, als ob das ganze Leben dieser beiden Menschen in diesen beiden Händen läge. —

Sie senkte ihre Augen nicht, die fragend in die seinen tauchten.

„Ich habe eine Aufgabe…" sagte er dann langsam, als spräche er zu sich selbst. „Für mich sind diese Luftschiffe mein Leben. Ich bin verantwortlich für sie und alle die Männer, auf die ich stolz bin."

Er nahm seine Hand von der Lehne und verschränkte die Arme. Hell glitzerten die goldenen Streifen unter der Kaiserkrone an seinem Aermel.

Sie sah dieses Glitzern, und etwas wie Stolz war in ihr, aber auch wie Furcht und wie Bitterkeit.

„Wie ich sie hasse, diese schwarzen Schiffe, — diese Särge, die keinem etwas Gutes bringen, — nur Tod und Verderben und Jammer und Qual…" — Sie stampfte mit dem kleinen Fuß. „Und wieviele bleiben über England, — und Frauen grämen sich und zittern und ringen um ihr Liebstes…"

Peter Straffer sah sie ruhig an.

Ihre Stimme wurde leise: „Wie ich!"

Er reckte sich: „Krieg!" Das klang kalt und unbewegt.

„Krieg!" Das Wort stach spitz und hoch.

„Krieg! Und immer wieder Krieg!" Ihre Hände umkrampften die Sessellehnen. „Gibt es denn gar nichts anderes, als nur immer Krieg? Wo man hinsieht, — wo man hinhört, — wo man hintastet? Krieg und immer Krieg!"

Ihre Lippen waren schmal und hell geworden.

„Wie wir dieses Wort hassen: Krieg! Es ist, als ob Ihr Männer nur noch für den Krieg geboren wärt, lebt und sterbt!"

„Wir tun unsere Pflicht!" Seine Stimme war fremd. Sie war wie ein Befehl.

„Pflicht! — Und wir? Sind wir denn gar nichts mehr? — Pflicht? Ist denn das alles, was das Leben uns bringt? Haben wir nicht auch Rechte? Zerrinnt das alles so, — so, als ob es gar nicht mehr wäre?"

Ihre Hände spielten, als würde Sand zwischen ihren Fingern rinnen, — und ihre Stirne war hoch und wie verkrampft.

„Leben, ohne das Bewußtsein, seine Pflicht getan zu haben, ist kein Leben!"

„Und wenn diese Pflicht zum Tode führt?" Sie sah ihn starr aus großen Augen an.

„Dann sterben wir!" sagte er schlicht.

„Und wir?" Es klang, als ob sie weinen würde.

„Tut eure Pflicht, wie wir sie tun."

Die Rosen, die er ihr gebracht hatte, hingen welk im Glase.

„Ich kann nicht anders ..."

Es war, als ob er sein ganzes Leben in diese wenigen Worte legte.

Dann stand er auf.

„Sie sind sehr stark, Herr Kapitän Strasser!"

Er schüttelte den Kopf: „Wäre ich stark, dann würde ich wohl Glück und Pflicht in einem Becher mischen — und meistern. — So aber wähle ich nur die Pflicht ..."

Wie stark die Rosen dufteten ...

*

Es war drückend heiß, aber der Flottenchef saß hinter Akten, ohne aufzusehen. Erst als der F. d. L. mitten im Zimmer stand, blickte Admiral Scheer hoch. Sein Gesicht war alt.

„Ich möchte von Ihnen einen ungeschminkten Bericht über die Lage." Er wies auf einen Sessel.

Der F. d. L. runzelte die Stirn: „Wir haben die Aufklärungsaufträge in den letzten Monaten voll erfüllen

können. Ich hoffe, das auch für die nächsten Monate zu-
sagen zu können." Er zögerte. „Vorausgesetzt natürlich,
daß nicht weitere Hallenangriffe so erfolgreich sind wie jetzt
in Tondern."

„Auf diese Aufklärungstätigkeit, die uns im Laufe des
Krieges unentbehrlich geworden ist, lege ich auch künftig
großen Wert."

Scheer wog einen Bleistift zwischen den Fingern. „Und
die Angriffe?"

„Die Angriffe scheinen mir ebenfalls voraussichtlich
durchführbar zu sein. Die englische Abwehr ist zwar ganz
erheblich gesteigert worden, trotzdem glaube ich aber, weitere
Angriffe verantworten zu können. Die inzwischen fertigge-
stellten 70er Schiffe stellen einen erheblichen Fortschritt
dar."

Das Gesicht des Flottenchefs war unbewegt.

„Nicht nur auf dem Papier", versicherte der F. d. L.,
„ich habe mich persönlich überzeugt. L 70 macht tatsächlich
über 36 Sekundenmeter und trägt bei prallem Schiff
44 500 Kilogramm Nutzlast, entsprechend 4—5000 Kilogramm Bomben. Der Fahrtbereich beträgt mehr als 12 000
Kilometer ohne Zwischenlandung. Vor allem aber gelang
es, die Gipfelhöhe auf 7000 Meter zu steigern."

Der Admiral stieß mit der Bleistiftspitze in die Schreib-
tischplatte: „Die englischen Abwehrgeschütze reichen höher!"

„Jawohl, Exzellenz! Aber ihre Treffgenauigkeit genügt
dann nicht mehr. Wir können überhaupt sagen, daß
Artillerietreffer doch mehr Zufallstreffer sind. Auch die
Scheinwerfer werden uns in der Höhe kaum noch finden."

„Aber der Verlust von L 59?" Der Admiral seufzte.
„Nach dieser hervorragenden Leistung des Afrikafluges
hatte ich von Bockholt und seiner ausgezeichneten Besatzung
noch viel erhofft."

270

„Ich auch, Exzellenz. Nach Aussage von Kapitänleutnant Sprenger, U 53, stürzte L 59 brennend ins Adriatische Meer. Vielleicht doch ein Unglücksfall, etwa beim Aufschrauben eines Bombenzünders?" —

„Aber Sie hatten doch Schwierigkeiten mit der dünnen Luft?"

„Die sind im wesentlichen behoben. Selbstverständlich stellen derartige Fahrthöhen auch heute noch außerordentliche Anforderungen in körperlicher Hinsicht an die Besatzungen. Wir haben ja schon früher manchen an sich tapferen Mann deshalb ablösen müssen, aber auch das werden wir schaffen."

„Durch Freiwillige?"

„Jawohl, Exzellenz! In dieser Hinsicht haben wir keine Sorgen."

Der Admiral spielte in Gedanken mit der „Fliege" an seinem Kinn.

„Auch die Motorenfrage ist wesentlich verbessert. Die neuen Maybach-Höhenmotoren mit Ueberverdichtung haben erhöhte Kolben und nutzen das angesogene Gemisch besser aus."

„Die Motorleistung läßt dadurch nicht nach bis auf 7000 Meter?"

„Sie sinkt wenigstens nicht im bisherigen Maße!"

„Dann ist also die Fliegergefahr die größte? Wenigstens augenblicklich?"

„Unbedingt, Exzellenz. Die Flieger sind vor allem an Geschwindigkeit und Wendigkeit überlegen. Von achtern aufkommend, sind sie für uns schwer erreichbar. Abgesehen davon, daß wir ein kaum zu verfehlendes, hochexplosibles Riesenziel sind."

„Die Abwehrflugzeuge sind vervielfacht!" warf der Flottenchef ein. „Sie scheinen neuerdings auch auf schnellfahrenden Schiffen mitgeführt zu werden. Anders ist ihr letzter Erfolg in Tondern doch gar nicht zu erklären."

"Kapitänleutnant v. Buttlar meldete, daß der Angriff völlig überraschend im Tiefflug von der dänischen Grenze aus erfolgte. Erdabwehr war ziemlich wirkungslos, da die Landflieger niedriger als die Telegraphenleitungen flogen."

"Und unsere Jagdflieger?"

"Waren zurückgezogen, bis der Platz entsprechend planiert wäre."

"Also auch wieder Spionage im Spiel!" Der Admiral ließ die Faust auf die Tischplatte fallen. "War nicht mal schwierig bei der Nähe der dänischen Grenze." Er starrte vor sich hin. "Reißt denn in diesem Krieg die Kette des Verrates, der Spionage und Sabotage gar nicht ab? Die große Explosion in Alhorn, der Rückruf des L 59 auf der Fahrt nach Ostafrika . . ."

"Fast jeder Englandangriff . . ." ergänzte der F. d. L.

"Die Hilfskreuzer ‚Greif‘, ‚Wolf‘, ‚Seeadler‘, ‚Leopard‘, ‚Libau‘ . . ." Er wischte die Akten zur Seite. " . . . alles verraten, immer wieder verraten! Und immer wieder in Deutschland eine Fabriksprengung nach der anderen! Die Flotte zur Untätigkeit verdammt, weil man höheren Ortes das Risiko scheut und lieber eine scharfe Waffe verrosten läßt . . ." Er stützte den Kopf in die Hand. "Und an der Marne . . ."

Der F. d. L. saß steif.

Scheer gab sich einen Ruck, stand auf. Sein Gesicht war steinern.

"Und wie wollen Sie sich der Flieger erwehren?"

"Große Fahrthöhe, Exzellenz!"

"Die ist aber doch nicht immer möglich . . . auf dem Anmarsch zum Beispiel . . ."

"Guter Ausguck, um rechtzeitig auf große Höhe gehen

272

zu können. Kommen trotzdem überraschend Flieger auf, dann sollen die Kommandanten tief herunterstoßen ..."

Der Flottenchef sah ihn verwundert an.

„Jawohl, Exzellenz, herunterstoßen, um den Flieger nachzuziehen! Dann soll mit allen Mitteln auf größte Höhe gestiegen werden, so daß unsere Ueberlegenheit an Steiggeschwindigkeit voll zur Geltung kommt. Der Flieger wird dann nicht folgen können."

Scheer wiegte den Kopf hin und her: „Nicht schlecht! Aber die Flieger steigen heutzutage auch auf 7000 Meter Höhe!"

„Leiden dort aber noch mehr unter Höhenkrankheit und Kälte als wir, da sie offen sitzen. Außerdem müssen sie fliegen und schießen zugleich!

Der Admiral ging auf und ab: „Trotzdem ist L 62 doch wieder einem Flieger zum Opfer gefallen!"

Der F. d. L. sah ihn an: „Wir wissen es nicht genau! Scheinbar haben die Engländer neue Flugboote mit ziemlich guter Seefähigkeit, die sich irgendwo in der Nordsee auf Lauer legen und aufsteigen, wenn sie ein Luftschiff sehen. Manger und Gruner waren mit meine erfahrenste Besatzung! Im vorigen Jahr haben wir ja auch L 43 mit Kraushaar und Zimmermann und L 23 mit Dinter und Hamann auf diese Weise verloren. Aber es hat immerhin doch beinahe ein Jahr gedauert, bis die Engländer wieder einen Erfolg über der Nordsee hatten, obwohl täglich mindestens 3 L-Schiffe unterwegs sind."

„Die Seeflieger sind eben noch mehr vom Wetter abhängig als die Luftschiffe."

Der F. d. L. nickte: „Aber auch in den sehr vielen Fällen, in denen es den Fliegern gelang, unsere Luftschiffe zu fassen, verstanden es die Kommandanten, den Feind abzuschütteln." Er hielt inne. „Dies alles sind Gründe, die mich veranlassen, auch in den nächsten Monaten einen Einsatz der L-Schiffe zu empfehlen."

Scheer wendete sich mit einem Ruck ihm zu: „Aber ohne daß Sie selbst mitfahren, Strasser!" Er musterte ihn scharf und sagte dann mit dem Anflug eines Lächelns: „Wie ich Sie kenne, wollen Sie wieder die günstigen Gelegenheiten benutzen, nach vorn auszureißen."

Der F. d. L. blickte den Flottenchef geradenwegs an: „Ich hoffe, bei der nächsten Angriffsperiode schon in den nächsten Tagen Angriffe ansetzen zu können, wenn es die Wetterlage zuläßt. Die Besatzungen drängen . . ."

„Die Offiziere?"

„Nein, Exzellenz, auch die Mannschaften. Immer wieder baut sich einer vor mir auf." Er lächelte. „Die Kerls fürchten scheinbar, ich könnte eine Angriffsperiode vergessen! Und das nach über 1000 Aufklärungs- und 199 Angriffsfahrten, — bei über 300 Toten . . ."

Der Admiral nickte dem F. d. L. freundlich zu. „Wenn ich die L- und U-Leute nicht hätte . . ."

Der F. d. L. fügte hinzu: „. . . und die M- und A-Leute, die Seeflieger . . ."

Scheer musterte ihn, — und dann, mit einem Lächeln: „Sie sind doch Optimist, Strasser!"

„Zu Befehl, Exzellenz, wenn man so ausgezeichnete Kerls immer wieder trifft . . ."

Der Flottenchef reichte ihm die Hand: „Einverstanden, Strasser! — Aber S i e halten sich zurück . . ." Strassers Kiefer waren aufeinander gepreßt. „. . . Soweit es irgend geht!" setzte da der Admiral hinzu.

„Zu Befehl, Exzellenz!" sagte da der F. d. L. „Soweit es irgend geht!"

Als sich die Tür hinter ihm schloß, stand der Admiral einen Atemzug lang am offenen Fenster, doch er sah nicht die Glut des Sommertages, nicht die Bläue des Wassers: Mit seiner glücklichen Naturanlage und seinem Humor überwindet dieser Strasser wohl alles Schwere schneller... Aber beneidenswert, wie er sich aus der Entsetzlichkeit deutschen Zusammenbruchs in den Kampf werfen kann.

*

Der F. d. L. mußte sich eilen, zur Besichtigung seiner Besatzungen durch den Großherzog von Baden noch zurecht zu kommen. Er stellte seine Kommandanten vor:

„Dose?" Der alte Herr nickte: „Dann gratuliere ich herzlich zu Ihrer Verlobung!"

Der Kommandant L 65 bekam einen ganz roten Kopf, denn das war doch noch geheim, sonst würde der F. d. L. ihn ja keine Angriffe mehr mitfahren lassen. Und wirklich, der zwirbelte schon, wie stets in solchen Augenblicken, seinen schwarzen Schnurrbart.

„Sein Schwiegervater," erklärte der Großherzog freundlich, „Hofrat Gruber, ist nämlich ein alter Freund meines Hauses..."

Dann wurden die Luftschiffe besichtigt. Kapitänleutnant Dose ging dem F. d. L. aus dem Weg, aber da hatte er ihn doch fest: „Sie haben sich verlobt, ohne mir was zu sagen?" Er blickte streng. „Dann unterstehen Sie sich nur noch einmal, einen Angriff in 4800 Meter Höhe zu fahren!" Sein Blick ging durch und durch. Aber da waren doch die verstehenden Fältchen um seine Augen. „Das nächste Mal müssen Sie schon Ihrer Braut wegen auf 7000 gehen."

*

„Wind sechs Strich quer zur Halle!" Leutnant zur See Krüger stand in der Tür. „Aber höchstens 2 Sekundenmeter!"

Kapitänleutnant v. Loßnitzer nickte: „Danke!" und beugte sich wieder über die Karten.

Der Wachoffizier ging. Vor dem offenen Fenster rollten die Munitionswagen auf den Feldbahngleisen. Rufe gingen hin und her. Pfeifen- und Hornsignale riefen den Trupp.

Endlich der erste Angriff! Loßnitzer sah mit hellem Blick zum Fenster. Endlich nicht mehr zurückbleiben müssen! Der F. d. L. hat Wort gehalten, — hat fabelhaft Wort gehalten, mehr, als man hatte erwarten dürfen, denn dieser neue L 70 ist doch das leistungsfähigste Luftschiff, das es je gegeben hat! Schöner als der . . .

Er nahm die Lastpläne vor, sah auf die Ausrechnung der Nutzlast unter Berücksichtigung der Temperaturen. Zum wer weiß wievielten Male heute schon! Ach was! Das war ja alles längst in Ordnung!

Er sprang hoch. Das hält ja kein Mensch hier aus in dieser engen Bude, wo einem das Herz so voll ist!

Er riß die Tür auf, — rannte im halbdunklen Gang gegen den Läufer Kommandant.

„Pelzmantel? — Natürlich! Halstuch! Handschuhe!" Die Tür schlug schon hinter ihm zu.

Draußen flimmerte die Luft. Loßnitzer ließ die eiserne Seitentür krachend ins Schloß fallen. Kreischend schoben sich gerade die Leetore der neuen großen Halle auseinander. Ballastwasser platschte auf den Steinboden. Bootsmannsgruppen scharten Haltetroppen ein. Proviant wurde geschleppt, Pelzzeug, Sauerstoffgerät.

„Achtung!"

276

Loßnitzer hob zwei Finger zur Mütze. „Weitermachen!"
Knallend sprang ein Motor an, brauste jäh auf. Die
Hallenwände dröhnten zurück. Man könnte singen, mit
lauter Stimme singen, so schön ist das! —

Unter dem schwarzen Schiff wurden eben die großen
Sprengbomben aus den Handwagen hochgezogen. Die
Flaschenzüge tickten. „Kinder seid bloß vorsichtig!"

Gas wurde nachgefüllt und schoß brausend durch die
Schläuche in die Zellen.

Der Segelmacher keuchte unter seiner Last von Speck
und Brot. Motoren sprangen an.

Eine Fehlzündung knallte.

Leutnant zur See Krüger stand neben der Vordergondel. Jetzt hob er das Sprachrohr zum Mund: „Ballast
vorn!" Er sprang zur Seite, um nicht naß zu werden.
„Ballast mitte!"

L 65 wurde ebenfalls fertig gemacht. Leutnant zur See
Trube hastete herum und da hinten war auch Kapitänleutnant Dose. —

Loßnitzer sah sich um: „Haben die Leute gegessen?"

„Jawohl, Herr Kapitänleutnant!" Steuermann Hor-
mann war unförmig durch Wolljacke und Filzstiefel, Halstuch und Kopfschützer. Dabei pregelte die Augustsonne auf
das Hallendach. Die Motoren wurden abgestellt, waren
warmgelaufen.

„Ballast achtern!" hallte die Stimme des W. O. hohl.
Wieder spritzte Wasser. Dann wurden die Ventile fest-
gepfiffen. Da sah Krüger den Kommandanten. Ein paar
schnelle Schritte: „L 70 klar zur Abfahrt!" Er hob die
Hand zum glänzenden Mützenschirm. —

Die Sonne flutete durch das weite Tor. „Großes
Manöver", flatterte die Flagge am Signalmast des
Trupps. Fanfaren riefen.

Kapitänleutnant v. Loßnitzer turnte zur Führergondel hoch. Das Riesenschiff lag ausgewogen nur noch leicht auf den Böcken. Der Kommandant trat ans Fenster: „Zugringe los!" Sandsäcke wurden abgehängt.

„Festhalten, Ihr Parterreakrobaten!" rief Reserveobermaat Schulte, der Westfale, lachend aus der achteren Backbordgondel herunter. Oberheizer Blöcker aus Dithmarschen sah ihm über die Schulter.

Der Wachoffizier ging mit großen Schritten auf das Feld hinaus, blieb stehen, sah nach dem Windsack auf der Halle, zog die Nase kraus.

„Hat verdammt aufgefrischt!"

„5 Meter!" sagte der Vermessungsgast neben ihm. „5½! 5!"

Die Windwimpel längs der Ausfahrgleise flatterten eilig.

„Allerhand Querwind für so 'nen großen Kahn!" Krüger kniff die Augen zusammen.

„Raus müssen wir!" sagte auch Loßnitzer vor sich hin. „Wir werden uns doch nicht diesen Angriff versauen lassen!" Die Rudergänger grinsten.

„4! — 4! — 3½!" sang der Vermessungsgast aus. Eine Pfeife schrillte.

„Luftschiff! Marsch!" brüllte Krüger durch das Sprachrohr. Sein Kopf war rot.

Die Halteleute legten sich in die Leinen. Die „Katzen" kreischten auf den Schienen. Klingelzeichen schrillten durch das Schiff. Langsam schob sich der schwarze Riesenkörper aus seiner Höhle hervor. Jetzt knatterten die Motoren im Leerlauf. Auspuffwolken qualmten.

Der Winddruck neigte L 70 leicht zur Seite, daß die Haltetaue knirschten. Eine Bö drückte die Achterngondel zu Boden. Der Kommandant hielt unwillkürlich den Atem

278

an. Wenn's jetzt krachte, — wenn auch nur die Gondelstreben einknickten, war's aus mit diesem Englandangriff!

Aber viele Fäuste fingen den Stoß auf, und endlich klang der ersehnte Ruf: „Schiff ist frei von Halle!"

Der Kommandant nickte befreit: „Achtern Taue ausscheren!"

Die Katzen achtern wurden geschlippt.

„Einschwenken lassen achtern!" kam der hohle Ruf. „Nach links, marsch!" Der Trupp zog das Schiff noch weiter von der Halle weg. Langsam schwenkte das Heck herum.

Dann lag L 70 klar zum Aufstieg.

Die Motoren knatterten im Leerlauf, aber ihre Schrauben standen noch reglos, gespreizt.

Schwarz lag das Schiff, wie der Nachthimmel, aus dem heraus es kämpfen sollte. Nur sein Rücken leuchtete hell, da wo der Fliegerschütze am Maschinengewehr stand.

Jetzt setzte auch die Musik ein: „Unser Kaptain steigt an Borde, fährt sein Schiff in See!" Die Instrumente blitzten in der Sonne. Die Mützenbänder flatterten. Die Matrosen unter dem Schiff bliesen mit dicken Backen schwitzend und blinzelten dabei zu den Gondeln hin. Das Lied kannten sie jetzt langsam, — hatten es bei jeder Abfahrt zum Angriff gespielt, — manchem Schiff zum letztenmal . . .

Sie bliesen mit vollen Lungen und sahen dabei den Maschinisten Schmidt an, der da aus der Luke lachte, die Motorenmaaten, das schwarze Kreuz mit weißem Rand mittschiffs, den W. O., der sich jetzt zur Führergondel hinaufzog. Eben war sein Ersatzmann abgesprungen.

Die Pauke wummerte dumpf. Hell klangen die Trompeten. Die Kriegsflagge flatterte am Heck. „Siegreich wolln wir England schlagen, bringen Tod und Weh!"

Noch einmal auswiegen. Wasser planschte aus den Ballasthosen.

Loßnitzers Gesicht war ernst.

Dies also war die große Stunde! Er legte die Hand auf den Duralträger. Was kommt, ist ungewiß, dachte er. Aber es soll mich nicht schwächer finden als alle anderen Kameraden vor mir! Und wie es kommt, so ist es gut!

Er beugte sich aus dem Fenster. Die Haltemannschaften trugen die Gondelstangen. Sie waren still. Sie hatten manches Schiff hochgeworfen in den blauen Himmel, das nicht wiedergekommen war...

Die Luft flimmerte über dem weiten Feld. Weiße Sommerwolken trieben von See her über Heide und Birken und Wald.

Gleich mußte das Kommando kommen. Fehlte nur noch der F. d. L., dem Kommandanten die Hand hinaufzureichen, wie er das immer tat, wenn er selbst daheim blieb. Ob er wieder auf seinem Schimmel kam? Und da war er auch mit einemmal zwischen den Leuten.

Loßnitzer lehnte sich weit aus dem Gondelfenster, lachend und doch wieder ernst.

Der F. d. L. war jetzt gerade unter den großen weißen Buchstaben am Bug: „L 70". Er grüßte zur Gondel hinauf, blieb stehen.

Loßnitzer beugte sich vor, die Hand hinauszureichen.

Peterson hat ebenso damals aus L 32 geschaut, Werner Peterson, der nicht mehr wiederkam. Und Mathy, den es eine Woche später auch über London erwischte, und jedesmal hat diese Angriffsmusik geklungen, — damals, als Koch losfuhr und Dietrich und Schütze, die alle geblieben sind...

Der F. d. L. stand sehr gerade.

Und nun soll man die Hand wieder einem Kameraden

hinaufstrecken, mit einem Scherzwort womöglich, — soll dann die Finger an den Mützenschirm legen, dem Schiff nachschauen und dann warten, — warten, — warten! Und dabei dieses verdammte Gefühl haben, hinten sicher zu sitzen, während sie vorn im Feuer . . .

Der F. d. L. stand jetzt vor der Führergondel. Die in den Luken drehten ihm die Köpfe zu. Vertrauen war in ihren Augen, Verehrung, Liebe! Da warf der F. d. L. den Kopf zurück, blickte ein, — zwei Herzschläge über Haltemannschaften und Heide weg . . .

Jetzt wird er mir die Hand hinaufreichen! dachte Loßnitzer, aber da griff er nach der Gondelstrebe, zog sich hoch in die Gondel, nickte Loßnitzer zu, sehr ernst. —

Dann ging alles sehr schnell. Der FT-Gast, der als Reservemann mitkommen sollte, mußte aussteigen. „Einholen!" Die Halteleinen wurden ausgeschoren.

„Beide Achtermaschinen voll voraus!" klingelte der Maschinentelegraph. Langsam begannen sich die Schrauben zu drehen, mahlten jetzt, wirbelten, wurden zu flimmernden Scheiben. „Luftschiff hoch!" hallte die Stimme des Kommandanten durch das Sprachrohr.

Die Haltemannschaften warfen die Gondeln in die Luft. Wieder rasselten die Maschinentelegraphen, auch die anderen Luftschrauben schlugen nun wie große, dunkle Flügel und verschwammen zu flirrenden Scheiben. Das Brausen der 7 Motoren zerschlug die Musik wie eine übermächtige Welle.

„Alle Maschinen voraus!"

Die Mützenbänder flogen.

Das Schiff schwamm einen Augenblick seitlich weg, bekam dann immer mehr Fahrt voraus, brauste nun überwältigend über die Heide, über sommerliche Felder, in denen roter Mohn leuchtete wie Blutstropfen.

Jetzt holten sie drunten Dofes L 65 aus der Halle. — Der F. d. L. stand still am Fenster.

Bauernhäuser mit Schilfdächern und kleinen, hellen Fenstern in roten Backsteinwänden, versunken zwischen Busch und Hecken, Pferde in der Koppel, buntes Vieh. Heu wurde auf Wagen gebürdet. Mädchen winkten mit flatternden Röcken und leuchtenden Kopftüchern. Lachten sicher. Freuten sich wohl über dieses glitzernde Schiff unter weißen Wolken, unter blauem Himmel, so ganz im Sommer.

Der F. d. L. lächelte nicht. Seit Jahren hatte er nur Dienst gekannt, Dienst Tag und Nacht, und in den Stunden, in denen er sich ausspannen wollte, hatte doch die Sorge nicht abwerfbar auf ihm gelastet, das Gefühl, eine Waffe anvertraut bekommen zu haben, die nicht stumpf werden durfte! Und deren Zeit doch unwiderruflich vorüber war ...

Jetzt stand er hier am Fenster der Vordergondel seines neuesten Luftschiffes L 70. Er war nicht Dichter gewesen, hatte das Reich der Töne nicht vollendet beherrscht, hatte all' dies Jahr um Jahr zurückgedrängt, — dieses Bild deutscher Heimat aber überflutete ihn jetzt mit einemmal, wie Klänge einen in einer Mondnacht überfluten können. Peter Straffer hatte viel gegeben in diesen Jahren, in denen er die Luftschiffe führte. Nicht nur Arbeit und Mut und Einsatz! Er hatte sich g a n z gegeben!

Nun fühlte er erschauernd in diesem Augenblick, daß er doch einmal leben möchte, einmal wirklich leben ...

„Antenne aus!" sagte Loßnitzer, und dann: „Auf 1000 Meter gehen!"

„Auf 1000 Meter gehen!" wiederholte der Höhenrudergänger.

Der Kommandant legte den Maschinentelegraphen auf „Volle Kraft!" Steuermann Hermann stand vor den Luft- und Gasthermometern, klopfte jetzt an das Barographen-

glas. „Kurs West!" befahl Loßnitzer. „Kurs West!" wiederholte der Rudergänger.

Graue Schiffe auf der Jade, schwarze Boote dazwischen,
Bord an Bord vertäut. Blinken.

Der Steuermann sagte: „Viel Glück zur Fahrt!"

Loßnitzer nickte: „K. an K.: Danke für diesen Gruß!"

Der Steuermann beugte sich hinaus.

Werftanlagen, Schornsteine. Flieger querab, jetzt in der
Kurve. Die Schwimmer waren wie schwere Holzpantinen
unter den feinen Flügeln.

Grüne Wiesen. Kötereien, strohgedeckt, und irgendein
Geruch von Heide und Meer und Sommer . . .

Es lohnt sich doch! dachte der F. d. L. Alles lohnt sich:
Leben und Tod! —

Wir sind alle nicht mehr richtig satt geworden, wir Deutschen, seit Jahren schon! Die spanische Grippe geht um von
Haus zu Haus. An der Marne splittert die Front! Die auf
den großen Schiffen senken die Augen und blicken nicht mehr
frei! Die Luftschiffe sterben! Und keiner weiß noch einen
Weg!

Die Franzosen grinsen! Die Engländer sind voll kalten
Hochmuts! Die Amerikaner glauben, den Ausschlag gegeben zu haben! Ihnen allen steht die Welt offen, die weite,
schöne Welt!

Wir Deutschen sind nur arm. Wir sind verlassen von
allen, — mißachtet, — und bestenfalls, — allerbestenfalls
könnten wir auf etwas Mitleid rechnen, falls es das überhaupt noch gibt!

Denn wir sind ja n u r Deutsche . . .

Der F. d. L. stand tief atmend am kleinen Gondelfenster.
Birken im Wind. Wiesen . . .

Doch jetzt ging es wie ein Lächeln über sein Gesicht.
Stolz war darin und tiefes, inneres Frohsein.

„Was kann es Schöneres geben, als Deutscher zu sein!"
Loßnitzer wendete sich ihm zu.

Aber er sprach kein Wort. —

Weiße Wellen schoben sich jetzt an gelben Strand. Wasser blaute.

Der F. d. L. stand reglos, die Hände auf dem Bord. An seinem Hals blinkte das blaue Kreuz mit den goldenen Adlern. Er trug es zum erstenmal auf einer Angriffsfahrt.

Letzte Inseln, hell und grün, umsprüht von weißer Gischt.

Dann blaues Wasser, weite, atmende See. —

Verlorene Ferne . . .

*

"Was kommt dort von der Höh? Was kommt dort von der Höh?" schmetterte die Truppkapelle in den dichten Nebel hinein. Das schwarze Luftschiff war ein drohender Riese. L 65 stand mit großen weißen Buchstaben beiderseits des Bugs. Die Steuerflächen waren schon verschleiert.

„Na, — Gott sei Dank! Dann haben wir sie ja alle, — bis auf L 70."

„Kommt sicher hinterher!"

Die Führergondel senkte sich. Ballastwasser platschte. Die Hände unten hoben sich zum Gruß und zum Ergreifen der Stangen und Taue.

Jetzt könnten die da oben ruhig ihre Mützen schwenken, — jetzt könnten sie lachen, nach dieser Fahrt aus dem Rachen des Feindes heraus, nach dieser schwierigen Nebellandung . . .

. Die Musik wummerte, aber die Männer an Bord lachten nicht. Die Trompeten schmetterten froh.

284

Doch die Männer riefen auch nicht, wie sonst. Sie winkten nicht.

Sie standen mit seltsam alten Gesichtern hinter ihren Fenstern, und es war, als ob ihre Augen den Blicken der anderen auswichen.

Da wußte es jeder, — denn jeder hatte das schon einmal erlebt, — da wußte es jeder, — die Männer hatten den Tod von Kameraden erlebt, — den Feuertod ...

Und wie die unten das fühlten, noch ehe ein Wort gesprochen war, da krallte es sich ihnen um die Kehlen, denn alle waren ja zurück, außer dem neuen L 70.

Und auf L 70 war doch der F. d. L.! —

Ja, — auf L 70 war der F. d. L. Und der kam jetzt nicht mehr wieder, wie Loßnitzer nicht, der blonde Kommandant, und Krüger und Hermann und Schmidt und wie sie alle hießen.

Die Musik brach plötzlich ab, mitten im Spiel.

„Kurz vor der englischen Küste, etwa um 10 Uhr abends, stand ich über einer geschlossenen Wolkendecke. Zu dieser Zeit erhielten wir", meldete Kapitänleutnant Dose, „einen längeren Funkspruch, in welchem der F. d. L. uns seine Erkenntnisse über die Wetterlage (der Wind frischte ja sehr auf) bekanntgab und uns empfahl, wie die Luftschiffe sich bei der weiteren Entwicklung der Wetterlage verhalten sollten. Da haben die Engländer L 70 wohl eingepeilt. Etwa um 11 Uhr 05 meldete mir der an Backbordseite stehende Höhensteuerer: „Herr Kapitänleutnant, Flieger an Backbord!" Ich erwiderte, daß das wohl ein Irrtum wäre, um die Besatzung zu beruhigen. Tatsache war aber, daß an der Backbordseite, etwa 3000 Meter von uns ab, wo L 70 bei Einbruch der Dunkelheit noch gesichtet worden war, dann und wann kleine Feuergarben zu sehen waren. Ich nahm zunächst an, daß es sich bei diesen kleinen Feuergarben um

die Abgase des L 70 handele, dessen neue Auspufftöpfe ja
nicht einwandfrei waren. Der Höhensteurer wiederholte nach
kurzer Zeit seine Meldung, und er hatte recht, denn jetzt
war deutlich zu sehen, wie der L 70 in Flammen aufging
und brennend in die geschlossene Wolkendecke einsank, über
der er kurz vor Eintritt in dieselbe in der Mitte ausein-
anderbrach."

Sie standen ohne Wort.

„Und L 65?"

Dose sah sich um, wie im Traum:

„Wurde kurz danach von dem gleichen Flieger angegriffen. Ueber 300 Maschinengewehrlöcher haben wir schon
gefunden. Zelle VII hat ein faustdickes Loch. Aber da kann
auch das starke Artilleriefeuer dran schuld sein. Hierdurch
liefen verschiedene Zellen leer und das Schiff vertrimmte
stark achterlastig, so daß es aller Fahrkunst bedurfte, um
bei der Schräglage nicht nach oben durchzugehen. Dann
hätten wir ja nochmal die Prallhöhe überwunden, und L 65
wäre weder statisch noch dynamisch zu halten gewesen."

Keiner sprach.

Da sagte Kapitänleutnant Dose: „Das heldenmütige
Ende unseres F. d. L. ist verursacht worden durch die un-
sagbare Fürsorge, die er ja immer für uns alle gehabt
hat..."

*

Amtlich.

Berlin, den 6. August 1918.

„In der Nacht vom 5. zum 6. August hat der oft erfolgreiche Führer unserer Luftschiffangriffe, Fregattenkapitän
Straffer, mit einem unserer Luftschiffgeschwader erneut die
Ostküste Mittelenglands durch gutwirkende Bombenangriffe,
besonders auf Boston, Norwich und die Befestigungen an
der Humbermündung, schwer geschädigt. Wahrscheinlich
fand er dabei mit der tapferen Besatzung seines Führer-
schiffes den Heldentod. Alle übrigen an dem Angriff betei-
ligten Luftschiffe sind trotz starker Gegenwirkung ohne Verluste zurückgekehrt. Nächst ihrem bewährten Führer sind an
dem Erfolg besonders beteiligt: die Luftschiffkommandanten
Korvettenkapitän d. R. Proelß, Kapitänleutnante Zaeschmar,
Walther, von Freudenreich und Dose mit ihren braven Besatzungen.

Der Chef des Admiralstabes der Marine."

●

Lightning Source UK Ltd.
Milton Keynes UK
UKHW010627150422
401616UK00001B/171

9 783963 890581